Wolfgang Hantel-Quitmann

Die Masken der Paare

Wolfgang Hantel-Quitmann

Die Masken der Paare

Und welche Gefühle sie verbergen

HERDER

FREIBURG · BASEL · WIEN

© Verlag Herder GmbH, Freiburg im Breisgau 2008
Alle Rechte vorbehalten
www.herder.de

Umschlagkonzeption: Groothuis, Lohfert, Consorten | glcons.de
Umschlagmotiv: © Corbis

Satz: Dtp-Satzservice Peter Huber, Freiburg
Herstellung: fgb · freiburger graphische betriebe
www.fgb.de

Gedruckt auf umweltfreundlichem, chlorfrei gebleichtem Papier
Printed in Germany

ISBN 978-3-451-29977-3

Inhalt

Die Angst, demaskiert zu werden,
und die Sehnsucht, erkannt zu werden
– ein echtes Dilemma.

Phillip Roth
Der menschliche Makel

Jede Philosophie verbirgt auch eine Philosophie;
jede Meinung ist auch ein Versteck,
jedes Wort auch eine Maske.

Friedrich Nietzsche
Jenseits von Gut und Böse

Masken für die Liebe

Zur Einführung

„Wenn ich ihm zeige, wie ich mich innerlich fühle, dann hält er das nicht aus, also verstecke ich meine Gefühle. Das klappt aber nie lange. Manchmal geht es mir wirklich schlecht und ich könnte heulen. Aber ich muss funktionieren und das kann ich nur, wenn ich meine Gefühle hinter einer Maske schütze. Ich habe viele Masken, eine für den Alltag, wenn ich meinen Job mache oder als Mutter für die Kinder sorge. Ich habe eine Maske, wenn wir ausgehen. Und manchmal verstecke ich mich hinter einer Maske, wenn wir Sex haben. Schminke und Kleidung sind für mich irre wichtig, weil es Teile meiner Masken sind, dann merke ich beim Anziehen und Schminken, wie ich mich verkleide. Meine Masken wirken auf andere und meistens auch auf mich selbst. Dann geht es mir wirklich besser damit, obwohl der Tag fürchterlich angefangen hat, krieg ich ihn dann doch noch in den Griff. Ganz schrecklich wird es aber, wenn ich mich selbst nicht mehr fühle und so geht es mir in letzter Zeit häufiger. Dann schminke ich mich ab, gehe ins Bett und esse Schokolade."

Nach dieser wunderbaren und schmerzlichen Rede weint die Klientin. Ich möchte sie etwas aufheitern und frage sie, ob sie den Film „Bridget Jones" mit Renee Zellweger gesehen hat – die isst auch immer Schokolade, wenn es ihr schlecht geht. Sie lacht und das freut mich. Dann sagt sie: „Wissen Sie, was das Schlimmste für mich ist? Wenn ich mich nicht mehr fühle und nur noch funktioniere. Dann bin ich wie ein Automat, eine Waschmaschine, ein Taxi, ein Staubsauger. Meine Masken helfen mir durch den Alltag, aber in unserer Partnerschaft will ich sie absetzen, will so sein, wie ich bin. Da will ich geliebt werden ohne alle Masken ... ungeschminkt. Aber ich weiß nicht, ob mein Mann das aushalten kann." – „Wichtiger scheint mir erst einmal die Frage, ob Sie das selbst aushalten könnten. Den ganzen Tag lang diese Ehrlichkeit und Offenheit mit sich selbst und dem Partner stelle ich mir sehr anstrengend vor. Selbst wenn Sie Ihre eigene Wahrheit aushalten können, dann wissen Sie noch lange nicht, ob Sie auch noch die Wahrheit Ihres Mannes ertragen können." – „Sie meinen, man sollte sich immer ein bisschen belügen?" – „Es geht nicht um Wahrheit oder Lüge. Wir sind verletzlich, wir brauchen den Schutz – vor uns selbst, vor dem anderen. Wirkliche Begegnung ist selten und Nähe können wir nur mit einem Schutz aushalten. Sie selbst haben von Ihren Masken gesprochen, ja Sie haben Recht, wir brauchen Masken für die Liebe."

Wir alle brauchen Masken, um uns hinter ihnen zu schützen und manchmal auch zu verstecken. Wir brauchen den Schutz der Masken, damit wir uns begegnen können. Je näher wir uns kommen, desto wichtiger werden die Masken. Vor allem in Liebesbeziehungen erleben wir eine große emotionale Nähe, die uns besonders verletzlich macht. Ohne den Schutz der Masken wären wir nicht in der Lage, Intimität herzustellen, emotionale Nähe zuzulassen, Liebe zu empfangen und zu geben. Wir können uns nur so nah kommen, den anderen Menschen so nah in unser intimstes

Inneres lassen, weil wir uns durch Masken davor schützen können, in dieser Nähe verletzt zu werden.

Manchmal beklagen sich die Menschen über die Masken des Partners. Er habe zu wechselnde Masken, zu düstere Masken, falsche Masken, Masken der Sprachlosigkeit, der Undurchdringlichkeit. Dann glauben sie, allein die Existenz der Maske sei ein Zeichen der Unaufrichtigkeit, der mangelnden Liebe oder gar der Täuschung. Es kommt aber nicht darauf an, dem anderen seine Masken zu nehmen oder gar zu entreißen, um die dahinter verborgene Persönlichkeit erkennen zu können. Denn dann wäre der andere schutzlos, wehrlos, verletzbar und würde sich schnell wieder verschließen müssen oder eine neue, andere Maske aufsetzen. Man sollte die Masken als Ausdruck der Persönlichkeit schätzen lernen, ihre Sprache sprechen und ihre Symbolik verstehen lernen, um mit der dahinter verborgenen Persönlichkeit in Kontakt zu kommen. Masken sprechen eine eigene Sprache, haben ihre ganz persönlichen und intimen Bedeutungen, erzählen Geschichten über sich selbst und denjenigen, der sie trägt.

Das lateinische Wort *persona* bedeutet wörtlich „Maske". Es bezeichnet sowohl die Person des Schauspielers, als auch die dargestellte Rolle. Persona geht zurück auf das Wort *personare*, was „durchtönen" bedeutet. Es tönt etwas vom Wesen des Menschen durch seine Maske. Dieses Durchtönende müssen wir lernen zu hören und zu verstehen. Wenn wir die Masken des anderen kennenlernen, erfahren wir all die Geschichten, auf die wir lange warten. Wer ungeduldig die Masken des anderen herunterreißen will, um die dahinter verborgene Persönlichkeit endlich kennenlernen zu können, der wird vielleicht genau das Gegenteil von dem erreichen, was er anstrebt. Denn der andere wird sich noch mehr schützen müssen und weitere Masken aufsetzen, die noch schwerer zu durchschauen sind.

Eine Maske kann ein Ideal von sich selbst sein, so wie man gerne sein möchte. Hinter der Maske übt man die Rolle, bis man sie kann, um sie dann in seine Persönlichkeit zu integrieren. Es kann eine Rolle sein, die kompliziert ist, beispielsweise die Mutterrolle. Wenn man die eigene Mutter nicht so gerne als Vorlage für die Mutterrolle bei den eigenen Kindern nehmen möchte, kann man hinter der Maske eine andere Spielart ausprobieren – eine gute Mutter ganz eigener Verwirklichung. Masken können politische Haltungen, persönliche Einstellungen oder Meinungen sein, hinter denen man die eigenen verbergen kann, weil die Offenlegung der wirklichen Meinungen große Konflikte oder gar negative Folgen mit sich bringen würde. Und eine Maske kann ein Gefühl sein, hinter dem sich andere Gefühle, manchmal auch der ganze Mensch verstecken; insofern können auch Gefühle die Masken anderer Gefühle sein. Je bedeutsamer ein Liebespartner und eine Liebesbeziehung für einen Menschen sind, desto mehr brauchen wir eine Maske, hinter der wir uns schützend verbergen können. Insofern gilt es, vorsichtig mit den eigenen Masken umzugehen und die Masken des anderen zu respektieren, zu erkennen, zu lesen und zu verstehen. Wir dürfen dem anderen seine Maske nicht entreißen, um dahinter seinen vermuteten wahren Kern zu entblößen. Masken schützen uns wie eine Haut und jede Verletzung dieser Haut schmerzt.

Masken haben immer zwei Seiten, eine innere und eine äußere. Dementsprechend fällt unser Urteil auch vollkommen unterschiedlich aus, je nachdem ob wir uns selbst hinter der Maske verstecken oder ob der andere Mensch, den wir erkennen wollen, eine Maske trägt. Betrachten wir die Maske von außen, stört sie, dann wollen wir sie entfernen und dahinter schauen. Manchmal betrachten wir die Maske des anderen auch als Unaufrichtigkeit, als Täuschungsversuch, und das macht uns noch energischer oder gar wütender in unserem Bestreben, hinter die Maske zu schauen.

Aus der Perspektive hinter der eigenen Maske heraus sind wir meist zufrieden damit, dass sie da ist. Und jeden Versuch eines anderen Menschen, uns diese schützende Maske zu entreißen, erleben wir als einen Angriff auf unseren Schutz, manchmal sogar auf unsere Person.

Unser Verhältnis zu den Masken ist meistens sehr widersprüchlich. Einerseits haben wir die Angst, hinter der Maske erkannt zu werden, andererseits sehnen wir uns genau danach. Wir alle wollen so geliebt werden, wie wir sind, aber immer haben wir auch die Angst, nicht mehr geliebt zu werden, wenn der andere uns unmaskiert sieht. Und weil das so ist, lüften wir unsere Masken nur stückweise. Jede kleine Offenlegung unserer Persönlichkeit hinter der Maske muss zuerst mit Liebe beantwortet werden, damit wir den Mut aufbringen, die Masken weiter zu lüften und das nächste Stück unserer Persönlichkeit zu zeigen. Nur wenn der andere zu jeder dieser kleinen Öffnungen Ja sagt, können wir uns ein wenig mehr offenbaren und damit die emotionale Nähe vertiefen.

Masken verwirren ihren Betrachter und das soll und muss auch so sein. Sie täuschen eine geschönte, kompetente, gelassene, lebendige, vertrauensvolle oder andere Wirklichkeit vor, damit der andere sich verliebt und danach in seiner Liebe nicht mehr nachlässt. Nur wenn die Liebe bleibt, haben wir den Mut, den anderen einen Blick hinter unsere Masken zu gewähren. Die polnische Schriftstellerin Maria Nurowska drückt dies sehr drastisch aus: „Nie weiß man alles über die andere Person, das wäre wahrscheinlich furchtbar. Die alltäglichen Lügen bilden eine Schutzschicht, ohne die das nackte Fleisch zu sehen wäre. Das ließe sich nicht ertragen." (Nurowska, 143)

Masken sind aber nicht nur ein äußerer Schutz, sondern sie sind auch ein Teil unserer Person. Insofern ist die Wahl der Masken nicht zufällig. Sie sagen sehr viel über uns aus: über unsere Stimmungen, Wünsche, Ängste, Sehnsüchte und

11

auch über unsere persönliche Reife. Die große Gefahr besteht darin, sich in der Maske zu verlieren, keinen Bezug zu unserem Selbst mehr zu haben und zur Charaktermaske zu werden. Diese Gratwanderung zwischen Maske und Persönlichkeit müssen wir aushalten, erfahren und als Erfahrung in unsere Persönlichkeit wiederum integrieren. Und wenn wir einmal den Kontakt zu uns selbst verlieren, was in persönlichen Krisen durchaus vorkommen kann, dann hilft manchmal der andere, uns wiederzufinden.

Im anderen erkennen wir uns selbst. Von Martin Buber stammt der Satz: „Das ich wird am Du!" Wenn wir die Masken des anderen erkennen, lernen wir uns damit auch selbst kennen. Jede Maske ist nicht nur ein Versteck, sondern auch eine Aussage und eine Antwort. Beide haben immer auch ganz spezielle Masken für den anderen Partner. In jeder Liebesbeziehung verändern die Partner sich gegenseitig, formen sich, lernen vom anderen. Hegel hat dieses Wechselspiel in seiner wunderbaren Definition der Liebe formuliert, als er in den „Vorlesungen über die Ästhetik" schrieb: „Das wahrhafte Wesen der Liebe besteht darin, das Bewusstsein seiner selbst aufzugeben, sich in einem anderen Selbst zu vergessen, doch in diesem Vergehen und Vergessen sich erst selber zu haben und zu besitzen." Nur wenn ich mich selbst im anderen vergesse, bin ich wirklich bei mir? Das ist durchaus riskant. Die Begegnung mit einem Liebespartner bedeutet immer auch das Risiko, sich im anderen zu vergessen, mit ihm zu verschmelzen und sich in der Symbiose aufzugeben, wie dies ja auch, zumindest zeitweilig, in der Sexualität passiert. Und es bedeutet für den anderen eine Verantwortung für uns, so wie wir umgekehrt für den anderen auch Verantwortung übernehmen, wenn er sich in uns vergisst. Bei diesem riskanten Spiel werden Masken meist als störend empfunden; man kann sich aber nur dann vergessen, wenn man im Schutz der Masken ist. Ohne Schutz verletzen wir uns oder verschmelzen.

Masken haben ihre Zeiten. Manche Masken brauchen wir am Anfang einer Liebesbeziehung, manche als Übergang in die nächste Phase der Intimität und manche, um den Alltag einer dauerhaften Liebesbeziehung auszuhalten. Am Anfang versuchen wir, unsere Masken den Erwartungen des Liebespartners anzupassen, wir schminken uns, legen uns einen persönlichen Stil zu oder kleiden uns, wie wir für den anderen möglichst attraktiv sind. Die ungeschminkte Begegnung ist riskant. Freude, Glück und Liebe zu zeigen, ist meistens kein Problem, weil es positive Gefühle sind, bei denen man sich auch stark fühlt, aber Angst, Trauer, Wut, Peinlichkeit, Scham oder Eifersucht sind viel riskanter, weil wir unter diesen Gefühlen leiden und wir uns dabei schwach fühlen.

Wir alle tragen Masken, man sieht sie nur nicht. Deshalb ist das Titelbild passend zum Inhalt des Buches, denn wir tragen unsichtbare Masken, ob wir geschminkt sind oder nicht. Unser Verhalten ist kein reines Abbild unserer Innerlichkeit, im Gegenteil. Menschen suchen Nähe und können es nicht zeigen; sie lieben den Partner und verletzen ihn dennoch; sie tun so, als ginge es ihnen gut, obwohl sie traurig sind; sie verdecken ihre Angst hinter einem forschen Auftreten; sie erscheinen liebevoll und empfinden dahinter einen Ekel; sie lächeln, aber hinter der Maske der Freude steckt viel Wut und Ärger; sie erscheinen cool und trachten zugleich nach Rache; sie empfinden sich ausgeglichen und verdecken damit nur eine mittlere Krise. Die äußerlich gezeigten Gefühle sind nicht immer die innerlich empfundenen, hinter der Wut steckt die Trauer, hinter der Eifersucht die Verlustangst, hinter der Schuld der Selbstzweifel oder hinter der Beziehungsangst eine unverarbeitete alte Liebe.

Gefühle sind das Zentrum einer Liebesbeziehung. Viele Krisen der modernen Paarbeziehungen entstehen, weil die Partner sich ihre wahren Gefühle nicht zeigen können, sie Schwierigkeiten haben, ihre eigenen Gefühle und die ihrer Partner zu verstehen, sich gegenseitig Gefühle unterstellen, die mehr mit ihnen selbst als dem Partner zu tun haben, oder sie gar in einem Gefühlschaos landen, aus dem sie nicht mehr heraus finden. Gefühle und Masken treiben ein Spiel, das ebenso schön und aufregend wie verstörend und verwirrend sein kann. Wie kann man die Masken der Menschen verstehen, welche Gefühle verbergen sich hinter ihnen, welche Geschichten erzählen sie, gibt es allgemeine Masken, die jede und jeder kennt, oder haben alle Menschen ihre ganz eigenen? Gibt es Masken der Angst, des Ärgers, der Wut oder Rache, der Trauer, der Scham und Schuld, des Ekels oder gar der Liebe? Oder sind diese Gefühle manchmal selbst Masken? Wenn wir die Masken und die Gefühle, die sie verbergen, besser verstehen, dann verstehen wir nicht nur unsere Partner und Partnerschaften tiefer, sondern auch uns selbst.

Wolfgang Hantel-Quitmann

Was ich sehe und was ich nicht sehe,
ist eine Frage des Takts.
Vielleicht ist die Ehe überhaupt nur
eine Frage des Takts.

Max Frisch
Mein Name sei Gantenbein

Alles, was tief ist, liebt die Maske.

Friedrich Nietzsche
Jenseits von Gut und Böse

I. Der blinde Ehemann

Freiheit und Unfreiheit der Masken

Masken sind so vielfältig und bunt, wie die menschlichen Ausdrucksformen. Eine Maske erkennt man daran, dass sie etwas verbirgt. Hinter dem Verhalten, Denken oder Fühlen eines Menschen tauchen die Konturen einer Person auf, die mit dem äußeren Schein nicht übereinstimmen. Je mehr diese Person hinter der Maske erkannt wird, desto mehr erkennt man auch die Maske. Die Maske ist der Unterschied zwischen dem, wie eine Person sich gibt, und wie sie wirklich ist – zwischen dem Schein und dem Sein.

Manche Masken passen gut zu der Person, dann dauert es lange, bis man sie erkennt; manche erkennt man schnell, weil sie gar nicht passen. Dann wiederum dauert es lange, um eine Maske zu durchschauen, bis die Person dahinter hervortritt. Und manchmal begegnet man einer Maske und sucht weiter nach der dahinter verborgenen Person, findet sie aber nicht. Masken sollen verwirren und täuschen. Ihre Aufgabe ist die positive Selbstdarstellung und der Selbstschutz. Und sie sollen für die maskierte Person neue Handlungsspielräume ermöglichen. Einige Menschen suchen eher die Maske im Partner, und kommen dann mit der wirklichen Person nicht klar, andere wollen die Person kennenlernen und fühlen sich durch deren Maske gestört.

Alle Beziehungsformen können zugleich Masken sein: der starke Mann, die souveräne Frau, der glorreiche Held, der coole Typ, die verführerische Frau, die sorgende Mutter, die mitfühlende Frau, der Draufgänger, der Besonnene, der nachdenkliche Typ, der Rationale, die gefühlvolle Frau, die Familienmanagerin, der sorgende Vater, der sportliche Typ etc. Masken enthalten immer auch partnerschaftliche Botschaften: Wenn du mich anmachst, sag ich gar nichts mehr; lass mich der Held deines Alltags sein; wir bleiben immer zusammen; ich stehe zu dir, was auch immer passiert; mit dir möchte ich eine Zukunft aufbauen; wir können über alles reden; lass uns Kinder haben; hilf mir, meine Ängste zu besiegen; wenn du mir damit kommst, geht gar nichts mehr; lass die Gefühle außen vor; bleib cool; versuche, mich zu verstehen.

Paare begegnen sich im Schutz ihrer Masken. Damit werden ihre Begegnungen und Intimitäten leichter, aber auch komplizierter. Wann ist der andere mehr Person, wann eher Maske? Je mehr Masken eine Person hat, desto größer ist ihr Handlungsspielraum, aber desto verwirrender kann die Begegnung auch für ihren Partner sein. Alle Paare begegnen sich täglich in einer Vielzahl von Masken. Für einige Menschen ist es schon anstrengend, sich in den vielen alltäglichen Masken nicht selbst zu verlieren, aber wie soll man all die Metamorphosen des Partners auch noch erkennen und gleichzeitig darauf reagieren? So einfach das Leben hinter einer Maske werden kann, so anstrengend kann es für die Mitmenschen werden.

Es hört sich kompliziert an, was es auch ist, aber dennoch führen wir alle täglich dieses Maskenspiel auf. Und jede Maske ist mit Rollenerwartungen, Hoffnungen, Sehnsüchten, Ängsten etc. verbunden. Wir sind dabei angehalten, unsere Masken je nach Kontext aufzusetzen. Besonders Männer scheinen häufig den Fehler zu machen, ihre beruflichen Verhaltensstile und Lösungsstrategien auch auf den privaten und familiären Lebensbereich zu übertragen. Frauen werden Tränen im Beruf eher verziehen, als aggressives Schreien. Bei Männern wiederum ist dies umgekehrt: Aggressionen im Job gelten als legitim und als ein Zeichen von Stärke und Durchsetzungskraft; bei depressiven Phasen werden Männer schnell als Weichei bezeichnet, das nicht belastbar erscheint. Eine Maske im falschen Kontext kann peinlich sein, das berufliche Karriereende bedeuten oder das Ende der Partnerschaft einleiten. Aber sie kann auch die persönliche Entwicklung fördern, die Karriere beschleunigen und die partnerschaftliche Intimität vertiefen.

Zwischen einer Person und ihren Masken gibt es grundsätzlich drei Varianten, die unterschiedliche Möglichkeiten und auch Gefahren für ihre Beziehungen beinhalten. Für eine Person ist *hinter* den Masken eine besondere Freiheit, denn man sieht nur die Maske und nicht den Menschen. Es ist wie das Versteckspiel der Kinder, die sich die Hand vor die Augen halten, weil sie meinen, dann nicht gesehen zu werden. Die Maske verhindert, erkannt zu werden und diese Anonymität kann die Person nutzen, um sich in Beziehungen zu schützen oder zu verstecken.

Masken bieten aber nicht nur ein Versteck, sie können auch Monster, Heilige, Huren, Stars, Präsidenten, Clowns usw. darstellen. Für eine Person *in* den Masken besteht die Möglichkeit, sich in der Maske auszuprobieren, in eine andere Rolle zu schlüpfen, bislang nicht gelebte Persönlichkeitsanteile auszuleben, sich selbst zu erfahren, schwierige Seiten des eigenen Selbst kennenzulernen und dies alles in seine eigene Persönlichkeit, sein Leben und seine Partnerschaft integrieren zu können.

Masken bergen jedoch auch die Gefahr, sich in der Maske zeitweilig oder gar dauerhaft zu verlieren. Dies hängt zum einen von der Attraktivität der Maske ab, zum anderen von der Stärke und Substanz der eigenen Person. Prominente, Politiker, Showstars stecken in Masken, die ihnen viel Bedeutung geben, und wenn sie nicht mehr den Erfolg, Ruhm oder Posten haben, dann können solche Menschen leicht in eine narzisstische Krise geraten, weil sie einen ungeheuren Bedeutungsverlust erleben. In der Maske werden sie verehrt, bewundert oder gar geliebt, das kann süchtig machen und die Person mit der Maske verschmelzen lassen. Dann können sie nicht mehr zwischen der Maske und der eigenen Persönlichkeit unterscheiden und werden selbst zur Maske. Solche Menschen verlieren *als* Masken den Kontakt zu sich selbst, halten die Maske für ihre Persönlichkeit, die Schale für den Kern, das Äußere für das Wesentliche. Von diesen drei Varianten im Verhältnis von Person und Maske innerhalb von Paarbeziehungen soll nun die Rede sein.

Die Person *hinter* der Maske
Oder: Die Freiheit hinter der Maske

Partner haben viele Geheimnisse, die sie in eine Paarbeziehung mitbringen oder in ihr ausleben: eine belastete Vergangenheit, ein Kind, sexuelle Perversionen, eine andere Identität, eine dunkle Seite oder heimliche Sehnsüchte. Hinter ihren Masken hüten sie ihre Geheimnisse. Je massiver diese Geheimnisse sind, je länger sie andauern und je folgenschwerer sie sind, desto mehr stellt sich die Frage, ob der unwissende Partner wirklich so unwissend, naiv oder gar blind ist. Yasmina Khadra, ein algerischer Schriftsteller, der unter dem Pseudonym der beiden Vornamen seiner Frau publiziert, beschreibt ein sehr eindringliches Beispiel in seinem Buch „Die Attentäterin".

Amin Jaafari ist in einer schweren psychischen Krise. Seine Frau Sihem, mit der er 15 Jahre eine, seiner Meinung nach, glückliche Ehe führte, hat sich als Selbstmordattentäterin in einem gut besuchten Restaurant mitten in Tel Aviv in die Luft gesprengt – und dabei siebzehn andere Menschen, vorwiegend Schüler, mit in den Tod gerissen. Und das Schlimme ist: es gab keine Anzeichen für ihn. Hat seine Frau all die Ehejahre hindurch nur eine Maske getragen, hinter der er die Person nicht kannte? War er der blinde Ehemann? Ist er gar mitverantwortlich für ihre Taten?

Sie war keine politisch radikale oder religiös fanatische Frau gewesen, eher westlich, weltlich und modern. Sie führten eine beneidete Ehe als arabische Israeli, er arbeitete als anerkannter Arzt. Für Amin Jaafari ist von einem Moment zum anderen nichts mehr, wie es war. Schuldgefühle, Zweifel und bohrende Fragen beschäftigen ihn: Wieso habe ich nicht gemerkt, dass sie solche Gedanken hat? Was ist eine Ehe überhaupt wert, wenn sich eines Tages einer von beiden plötzlich umbringt und dabei noch andere Menschen mit in den Tod reißt? Welche Anzeichen habe ich übersehen? Welche Mitschuld habe ich? Habe ich meine Frau überhaupt richtig gekannt? Wie nah waren wir uns wirklich in der Ehe?

Als Ehemann und gebürtiger Araber wird er als erster von der Polizei verhört. Wer soll ihm glauben, dass er von den Überzeugungen seiner Frau, ihren Kontakten, ihrem offensichtlichen zweiten Leben nichts wusste? Steckt er nicht mit ihr unter einer Decke? Nach den Polizeiverhören begibt sich Amin auf Spurensuche. Er reist in die Hauptquartiere des palästinensischen Widerstands nach Bethlehem und Dschenin. Dort wird er ebenfalls als Feind betrachtet, wird geprügelt, verschleppt, bedroht, als Verräter behandelt. Er muss herausfinden, wie seine Frau dazu kam, sich mit anderen Menschen in die Luft zu sprengen, was sie angetrieben hat, wo und wie und wann er den Kontakt zu ihr, zumindest zu einem wichtigen Teil von ihr verloren hat, wieso er als Ehemann so blind war?

Endlich hat er sich nach Foltern, Schmerzen und dunklen Geheimfahrten zu einem Kommandeur durchgekämpft, der ihn empfängt. Mit diesem jungen Mann führt er eine ehrliche, scharfe Auseinandersetzung, stellvertretend für einen offenen Dialog, den er mit seiner Frau nicht mehr führen kann. Der arabische Kommandeur spricht von Vaterland und Ehre und er antwortet ihm, so wie er sich für das Töten entschieden habe, so habe er sich als Arzt für das Leben entschieden. Diese Sätze hätte er auch an seine Frau richten können, wenn er jemals geahnt hätte, dass sie sich selbst und siebzehn andere, unschuldige Menschen töten würde. Für ihn ist das Bild seiner Frau, die gern Limonade trank und keinen Welpen wimmern hören konnte, das Bild seiner langen Ehe und auch sein Selbstbild zerstört. Das Gespräch endet, wie ein offenes Gespräch mit seiner Frau vielleicht auch geendet hätte: Sie haben sich nichts mehr zu sagen. Wie hatten die Eheleute jahrelang miteinander, nebeneinander leben können, wie hatten sie sich noch am Morgen verabschieden können, ohne seine geringste Ahnung von dem, was sie schon lange und detailliert für den Tag geplant hatte? Die Ehefrau als Schläferin, der Ehemann blind?

Ihre Maske war die Normalität, der Alltag, die Unschuld, hinter der sie all ihre Verzweiflung, aber auch ihre politischen Vorsätze versteckte. Seine Blindheit hatte ihren Ursprung in seinen eigenen Wünschen und Sehnsüchten. Er wollte sich frei machen von dem Hass, der Rache, der Unfreiheit seines Volkes, wollte Gutes tun und als Chirurg Leben retten, wollte mit den Israeli leben, selbst einer werden, die Zukunft gestalten. Aber das war offensichtlich nicht die Zukunft seiner Frau, das waren nicht ihre Sehnsüchte und Lebensziele, sie konnte die Vergangenheit und die Geschichte ihrer Herkunft nicht hinter sich lassen. Sie war als Waisenkind aufgewachsen, das arabische Volk wurde zu ihrer Familie und das Leiden dieses Volkes wurde zu einer persönlichen Wunde, die älter war, als ihre Ehe. Vielleicht hatte sie gehofft, mit diesem Mann einen neuen Weg einschlagen zu können, sich von ihrer Geschichte loszusagen, aber dann gemerkt, dass sie genau dies nicht konnte. Und da es aus ihrer Sicht keinen Kompromiss zwischen ihren beiden Positionen gab, keine Mitte, hat sie ein Doppelleben geführt, ein arabisches und ein israelisches, eines in der Maske der liebenden Ehefrau und eines als Schläferin, die irgendwann aufwacht und für ihre politischen Ideen tötet.

Um jahrelang eine solche Paarbeziehung leben zu können, muss man, psychologisch gesehen, spalten können. Dies betrifft zum einen die Ehefrau, die ihre Maske trägt, hinter der sie ihre andere Identität abspaltet. Dann betrifft es den Ehemann, der sich in seinen Wahrnehmungen spalten können muss, der zwar ihre Blicke sieht, aber nicht wirklich wahrnimmt, interpretiert und versteht. Und es muss eine Spaltung in der Beziehung gegeben haben, die sich quer durch ihre partnerschaftliche Intimität gezogen haben muss – nicht nur eine Sprachlosigkeit, sondern eine fehlende emotionale Nähe. Dass viele Menschen dazu zumindest zeitweise in der Lage sind, kann man an den unzähligen Liebesaffären und ihren Parallelwelten sehen. Sicher, eine Liebesaffäre mit einem glücklichen Menschen ist moralisch etwas grundsätzlich anderes, als ein Attentat mit 17 Toten, aber nicht, was die psychische Spaltungsfähigkeit betrifft. Wie lange hält man solche Spaltungen durch, ohne entdeckt oder wahnsinnig zu werden? Wie kann man jahrelang ein so blinder Ehemann sein?

Max Frisch hat auch über einen blinden Ehemann geschrieben und dabei die gleiche Frage behandelt, wie Yasmina Khadra, nur spielerischer. Er hat einen fragmentarischen Roman geschrieben, in dem der Protagonist seine Identität beständig neu erfindet: „Mein Name sei Gantenbein". Schon der Titel ist ein konstruktivistisches Bekenntnis. Frisch spielt mit den Masken der Identität wie ein Kind, das sich verkleidet und dabei seinen Spaß hat. „Ich probiere Geschichten an wie Kleider." (20) Und die Lieblingsrolle ist die eines blinden Ehemannes, der seine Blindheit nur spielt. Er hat sich ein Attest vom Augenarzt besorgt, eine Blindenbrille, Blindenbinde und einen Blindenstock, und beobachtet hinter der Maske dieser eindeutigen Utensilien versteckt seine Frau, die Mitmenschen und seine eigenen Reaktionen auf diese.

Blindheit, vielleicht sogar eine psychische Blindheit, wäre eine wunderbare Sache. Für Gantenbein gab es nur wenige Nachteile. „Mühe machte nur, dass man nicht über Filme reden konnte. Filme sind das Verbindende." (29) Aber politisch, wirtschaftlich und gesellschaftlich hat ein Blinder große Vorteile. „Was die Welt braucht, sind Leute wie Gantenbein, die nie sagen, was sie sehen ..." (32) Und in der Ehe erspart eine solche Blindheit viele Konflikte und Katastrophen. „Manchmal hat Lila, wie jede Frau von Geist, ihre Zusammenbrüche. Es beginnt mit einer Verstimmung, die ich sofort sehe, und jeder Mann, der sich nicht blind stellt, würde nach einer Weile fragen, was denn los sei, zärtlich vorerst, dann wirsch, da sie schweigt und immer lauter schweigt." (95) Ein sehender, nicht blinder Ehemann hat keine Chance, solche Verstimmungen nicht zu sehen, außer er stellt sich blöd. Bei einem sehenden Ehemann ist das Szenario eines mühsamen und nutzlosen Ehestreits, Max Frisch folgend, nicht mehr zu vermeiden. Es kommt zwangsläufig zu einer schlaflosen Nacht mit Klagen und Schluchzen, Angriffen und Versöhnungen, Schreien und Verzeihen. „All das bleibt Gantenbein erspart. Ich sehe einfach nicht ihre Verstimmung, die jeden, der sieht, hilflos macht; sondern ich plaudere blindlings oder schweige blindlings über ihr jähes Verstummen – es sei denn, dass Lila, von meiner Blindnis genötigt, rundheraus meldet, was sie diesmal verstimmt hat; darüber aber kann man sprechen." (96) Geheimnisse machen das Alltagsleben entschieden leichter, „erst das Geheimnis, das sie voreinander hüten, macht sie zum Paar ... Alltag ist nur durch Wunder erträglich." (96–98)

Stellen Sie sich einmal vor, Sie könnten alles sehen, aber für Ihre Mitmenschen wären Sie blind. Welch eine perfekte und perfide Maske? Die anderen würden Dinge in Ihrer Gegenwart tun in der Annahme, nicht gesehen zu werden. Und Sie würden all das dennoch sehen, aber nicht ansprechen. Sind nicht alle Paarbeziehungen manchmal so? Sehen nicht alle Menschen, was der andere tut, wie es ihm oder ihr geht – und tun dennoch so, als würden sie das alles nicht sehen? Und sie sehen das alles nicht und sprechen es nicht an, weil sie selbst nicht gesehen und angesprochen werden wollen! Denn es gilt, das Prinzip zu verteidigen. Die Blindenbrille ist weniger eine Täuschung der anderen, als ein Schutz des eigenen Selbst; die Maske soll den anderen nicht nur verwirren, sondern die Person schützen, die sie trägt.

Die Person *in* der Maske
Oder: Intimität durch Masken

Das Paar hatte sich beim Karneval kennengelernt, genauer gesagt, auf der Damentoilette. Er hatte sich als Frau verkleidet, als ein monströser Vamp, und sie hatte ihre verborgene Persönlichkeit in Straps und Fummel gehüllt. Sie sahen sich sehr ähnlich und lachten sich deshalb an, als sie beim Nachschminken vor dem Spiegel standen.

Später dachten sie, dass ihre Verkleidungen vielleicht einen verborgenen und nicht ausgelebten Teil ihrer Persönlichkeit zum Ausdruck bringen sollten. Irgendwie erkannten sie sich selbst hinter der Maske des anderen. Er fragte sie aus der guten Laune heraus erst nach etwas Puder und dann nach ihrer Telefonnummer. Und sie gab sie ihr oder ihm –

und dann verschwanden beide wieder im Getümmel des Maskenballs. Zwei Wochen später rief er sie an und sagte, er sei der Vamp von der Damentoilette und sie wusste sofort Bescheid. Als sie sich am darauffolgenden Wochenende wiedersahen, trafen sie sich in Alltagskleidung – und dabei sah sie ihn zum ersten Mal als Mann. Sie seien beide etwas verlegen gewesen, hinter den Masken der Verkleidung sei die Begegnung einfacher gewesen. Dennoch freundeten sie sich an und wurden ein Paar.

Als dieses Paar mir die Geschichte ihrer ersten Begegnung vor neun Jahren erzählt, werden beide leicht rot vor Scham. Sie schämen sich nicht für ihre damalige Maske, sondern für den offensichtlichen Zusammenhang zwischen der Begegnung auf der Damentoilette und ihren heutigen Problemen, denn sie kommen in die Paartherapie mit dem Thema der chronischen sexuellen Lustlosigkeit. So vordergründig erotisch ihre erste Begegnung auf der Damentoilette gewesen war, so hintergründig kompliziert ist ihre Paarbeziehung heute. Die Maske des Vamp war für ihn bereichernd gewesen, weil er in der Maske verführerisch sein konnte. Er sah nicht nur aus wie der Vamp, er war es auch, denn die Maske veränderte ihn kurzzeitig in eine gewünschte Richtung. In diesem Hochgefühl konnte er die Damentoilette aufsuchen, was er sonst als kopfgesteuerter und sexuell gehemmter Mann niemals tun würde.

Gefühle *in* der Maske sind andere, als Gefühle *hinter* der Maske. Hinter der Maske kann ich mich zurückziehen und Gefühle haben, die nichts mit der Maske zu tun haben. Das Gefühl in der Maske ist an die Maske gebunden, kommt vielleicht nur in der Maske zustande, es verlangt die Außenansicht auf die Maske. Man muss sich mit den Augen der anderen sehen, die eigene Maske betrachten und dann mit den Möglichkeiten spielen, die die Maske eröffnet. Wenn ich eine Clownsmaske trage, dann werde ich als Clown wahrgenommen und spiele den Clown. Ich kann als Clown Wahrheiten sagen, so wie Hans Schnier in Heinrich Bölls Roman „Ansichten eines Clowns". Als Clown sagt er seine Wahrheiten über die Verlogenheit des rheinischen Katholizismus, die er sich ohne die Masken nie trauen würde zu sagen. Je nach Maske habe ich andere Möglichkeiten, meine Meinungen zu sagen, mich in einer Rolle oder Identität auszuprobieren.

Und wenn nun zwei Partner sich beide Masken aufsetzen würden, um sich gegenseitig und miteinander gänzlich neu auszuprobieren, Grenzen zu überschreiten? Vielleicht wäre dies ein Weg, ihre Beziehung auf bislang ungeahnte Weise ändern oder auch erneuern zu können? Intimität vertiefen oder erweitern, ihre Sexualität wie damals in der Verliebtheit wieder aufregend erleben, den Partner mal wieder mit anderen Augen sehen zu können? Ja, das alles geht, und Arthur Schnitzler hat es mit seinem Roman „Traumnovelle" eindrucksvoll bewiesen. Ein Altmeister des Films, Stanley Kubrik, hat diesen Stoff in seinem Film „Eyes wide shut" kongenial verfilmt.

Albertine und Fridolin haben als Paar an einem Maskenball teilgenommen. Und danach „sanken sie einander daheim zu einem schon lange nicht mehr so heiß erlebten Liebesglück in die Arme." (6) Wichtiger als die sexuellen Nachwirkungen waren die mentalen und partnerschaftlichen, denn „aus dem leichten Geplauder über die nichtigen Abenteuer der verflossenen Nacht gerieten sie in ein ernstes Gespräch über jene verborgenen, kaum geahnten Wünsche, die auch in die klarste und reinste Seele trübe und gefährliche Wirbel zu reißen vermögen, und sie redeten von den geheimen Bezirken, nach denen sie kaum Sehnsucht verspürten und wohin der unfassbare Wind des Schicksals sie doch einmal, und wärs auch nur im Traum, verschlagen könnte." (7) Sie führen intime Gespräche, die der große Paartherapeut Michael Lukas Möller „Zwiegespräche" oder „wesentliche Gespräche"

25

genannt hat, also Gespräche wie sie normalerweise in Paartherapien geführt werden.

Albertine fasst als erste den Mut, sich ihrem Mann offen
mitzuteilen und berichtet von einem erotischen Tagtraum,
den sie in Bezug auf einen jungen Offizier im letzten Som-
mer hatte. „Er hatte mich flüchtig gemustert ... wandte sich
nach mir um und unsere Blicke mussten sich begegnen." (8)
Diese kurze Begegnung hatte einiges in ihr ausgelöst, sie
war wie benommen. „Den ganzen Tag lag ich traumverloren
am Strand. Wenn er mich riefe ... ich hätte nicht wider-
stehen können. Zu allem glaubte ich mich bereit; dich, das
Kind, meine Zukunft hinzugeben ... Da bin ich, mein Er-
warteter, mein Geliebter, – nimm mich hin." (8) Fridolin
muss trocken schlucken, als seine Frau ihren kurzen Bericht beendet und erzählt von sich aus ebenfalls eine kurze
Begegnung, die er mit einem jungen, verführerischen Mädchen am Strand hatte. Danach beschließen sie: „Wir wollen
einander solche Dinge künftighin immer gleich erzählen."
(10) Ein ungewöhnlicher, riskanter Entschluss, der für viele
Paare das Ende bedeuten würde, aber auch die Chance beinhaltet, gemeinsam eine besondere, tiefe und vertrauensvolle Intimität herzustellen. Gleich bei seinem nächsten Arzt-
besuch wird er wieder auf die Probe gestellt, als die Tochter
eines soeben Verstorbenen ihm noch am Totenbett ihres Vaters ihre Liebe gesteht. „Als einzige Nachwirkung empfand
er eine merkwürdige Unlust, sich nach Hause zu begeben."
(21) Hält ihn diese Begegnung oder die neu erlebte Offenheit mit seiner Frau davon ab, nach Hause zu wollen? Er
streift durch die Nacht und landet bei Mizzi, der Dirne, aber
er will nichts von ihr, nur reden. Am anderen Tag bringt
er ihr einen Korb mit Lebensmitteln, denn Geld wollte sie
nicht annehmen für ihre Zeit mit ihm. Er beginnt mit Streif-
touren durch die nächtlichen Straßen, Cafés und Bars und
trifft dabei seinen alten Studienfreund Nachtigall, der ihm
von einem geheimnisvollen Maskenball erzählt, bei dem er

Klavier spielt. Fridolin ist sofort angetan von der Idee, dort auch in einer Maske teilnehmen zu wollen, klingelt einen alten Kostümverleiher aus dem Bett und fährt auf den Ball. Nachtigall verrät ihm das Codewort, das man zum Einlass braucht, und als er drinnen ist, nimmt er an der mystisch erotischen Versammlung teil. „Masken, durchaus in geistlicher Tracht, schritten auf und ab, sechzehn bis zwanzig Personen, Mönche und Nonnen." (43) Hinter den Masken war die Anonymität, unter der Verkleidung waren die Frauen nackt. Die „Frauen standen unbeweglich da, alle mit dunklen Schleiern um Haupt, Stirn und Nacken, schwarze Spitzenlarven über dem Antlitz, aber sonst völlig nackt ... das wandelte ihm die unsägliche Lust des Schauens in eine fast unerträgliche Qual des Verlangens." (45) Er wird von den anderen Männern trotz seiner Maske als fremder, ungebetener Eindringling erkannt und aufgefordert, seine Maske abzunehmen. Die Sache wird für ihn bedrohlich, bis eine der Nonnen sich für ihn verbürgt. „Lasst ihn", sagte die Nonne, „ich bin bereit, ihn auszulösen." (50) Sie rettet ihm nicht nur sein Leben, sie gibt sich als Preis dafür auch allen anderen Männern hin. Er kommt mit dem Leben davon, wird rausgeschmissen, aber die Sehnsucht nach der unbekannten Retterin steigert sich ins Unermessliche.

Nachts um vier Uhr schleicht er leise in sein Bett, verbringt eine kurze Nacht und am anderen Morgen erzählt nicht er ihr seine Erlebnisse, sondern sie ihm ihren nächtlichen Traum, der in der Symbolik und den latenten Trauminhalten zu den realen Erlebnissen seiner letzten Nacht erstaunlich gut passt. Treffen sich da Phantasien? Gibt es ein gemeinsames partnerschaftliches Unbewusstes, das diese Koinzidenzen erklären könnte? So langsam scheinen Traum und Wirklichkeit zu verschwimmen, die inneren und äußeren Realitäten verschmelzen miteinander und werden zu einer gemeinsamen psychischen Wirklichkeit. Durch die tiefen, persönlichen Gespräche und die darin enthaltenen intimen Mitteilungen lüften sie ihre Masken, indem sie sich gegenseitig ihre unbefriedigten erotischen Wünsche und Phantasien gestehen. Dadurch vertiefen sie ihre Intimität und Vertraulichkeit, und am Ende gehen sie gestärkt aus der partnerschaftlichen Krise hervor.

Die Person *als* Maske
Oder: Die Maske als Gefängnis

Die Maske kann auch Besitz ergreifen von einer Person, dann kehrt sich die anfängliche Freiheit in Unfreiheit, dann wird die Maske zu einem Gefängnis, aus dem man nicht mehr herauskommt. Dann löst sich die Person, die anfangs noch hinter der Maske lebte, langsam in der Maske selbst auf, manchmal ohne es selbst zu merken. Partner solcher Maskenmenschen haben im Umgang mit ihnen unwirkliche Gefühle, denn zwischen beiden steht ein Geheimnis. Im Extremfall sind beide zu einer Maske geworden, haben beide ein tiefes Geheimnis, das es zu wahren gilt, wie bei Coleman Silk und seiner Frau Iris in Phillip Roths Roman „Der menschliche Makel".

Coleman Silk wird als Schwarzer geboren. Er ist „einer jener kraushaarigen Juden mit leicht gelblicher Pigmentierung, die ihnen etwas von der changierenden Aura heller Schwarzer verleiht, die manchmal als Weiße durchgehen können." (25) Mit 27 Jahren beschließt er, fortan als Weißer zu leben. Ein besonderes Erlebnis bringt ihn dazu, sich eine andere Ethnie und damit auch eine neue Identität zuzulegen, eine Maske, hinter der seine alte Identität als Schwarzer verschwinden soll, denn sie steht seinem unbändigen Drang nach Freiheit und Selbstverwirklichung im Weg. Er hat sich in Steena verliebt, eine große, blonde, junge Frau mit isländischen Vorfahren. Sie verbringen einen großen Teil ihrer zweijährigen Beziehung im Bett, beinahe jedes Wochenende und schließlich will Coleman Steena seiner Familie vorstellen. Wie immer, wenn junge Männer ihre Geliebten ihren Müttern vorstellen wollen, steckt dahinter die Absicht, die Ernsthaftigkeit ihrer Liebe zu bekunden. Sie wollen ihrer Mutter damit sagen: Ich bin nicht nur verliebt, ich liebe diese Frau. Deshalb lädt er sie in sein Elternhaus ein. Was er Steena nicht sagt: Meine Familie ist schwarzer Herkunft, auch wenn ich sehr helle Haut habe. Und seiner Familie sagt er vorher nicht, dass Steena eine Weiße ist. Und so kommt die Katastrophe beinahe von allein, obwohl alle Beteiligten sich überaus anständig benehmen – selbst nach den heute gültigen Regeln der *political correctness*.

Steena hat der Besuch so angestrengt, dass sie auf dem Rückweg in der Bahn einschläft und er hält das für ein gutes Zeichen; sie hat sich in seinen Augen großartig geschlagen. Dann bricht sie in Tränen aus. „,Ich kann das nicht!' rief sie und stürzte ohne ein weiteres Wort der Erklärung hinaus, als würde sie verfolgt – sie schluchzte und weinte haltlos, sie drückte die Tasche an die Brust und vergaß ihren Hut, den er, als sie schlief, auf seinen Schoß gelegt hatte, und sie rief nicht an und versuchte nie mehr, sich mit ihm in Verbindung zu setzen." (145) Dies war 1951. Erst vier Jahre später trifft er Steena zufällig wieder auf der Straße vor der Grand Central Station in New York und erzählt ihr, dass seine Frau Iris schwanger sei. Zu diesem Zeitpunkt hat er seine Identität schon geändert und muss befürchten, dass sein Kind dunkelhäutig wird und damit sein Geheimnis auffliegt. Denn er hat seiner Frau Iris auch nichts von seiner Herkunft gesagt und damit seine gesamte Familie verleugnet. Als er Iris heiraten will, fährt er diesmal allein zu seiner Mutter. Sein Vater war schon tot und seine beiden Geschwister Walter und Ernestine nicht zu Hause. Er sagt ihr, dass er eine weiße Frau heiraten werde, die nichts davon wisse, dass er ursprünglich ein Schwarzer sei und dass er auch nicht vorhabe, es ihr zu sagen.

Die Lüge zersetzt die intimsten Beziehungen. Das Geheimnis, das aus dieser Lüge hervorgeht, wird weitere Zerstörung anrichten und die Maske der neuen Identität wird dieses Programm kaschieren und zugleich erträglich machen. Als sein Bruder Walter von diesem Gespräch erfährt, ruft er ihn sofort an und untersagt ihm, seine Mutter jemals wieder anzurufen, geschweige denn zu besuchen. Er will verhindern, dass sie noch einmal so verletzt wird. Die Brüder sehen sich nie wieder, nur mit seiner Schwester telefoniert er in den folgenden Jahrzehnten heimlich.

Damals war Coleman 27 Jahre alt und als er mit 72 Jahren gewaltsam stirbt, hat er mit Iris 4 Kinder – alle weißer Hautfarbe. Iris hat nie erfahren, dass seine Mutter und Geschwister lebten, er hat sie alle für tot erklärt und nie wiedergesehen. Eine Lüge zog logisch die nächste nach sich, eine Maske wurde durch die nächste verdeckt. Bei jedem Kind hatte er höllische Ängste, dass es dunkelhäutig werden könnte, aber er hatte immer Glück. Und seine Mutter hat seine Kinder nie gesehen und diese nie ihre Oma, ihre Tante, ihren Onkel. Zur neuen Identität gehört der Tod der alten. Die Verleugnung der eigenen Rasse war der erste Schritt gewesen, die Verleugnung seiner Herkunftsfamilie der zweite. Der dritte Schritt war die Erfindung einer anderen Herkunft und der vierte die schmerzliche Erfahrung, diese Lügen den fragenden Kindern als Wahrheit zu verkaufen.

Der folgenreichste Schritt aber war der Schritt von der Lüge zur Selbstlüge. Er begann, selbst an seine Geschichte zu glauben, indem er einen Mythos schuf, der wie alle Mythen die Funktion hat, die unerträgliche Wirklichkeit zu verdecken. Also spricht er selbstgerecht zu seinen Kindern: „Ich habe eure Fragen beantwortet. Alle eure Fragen. Ich habe nie eine übergangen. Ihr habt mich nach euren Großeltern gefragt, wer sie waren, und ich habe es euch gesagt. Eure Großeltern sind gestorben, als ich noch jung war. Grandpa, als ich auf der Highschool war, Grandma, als ich in der Navy war. Als ich aus dem Krieg zurückkam, hatte der Vermieter schon längst alles auf die Straße geworfen. Es war nichts mehr da." (199) Eine falsche Angabe auf einem Fragebogen der Navy zu machen war eine Sache, so zu seinen eigenen Kindern zu sprechen und sie wissentlich mit einer riesigen Lüge in Bezug auf ihre Herkunft, ihre Identität, ihre Familiengeschichte aufwachsen zu lassen, das war eine neue Qualität.

Diese Lügengeschichten und Geheimnisse haben seine intimsten Beziehungen vergiftet. Er hat es seiner Frau Iris nach dem ersten Kind sagen wollen, aber dann kam etwas dazwischen. Danach hatte er keinen Mut mehr, seine eigene moralische Verfehlung anzusprechen und bekam mit ihr stattdessen noch drei weitere Kinder. Iris hat bis zu ihrem Tod nie erfahren, dass sie mit einem Mann schwarzer Herkunft verheiratet war. Und er machte sich selbst glauben, er habe es für sie getan, habe ihr zuliebe das Geheimnis gewahrt. Die Maske eines weißen Mannes, einer weißen Identität, wurde von ihm bis zu seinem Tode getragen. Sie war das große Geheimnis seines Lebens. Die Maske war zu einem wesentlichen Teil seiner Identität geworden, er kam aus ihr nicht mehr heraus, konnte sie nicht mehr ablegen. Je länger die Lüge und das Geheimnis andauerten und wirkten, desto schwieriger wurde es für ihn. Er hätte seiner Familie nicht mehr in die Augen sehen können, jedenfalls glaubte er das, also machte er immer weiter.

Als er ein halbes Jahr vor seinem Tod als 71jähriger ehemaliger College-Professor die 34jährige Faunia Farley trifft, die als Putzfrau im College und im Postamt arbeitet, glauben alle, dies sei das Ergebnis der späten Lüsternheit eines alten Mannes. Es ist das Jahr 1998, in dem der Präsident der USA im Oval Office des Weißen Hauses eine sexuelle Affäre mit einer Praktikantin hat, so dass Eingeweihte nur noch vom Oral Office sprechen. Es ist das Jahr des Höhepunktes amerikanischer Heuchelei, in dem sowieso nur noch in den sexuellen und moralischen Kategorien der Prüderie gedacht und argumentiert wird. Also kann Coleman mit Faunia nur aus sexuellen Gründen zusammen sein, das ist für alle klar, besonders für alle vernünftig denkenden Amerikaner. Das eigentliche Motiv ihrer Partnerwahl ist allerdings, dass sich hier zwei Menschen treffen, die hinter ihren Masken sich selbst erkennen. Zwei Masken, zwei Geheimnisträger können die Last loswerden, die sie mit sich herumschleppen und zum ersten Mal offen sein und ihre Masken ablegen: Er kann ihr gestehen, dass er schwarzer Herkunft ist und sie kann ihm von ihrem sexuellen Missbrauch durch ihren Stiefvater erzählen und damit ein Geheimnis lüften, dass ihr Leben zerstört hat. Er schafft es spät, sein Geheimnis zu lüften und es nicht mit ins Grab zu nehmen, aber um wie viel besser wäre es ihm ergangen, wenn er es auch seiner Frau und seinen Kindern hätte sagen können.

2. Normalität als Versteck

Die Alltagsmasken der Angst

Wenn der Streit der Eltern in der Nacht laut und heftig wurde, und das war in den letzten Ehejahren meistens der Fall, dann wurde das kleine Mädchen davon wach, schlich sich aus ihrem Zimmer, ging barfuss leise die geschwungene Holztreppe herunter, die vor allem Nachts immer entsetzlich knarrte, und setze sich leise hinter dem Vorhang im Flur auf den kleinen Hocker und lauschte. Zuvor hatte sie sich noch vergewissert, dass der kleine Bruder schläft, denn sonst hätte sie ihn beruhigen müssen, damit die Eltern nicht noch mehr streiten. Der Hocker, auf dem sie hinter dem Vorhang saß, stand in der Ecke, in der sie auch ihre Spielsachen hatte und dort umklammerte sie ihren Stoffhasen, während sie lauschte und hoffte, dass die Eltern bald aufhören und sich wieder vertragen würden. Manchmal saß sie dort eine Stunde und mehr, bevor die Eltern sich wieder beruhigt hatten und sie ins Bett gehen konnte. Heute als erwachsene Frau hat sie kaum noch Erinnerungen daran. Sie ist froh, das alles überstanden zu haben und hat noch nie einen Zusammenhang zu den heutigen Problemen in ihrer Paarbeziehung gesehen.

30 Jahre später sitzt sie mir als erwachsene Frau gegenüber. Als ich sie frage, wie sich das kleine Mädchen auf dem Hocker hinter dem Vorhang in der Spielecke gefühlt habe, sagt sie nur ein Wort: „Angst!" Ja, sie habe Angst gehabt vor der großen Bedrohung, ihre Eltern, ihre Familie, ihre ganze

damalige Welt zu verlieren. Diese Angst begleitete sie über all die Jahre, bis die Eltern sich endgültig trennten. Damit hatte sich dann ihre Angst bestätigt, wie sie es immer befürchtet hatte. Und sie wusste nicht, ob es die lange Zeit war, die ihre Erinnerung trübte, oder ob es die Angst selbst war.

Sie hat als erwachsene Frau mehrere Beziehungen hinter sich, die immer weder in Trennungen endeten und mittlerweile fehlt ihr der Glaube daran, dass eine Paarbeziehung dauerhaft glücklich sein kann. Ist dieser Glaube an eine glückliche Partnerschaft und Familie mit der Trennung der Eltern gestorben oder hat sie dies erst durch ihre eigenen Partnerschaften erfahren? Sie weiß es nicht, aber sie fürchtet, dass es diese alte Angst ist, die noch heute wirkt und vor der sie sich in jeder Beziehung erneut schützen muss. Sie hat schon früh den Glauben aufgegeben und damit auch das Handeln der Eltern gerechtfertigt. Was wäre eigentlich, wenn sie das Gegenteil beweisen könnte? Wenn sie ihre Angst besiegen könnte, wenn sie den Glauben wiederfinden würde und wenn sie entgegen aller Erwartungen und Überzeugungen doch eine glückliche dauerhafte Beziehung leben könnte? Dann wäre die Vergangenheit noch schlechter zu ertragen, dann wäre darin doch ein nachträglicher stiller Schuldvorwurf an die eigenen Eltern – und das könnte sie noch weniger aushalten, als selbst unglücklich zu sein. Also sind für sie Unglück und Trennung in einer Partnerschaft letztlich unausweichlich; irgendwann wird jede Beziehung zwangsläufig im Streit enden. Und weil das so ist, achtet sie immer darauf, sich nie so tief auf eine Beziehung einzulassen, dass die Trennung ihr wehtun könnte. Trennungen sind schrecklich für sie, selbst ihre tote Katze hat sie ein Jahr lang betrauert und im Fernsehen schaltet sie alle Filme ab, wenn das Thema auch nur angesprochen wird. Sie hat eine riesige Angst vor der alten Wunde Trennung, denn damals war das für sie das Ende der Kindheit: ihr Vater heiratete innerhalb eines Jahres eine neue Frau, die ebenfalls ein Kind mitbrachte, um das sie sich kümmerte, dann bekamen sie noch ein gemeinsames Kind und damit war sie endgültig abgeschrieben. Ihre Mutter hat sie kaum noch gesehen, sie zog ins Ausland und sagte ihr bei einem Besuch, dass ihre Tochter sie an den schrecklichen Mann erinnere mit ihrer unerträglichen, stillen, anklagenden Art. Also hat sie gewartet, bis sie beim Vater ausziehen konnte, hat eine Lehre als Tierpflegerin angefangen, weil sie mit Tieren immer besser umgehen konnte als mit Menschen. Und auf Partnerschaften hat sie sich nie zu tief eingelassen – um sich zu schützen. Das einfachste Mittel zum Schutz vor neuerlichen Verletzungen sei für sie der richtige Abstand zum Partner, räumlich und emotional. Das findet sie vollkommen normal.

Ihr Mann bedauert es, dass sie diesen Abstand zu ihm hält, versteht sie aber andererseits auch sehr gut. Er kennt diese Angst, von der sie spricht, denn auch seine Eltern haben sich getrennt – er ist mit der Angst jedoch anders umgegangen. Er wurde aggressiv und auffällig, hat mehrfach die Schulen gewechselt, war ein Problemkind und hoffte dadurch, seine Eltern vom Streit ablenken und die Aufmerksamkeit auf sich ziehen zu können. Er ist damals, seiner Ansicht nach, gescheitert, nimmt sich das heute noch übel und ist vollkommen rat- und hilflos, was die Zukunft seiner Paarbeziehung angeht. Auch er glaubte nie wirklich an eine dauerhafte Liebe, bis er sie traf. Er will ihr so gern beweisen, dass es doch geht, dass sie zusammen glücklich sein können, aber sie hält ihn auf Abstand. Er respektiert diesen Wunsch, obwohl es ihm schwer fällt, aber anders sei sie nun mal nicht zu haben.

Obwohl die Partner sich heute immer noch gut verstehen, vermeiden sie intensive Nähe, obwohl sie sie auch sehr vermissen. Ihr Motto lautet: wenn wir uns nicht streiten, werden wir uns nicht trennen, und damit wir uns nicht streiten, versuchen wir nur über schöne und angenehme Dinge zu sprechen und sparen alles aus, was schwierig sein könnte.

Sie haben zusammen gewohnt, jetzt aber nicht mehr; sie haben zusammen geschlafen, jetzt nur noch selten; sie haben einmal viel Spaß gehabt und gelacht, jetzt aber kaum noch. Und sie fragen sich, ob alles noch einmal so schön werden kann wie zum Anfang ihrer Beziehung, oder ob die Angst vor dem Scheitern und dem Verlust der Beziehung doch recht hat und wieder alles in Streit und Trennung enden wird. Sie versuchen, „normal" zu leben und dazu gehören zwei Wohnungen, zwei Autos, zwei Handys und viele unerfüllte Sehnsüchte nach Nähe, Liebe, Geborgenheit und Sicherheit, ja auch nach Kindern und Familie. Beide versuchen, auf jeden Fall keine Konflikte entstehen zu lassen, indem sie nicht über ihre Probleme und Sehnsüchte reden, und gehen nach einem schönen Abend lieber auseinander, um einen möglichen Streit zu vermeiden. Sie sind im Niemandsland einer Paarbeziehung angelangt, weder zusammen noch getrennt. Und wenn man sie fragt, dann sagen sie, dass sie eine vollkommen normale Beziehung führen, alles sei normal, sie hätten keine Probleme. Die Vermeidung und Verleugnung der Angst gipfelt in einem umfassenden Bekenntnis zur Normalität: Wir sind normal, es ist alles normal, unser Leben verläuft normal und unsere Liebe ist normal. Die Ängste dieser Menschen werden so stark abgewehrt, dass ihnen die Normalität als Versteck dient.

Was ist Angst?

Angst ist zusammen mit Wut die früheste Emotion des Menschen, sie tritt schon bei Babys auf. Zunächst ist die Angst nur ein Warnsignal vor Bedrohungen und insofern vielfach äußerst nützlich, auch wenn sie sich meistens schrecklich anfühlt. Unabhängig von der jeweiligen wissenschaftlichen Perspektive scheint Einigkeit darin zu bestehen, dass unsere Ängste ein umfassendes Warnsystem vor existenziellen, körperlichen oder seelischen Bedrohungen darstellen. Aus evolutionspsychologischer Sicht ist die Angst eine nützliche, genetisch bedingte Emotion, die uns vor Schmerzen oder Gefahren schützen soll. Aus physiologischer Sicht ist Angst die Folge eines physiologischen Warnsystems, das sich unserer Kontrolle entzieht und unsere Reaktionen alarmieren soll. Aus kognitiver Sicht haben wir ängstigende Gedanken, damit wir uns auf eine Bedrohung vorbereiten können und somit letztlich die Angst mindern können.

Kann man Ängste besser verstehen, wenn man die verschiedenen Bedrohungen unterscheidet, wie innere und äußere, körperliche und seelische? Bei den körperlichen Bedrohungen handelt es sich um all diejenigen Faktoren, die unsere körperliche Unversehrtheit bedrohen, wie körperliche Angriffe, Unfälle oder Krankheiten. Die Bedrohungen unseres Seelenlebens sind ebenfalls sehr umfangreich: So kann unsere seelische Integrität, Gefühlswelt oder gar Identität bedroht sein, ebenso unser Selbstwert, seelisches Gleichgewicht oder psychisches Immunsystem. Äußere Bedrohungen entstehen beispielsweise durch neidische Nachbarn, wilde Tiere, Naturkatastrophen, den alltäglichen Berufsverkehr, neidische Kollegen, bösartige Schwiegereltern, kriminelle Drogenabhängige oder pubertierende Jugendliche. Manchmal sind es auch nicht einzelne Faktoren im Besonderen, sondern eher die schlechten Mischungen. Dagegen sind die inneren Bedrohungen in der Regel komplizierter abzuwehren oder zu bewältigen. Wie wehrt man sich gegen die eigenen aggressiven Fantasien, sexuellen Wünsche und Begierden, Ängste vor Kontrollverlust oder plötzlich aufkommende Wut oder Trauer?

Stellen Sie sich einmal vor, es gäbe keine Ängste – dann würden wir keine Gefahren erkennen und nicht aus ihnen lernen können. Wir würden den vorausfahrenden Wagen überholen, auch wenn wir keine ausreichende Sicht hätten; wir würden einen Pitbull ärgern, nur weil wir ihn nicht mögen; wir würden keinen Streit mit dem Vermieter scheuen, weil wir uns im Recht glauben oder wir würden den Job kündigen, ohne einen neuen in Aussicht zu haben. Unsere Erfahrung lehrt uns, Ängste zu haben, sie als Warnsignale zu betrachten und dann aus ihnen zu lernen. Und manchmal reichen schon die Erfahrungen anderer Menschen mit der Angst aus, um daraus zu lernen. Als Kinder lernen wir auf diese Weise viel von unseren Eltern, ja wir imitieren sowohl ihre Ängste als auch ihre Bewältigungsstrategien; und wir identifizieren uns mit den Eltern als den Helden, die die Gespenster unserer Kindheit besiegen.

Je mehr wir unsere Erfahrungen kognitiv verarbeiten und speichern, desto mehr lernt auch die Vernunft, die Ängste zu beherrschen. Dies hat allerdings früher seine Grenzen, als wir es uns wünschen. Informationen und Erfahrungen führen manchmal dazu, weniger Ängste zu haben, beispielsweise wenn wir selbst schon öfter geflogen sind und nicht nur theoretisch, sondern aus eigener Erfahrung um die Wirkung der Schubkraft wissen. Aber Informationen können auch Ängste erst hervorrufen, wenn wir um die Symptome einer Krankheit wissen, und dann den Fehler machen, von einem einzelnen Symptom auf die ganze Krankheit zu schließen. Und wer schon viele Erfahrungen mit Bedrohungen und Ängsten gemacht hat, ohne aus ihnen zu lernen, der kann ein hochängstlicher Mensch werden und in Zukunft alle erdenklichen Situationen meiden, selbst wenn sie keine Gefahren beinhalten.

Manchmal üben sich Menschen darin, Ängste auszuhalten, trainieren den Umgang mit der Angst, um sie zu beherrschen: dann machen sie Bunjee-Jumping, klettern an steilen Wänden, fahren über 200 km schnell nachts auf der Autobahn, züchten Piranhas in der Badewanne oder Kobras im Wohnzimmer. Ein wesentliches Ziel solcher seltsamen Handlungen besteht darin, die eigenen Ängste herauszufordern. Denn viele Ängste wirken erst dadurch, dass sie unkontrollierbar erscheinen. Grenzerfahrungen dienen damit dem Versuch, heraus zu finden, wie weit die sichere Kontrolle ausgeübt werden kann, und sie geben ein erhabenes Gefühl, wenn die Angst kontrolliert und damit besiegt wurde. In seinem wunderbaren kleinen Roman „Frühstück bei Tiffany" erzählt Truman Capote die Geschichte von der unbeschwerten Holly Golightly, die wie viele Jugendliche den Umgang mit der Angst durch Stehlen übt. Bei den Feiern zu Halloween werden Masken getragen und so schlägt Holly vor: „Stehlen wir doch mal was." (46) Sie klauen Masken bei Woolworth, indem sie die Masken einfach aufsetzen und raus gehen. „Draußen rannten wir ein paar Straßen weit, um es dramatischer zu machen, glaube ich, ebenso sehr aber auch, wie ich herausfand, weil erfolgreiches Stehlen einen mit Lust erfüllt." (46) Ja, das Besiegen der Angst kann ein lustvoller Triumph sein.

Angst ist nicht nur ein eigenständiges Gefühl mit verschiedenen Varianten und Schweregraden, sie spielt bei fast allen Gefühlen eine wichtige Rolle. Der traurige Mensch hat Angst vor dem endgültigen Abschied, der schamhafte Mensch hat Angst vor der Entdeckung, der schuldbeladene vor der Verantwortung, der wütende Mensch hat Angst vor den Reaktionen der anderen, der sich ekelnde vor seinen eigenen Ausscheidungen, der liebende Mensch hat Angst vor dem Verlust der Liebesbeziehung, der eifersüchtige vor der Bestätigung seiner Ängste und alle Menschen haben letztlich seit ihrer Erfahrung im Geburtskanal eine Angst vor dem Tod, auch wenn sie nicht täglich an ihn denken. Angst ist ein existenzielles Grundgefühl des Menschen und wir verbringen einen Großteil unseres Lebens damit, unsere vielfältigen Ängste beherrschen oder gar nicht spüren zu wollen. Angst kann ein Lehrer des Lebens sein, darauf hat schon der dänische Philosoph Sören Kierkegaard hingewiesen, der als ein Begründer des Existenzialismus gilt: „Es muss jeder lernen, sich zu ängstigen, denn sonst geht er zugrunde dadurch, dass ihm nie angst war, oder dadurch, dass er in der Angst versinkt. Wer hingegen gelernt hat, sich recht zu ängstigen, der hat das Höchste gelernt." (Hell, 76)

Angst leitet sich von den lateinischen Wörtern *angor*, *angustus* und *anxiosus* ab, die alle auf eine Enge oder ein eingeengt sein verweisen. Dies bezieht sich auf die körperlichen Begleiterscheinungen der Angst, wie Enge im Hals- und Brustbereich, erhöhte Herzfrequenz und Muskelanspannung, schnellerer Atemrhythmus, schwitzige Hände, Aktivierung des Nervensystems, Ausschüttung von Adrenalin und Noradrenalin, Gänsehaut (ein evolutionäres Relikt, das an die aufgestellten Körperhaare erinnert), Hochziehen der Hoden bei männlichen Säugetieren, Vorbereitung des gesamten Körpers auf eine Aktion. Aber auch die räumliche Enge in der näheren Umgebung gehört dazu. Solche Ängste sind menschlich und universell, ebenso wie das Gesicht der Angst: „Wenn zu den hochgezogenen Oberlidern angespannte Unterlider hinzukommen, das übrige Gesicht aber unbeteiligt bleibt, handelt es sich nahezu immer um ein Zeichen von Angst." (Ekman, 229)

Ängstliche Menschen meiden viele Situationen, die bei ihnen Angst auslösen oder auslösen könnten und leiden daher unter einem erheblichen Verlust ihrer Lebensqualität. Sie prüfen beständig den Gefahrengehalt oder die potentielle Bedrohlichkeit von Lebenssituationen. Aber was ihnen meist noch mehr zu schaffen macht, ist die permanente Erforschung ihres eigenen Seelenzustands. Eine solche erhöhte Selbstaufmerksamkeit lässt sie beständig mit sich selbst beschäftigen, das eigene Innenleben befragen und nach Anzeichen für neue Gefahren und Bedrohungen suchen. Eine unangenehme Folge dieser erhöhten Selbstaufmerksamkeit ist die damit verbundene verminderte Aufmerksamkeit für ihre Mitmenschen. Ihre Partner, Kinder und Freunde leiden mit ihnen unter ihren Ängsten, sie fühlen sich von ihnen weniger beachtet, wertgeschätzt oder gar geliebt, obwohl die ängstlichen Menschen dies gar nicht so meinen.

Angst ist nicht nur ein individuelles Problem, sondern auch ein sozialpsychologisches, letztlich gar kulturelles und politisches. Dies betrifft nicht nur die Art der Ängste, sondern auch den Umgang mit ihnen. Wir erleichtern uns den Umgang mit der Angst erheblich, wenn wir die Angst aus dem Inneren unserer geschundenen Seele nach außen in andere Menschen projizieren. Dann schaffen wir uns Sündenböcke, die als äußere Bedrohungen dienen, so dass wir unsere inneren Ängste nicht mehr spüren müssen. In Familien sind dies bevorzugt Kinder, die anfangs nicht einmal auffällig sind, es dann aber als Sündenböcke werden. Oder es sind Nachbarn, die als Störenfriede der Gemeinschaft gelten und dann eine soziale Ausgrenzung zu spüren bekommen. Im umfassend sozialen Sinne können es ganze Gemeinschaften, Volksgruppen oder ethnische Minderheiten sein. Dann richtet sich die Angst der unteren Sozialschichten vor einem drohenden Arbeitsplatzverlust oder gar eine Existenzangst gegen alles Andersartige wie „Türken, Schwarze oder generell die Ausländer" in Form von Schuldzuschreibungen. „Die nehmen uns den Arbeitsplatz, unsere Frauen, unser Geld" weg, die sind Schuld an unserem sozialen Abstieg oder befürchteten Elend. Damit werden meist nicht nur Ängste abgewehrt oder Spannungen abgebaut, so werden Minoritäten geschaffen, die anschließend bekämpft, erniedrigt und abgewertet werden. Es ist eine sozialpsychologische Bereinigung von Ängsten mit massiven sozialen, kulturellen und politischen Folgen für ein Gemeinwesen, die über Schuldzuweisungen und Ausgrenzungen bis zu ethnischen Säuberungen reichen können. Dies alles nur, weil die eigene Angst so schwer auszuhalten ist.

Angst als psychische Energie
zur Lösung von Konflikten

Bisher habe ich Ängste nur beschrieben. Wie aber kann man sich psychologisch die Angst erklären, ohne sie lediglich als kognitive Muster, physiologische Prozesse oder mehr oder weniger zufälliges Ergebnis von Lernprozessen zu beschreiben. Man kann sie einteilen nach den jeweiligen Situationen oder Objekten, aber Angst hat nur sehr wenig mit dem jeweiligen Objekt oder der Angst auslösenden Situation zu tun, denn wir können uns beinahe vor allem und jedem ängstigen. „Angst bezieht sich auf den Zustand und sieht vom Objekt ab, während Furcht die Aufmerksamkeit gerade auf das Objekt richtet ..." (Freud [1915–17], 383) Es gibt demnach Ängste, die die meisten Menschen nachvollziehen und verstehen können, weil sie etwas mit den realen Situationen zu tun haben, daher nannte sie Freud Realängste: „Sie verstehen mich ohne weiteres, wenn ich diese Angst als Realangst bezeichne im Gegensatz zu einer neurotischen. Die Realangst erscheint uns als etwas sehr Rationelles und Begreifliches." (381) Die neurotische Angst lässt sich aus der Situation selten verstehen, dazu muss man den ganzen Menschen inklusive seiner individuellen Geschichte betrachten. Dann kann man verstehen, dass die heutige Angst etwas mit bedeutungsvollen Erlebnissen aus der Vergangenheit zu tun hat: „Bei einigen Affekten glaubt man tiefer zu blicken und zu erkennen, dass der Kern, welcher das gesamte Ensemble zusammenhält, die Wiederholung eines bestimmten bedeutungsvollen Erlebnisses ist." (383) Es kommt also darauf an, die subjektiven Bedeutungen zu verstehen, zu entschlüsseln und zu demaskieren.

Freud verstand Angst nicht nur als ein physiologisches Warnsystem, sondern als ein Energiereservoir, das die Seele immer dann benutzt, wenn sie in Bedrängnis gerät. Man kann Angst demnach auch als eine von der Seele mobilisierte Energie bezeichnen, die vom Individuum aktiviert wird, wenn die Person unter Stress gerät, also einem inneren oder äußeren Konflikt ausgesetzt ist. Damit hat die Angst durchaus etwas Positives – zunächst einmal. Gelingt es dem betreffenden Menschen, den jeweiligen Konflikt mithilfe der Angst zu lösen, dann ist nicht nur der jeweilige Konflikt bereinigt, sondern es hat zugleich ein Lernprozess stattgefunden: bei allen derartigen Konflikten weiß man in Zukunft, wie man sich verhalten kann, um Konflikte zu lösen oder Stress zu beseitigen. Gelingt diese Konfliktlösung mithilfe der Angst allerdings nicht, dann hat man gleich mehrere Probleme: der ursprüngliche Konflikt ist ungelöst, die mit diesem Konflikt verbundenen Gefühle und Beziehungskonstellationen sind weiterhin virulent und die zur Lösung gerufene Angst besteht zusätzlich. In solch einer belasteten Situation kann kein Mensch lange verharren. Mit einem unbewältigten Konflikt könnten wir noch leben, manche schaffen es auch mit viel mehr, aber irgendwann kippt diese Quantität in eine neue Qualität, die Freud neurotisch nannte. Aus der energetischen Seite der Argumentation wird auch deutlich, dass nur ein bestimmter, unwesentlicher Teil der Lebensenergie eines Menschen in solchen ungelösten Konflikten und Ängsten gebunden sein kann, ohne sein Leben zu sehr einzuschränken. Auf der anderen Seite wird daraus ersichtlich, warum so viele Menschen, die man als neurotisch bezeichnen kann, wirklich auch sehr energielos, kraftlos oder depressiv sind, denn sie haben einen großen Teil ihrer Lebensenergie in diesen meist unbewussten Konflikten und abgewehrten Ängsten gebunden. Daher empfinden sie das Leben anstrengend und haben wenig Lebensfreude.

In einer solchen Situation von Stress und Konflikt, in der die zur Lösung gerufenen Ängste als psychische Energie nicht wirken, wendet die Seele einen Trick oder eine psychische Operation an, um sich von all den unliebsamen Konflikten, Ängsten und Gefühle zu befreien: Sie entzieht dies alles dem Bewusstsein, verdrängt die unliebsamen Aspekte ins Unbewusste. Dieser Verdrängungsvorgang ist selbst unbewusst und geschieht mithilfe der von Freud so genannten Angst-Abwehr-Mechanismen. Abgewehrt werden dabei: der ursprüngliche Konflikt, die zu seiner Lösung mobilisierte Angst, die beides begleitenden Gefühle, die situativen, kontextuellen oder beziehungsmäßigen Bedingungen des Konfliktes. Je bedrohlicher das Ereignis erlebt wurde, desto umfassender und stärker scheint die Verdrängung sein zu müssen und desto mehr versucht die betroffene Person, sich gegen eine „Wiederkehr des Verdrängten" (Freud) zu wehren.

So kommt ein Paar mit einer offenen Krise in die Therapie. Die Frau wehrt sich mit allen Mitteln dagegen, dass ihr Mann eine Stelle im Außendienst seiner Firma annimmt. Ja, sie droht sogar mit einer Trennung, falls er die Stelle annehme. Sie könne es nicht ertragen, dass er komme und gehe, wann er wolle, so habe sie sich eine Beziehung nicht vorgestellt. Hinter dem forschen Auftreten der Frau und ihren ultimativen Forderungen, dann solle er sich gefälligst einen anderen Job suchen, sonst müsse er sich bald eine neue Frau suchen, kommt eine tiefe Angst zum Vorschein. Bei dem Gedanken, „immer wieder allein gelassen zu werden", bekommt sie eindeutige Symptome: Herzrasen, feuchte Hände, panische Angst. Ihr Geist hält noch verdrängt, was ihr Körper schon signalisiert. Dann erinnert sie sich, als wir über das Verlassenwerden sprechen. Als fünfjähriges Mädchen setzten ihre Eltern sie allein in den Zug und danach verbrachte sie sechs Wochen in einem Kinderheim an der Küste. Noch im Zug hatte sie angefangen zu weinen, dann hatte sie geschrien, aber ihre Eltern hatten sie nicht mehr gehört. Seitdem habe sie Trennungen vermieden und darauf geachtet, dass sie sich trenne, um der Trennung durch andere zuvorzukommen. Diese für das kleine, fünfjährige Mädchen traumatische Trennung von den Eltern hat sie komplett „vergessen", erst in der Therapie erinnert sie sich unter Tränen. Damit wird ihr klar, warum sie so panisch reagiert, als ihr Mann den Wunsch nach einem Wechsel in den Außendienst eröffnet. Sie hat ihre starke emotionale Reaktion selbst nicht mehr verstanden, aber aus der Sicht des kleinen Mädchens ist es nun nachvollziehbar. Ihre Erinnerungen bringen mehr und mehr Details zum Vorschein, bis die ganze Szene in allen Elementen bearbeitet ist. Danach will sie erst einmal allein eine lange Zugfahrt machen, aber ihr Mann besteht darauf, mitzukommen.

Wir kennen solche Prozesse, in denen bedrohliche Ereignisse und Erlebnisse dem Bewusstsein entzogen werden, übrigens auch von Amnesien: da fehlen dann alle Erinnerungen aus einem bestimmten Zeitraum, ein paar Stunden oder ganze Tage sind einfach nicht mehr rekonstruierbar. Der Volksmund nennt so etwas einen Filmriss, wobei nicht die alkoholbedingten Amnesien gemeint sein sollen.

Eine solche Abwehr und damit die Verdrängung eines unlösbaren Konflikts ins Unbewusste hat allerdings langfristig negative psychische Folgen; das Individuum ist in Zukunft bei allen gleichartigen Konflikten gehemmt, es steht jeweils neu vor einer scheinbar unlösbaren Aufgabe. Damit können auch notwendige Reifungsschritte oder -entwicklungen nicht weiter vollzogen werden, es bleibt ganz oder teilweise auf einer bestimmten Entwicklungsstufe stehen. Deshalb spricht man bei einem Menschen mit einer ausgebildeten Neurose auch von einer unreifen oder infantilen Persönlichkeit.

Grundsätzlich ist jede psychische Operation ein möglicher Abwehrmechanismus. Man kann verdrängen, verleugnen, projizieren, intellektualisieren, affektualisieren, sublimieren, sexualisieren, rationalisieren etc. Um aber eine psychische Operation als Abwehr einsetzen zu können, muss sie zunächst einmal ausgebildet bzw. gelernt worden sein. Ein Kleinkind kann noch nicht rationalisieren, d. h. eine nachgehende rationale Schein-Begründung für ein bestimmtes Verhalten abgeben. Die zur Verfügung stehenden Abwehrmechanismen sind damit abhängig vom Stand der psychischen Reife. Damit kann man zugleich, quasi retrospektiv, von der Art der Abwehr einer Person auf ihre psychische Reife schließen.

Es gibt wohl keinen Menschen, der in seinem Unbewussten nicht abgewehrte Konflikte „lagert". Entscheidend ist, dass in jedem abgewehrten Konflikt nicht nur eine Unfähigkeit zur Lösung eines bestimmten Beziehungs-Konflikts verborgen, sondern zugleich psychische Energie bzw. Lebensenergie enthalten ist, die dem Individuum nicht mehr zur freien Verfügung steht und damit seine Lebensmöglichkeiten und -energien einschränkt. Zudem braucht jede Konfliktabwehr Energie zu ihrer Aufrechterhaltung. Einmal Abgewehrtes bleibt nicht von allein unbewusst, sondern bedarf weiterer Energie, sogenannter Verdrängungsenergie, zu seiner permanenten Aufrechterhaltung. Erst die Akkumulation abgewehrter Konflikte kann man neurotisch nennen. Aber auch ein Nachlassen der Abwehrvorgänge bzw. ein Schwinden der dazu notwendigen Energie kann zur Symptombildung führen. Die Symptomatik stellt insofern einen Kompromiss zwischen dem abgewehrten Konflikt und der Art der Abwehr dar. Sie ist eine „Wiederkehr des Verdrängten" (Freud). Da sie zugleich eine Abfuhr innerlich aufgestauter Energien bedeutet, kann man sie auch als eine Pseudolösung des Konflikts bezeichnen. Die psychischen Symptome werden als symbolisch verschlüsselte Mitteilungen des Unbewussten einer Person interpretiert, deshalb kommt es in einer Therapie darauf an, die symbolische Symptomatik lesen zu lernen, eben eine Art Dechiffrierung der Symptomsprache zu leisten. Dabei geht es darum, die Angst hinter der Angst zu verstehen, ohne sie gleich zu demaskieren. Denn wenn man sich ihr zu unsanft nähert, dann bricht sie wieder hervor, dann muss die Person sich erneut mit Abwehr und Widerstand schützen, deshalb sollte man behutsam, aber beharrlich mit den Widerständen und Masken umgehen.

Angststörungen

Man sollte meinen, dass die normalen Ängste schon ausreichen, um eine Partnerschaft kompliziert werden zu lassen, wenn aber einer der beiden Partner unter einer Angststörung leidet, dann hat dies nicht nur Auswirkungen auf sein individuelles Leben, sondern ganz erheblich auch auf seine Partnerschaft. Die Partner müssen selbst nicht unbedingt angstfrei sein, aber die Frage, wie sie mit der Angst umgehen, ist sicherlich schon bedeutend für die Partnerwahl – nicht unbedingt bewusst, eher unbewusst. Nach meiner Erfahrung sucht sich ein ängstlicher Partner nicht jemanden, der oder die kaum Ängste hat oder weitgehend angstfrei erscheint. Passend erscheint vielmehr ein Partner, der zwar die Angst kennt, aber nicht auch die gleichen eigenen Ängste hat, sondern eher andere. Insofern suchen sich zwei ängstliche Menschen und finden in dem Versuch der Überwindung ihrer Ängstlichkeit auch eine wichtige Gemeinsamkeit. Über die ganze Partnerschaft hinweg sind diese Ängste bedeutsam für den Alltag, die Konflikte und die Liebe. Wer selbst besonders ängstlich ist oder einen solchen Partner hat, sollte sich daher gut über Angststörungen informieren, um mit ihnen umgehen zu können. Denn wichtig ist, dass die Ängste im Leben der Paare nicht beherrschend werden.

Heute unterscheidet die Weltgesundheitsorganisation (WHO) drei Hauptformen der Angststörungen: Phobien, Panikstörungen und generalisierte Angststörungen. Beginnen wir mit den generalisierten Angststörungen, die Freud die neurotischen Ängste nannte, und die viel mit ängstlichen Erwartungen zu tun haben. Hierzu schreibt Freud: „Übergehen wir nun zur neurotischen Angst. Wir finden erstens eine allgemeine Ängstlichkeit, eine sozusagen frei flottierende Angst, die bereit ist, sich an jeden irgendwie passenden Vorstellungsinhalt anzuhängen, die das Urteil beeinflusst, die Erwartungen auswählt, auf jede Gelegenheit lauert, um sich rechtfertigen zu lassen. Wir heißen diesen Zustand Erwartungsangst oder ängstliche Erwartung. Personen, die von dieser Art Angst geplagt werden, sehen von allen Möglichkeiten immer die schrecklichste voraus, deuten jeden Zufall als Anzeige eines Unheils, nützen jede Unsicherheit im schlechten Sinne aus. Die Neigung zu solcher Unheilserwartung findet sich als Charakterzug bei vielen Menschen, die man sonst nicht als krank bezeichnen kann, man schilt sie überängstlich oder pessimistisch; ein auffälliges Maß von Erwartungsangst gehört aber regelmäßig einer nervösen Affektion an, die ich als Angstneurose benannt habe und zu den Aktualneurosen rechne." (Freud [1915–17], 384–385) Generalisierte Angststörungen lassen die Betroffenen unter einer permanenten inneren Anspannung leiden, daher fühlen sie sich dauernd erschöpft, denn diese Anspannung kostet Lebensenergie. Sie haben eine Erwartungsangst, eine Angst vor der Angst.

Die Phobien, die zweite Form, sind überaus starke Ängste. Solche Ängste sind für andere Mitmenschen im Kern auch nachvollziehbar, verwunderlich ist für die anderen aber die Intensität. Eine Spinne kann ja sehr ekelig aussehen, aber warum gleich schreiend aus dem Haus rennen und sich für Minuten nicht wieder beruhigen können? Phobien sind die häufigsten Angsterkrankungen. Spezifische Ängste beziehen sich auf Tiere oder Naturgewalten, räumliche Ängste auf Enge (Klaustrophobie) oder eine starke Angst vor öffentlichen Orten (Agoraphobie). Eine soziale Phobie ist eine überaus intensive und zwanghafte Angst, sich in den Augen anderer Menschen lächerlich zu machen, sich bloß zu stellen und der Peinlichkeit ausgesetzt zu sein. Freud dazu: „Eine zweite Form der Angst ist im Gegensatz zu der eben beschriebenen vielmehr psychisch gebunden und an gewisse Objekte oder Situationen geknüpft. Es ist die Angst der überaus mannigfaltigen und oft sehr sonderbaren Phobien ... Was uns an diesen Phobien der Neurotiker befremdet, ist überhaupt nicht so sehr der Inhalt als die Intensität derselben." (Freud [1915–17], 393)

Bei einer Panikattacke wird der Mensch von Angstgefühlen überwältigt, die er nicht kontrollieren kann: Er oder sie ist damit der Angst hilflos ausgeliefert. Sie sind mit körperlichen Symptomen verbunden, wie Herzrasen, Schwindel, Atemnot und können häufig ohne äußeren Anlass auftreten. Sie sind meist kurzfristig, wie eine kurze Attacke auf das körperliche Wohlbefinden der Betroffenen, und werden meist gar nicht als Phänomene oder Ausdruck einer psychischen Angst, sondern vielmehr als körperliche Symptome wahrgenommen, weshalb auch eher der Arzt, als ein Psychotherapeut aufgesucht wird. Zusammenfassend kann man sagen: „Die genannten Grundformen der Angststörung lassen sich also dadurch unterscheiden, dass unterschiedliche Befürchtungen auftreten: Bei der Phobie wird ein externes Objekt als gefährlich beurteilt, bei der Panik eine Körperfunktion und bei der generalisierten Angststörung die imaginäre Vorstellung einer ‚Sache Angst'." (Hell, 88)

Diesen drei Angststörungen möchte ich noch eine vierte hinzufügen, die bei Traumatisierungen auftritt: das Posttraumatische Belastungssyndrom (PTBS). Partner traumatisierter Menschen haben ganz besonders zu leiden und zweifeln sicherlich manchmal, ob der andere nicht wahnsinnig ist. Je nach Ursache, Ereignis, Schweregrad, Dauer usw. der Traumatisierung reagieren Menschen natürlich sehr unterschiedlich, aber eine Gemeinsamkeit besteht darin, dass sie emotional schwer gestört wurden. Manchmal ziehen sie sich so sehr zurück, dass sie gefühllos erscheinen, manchmal bekommen sie aggressive Durchbrüche, die sie kaum noch kontrollieren können, mal scheinen sie vollkommen aus der Situation entschwunden, wie nicht anwesend, dann rasten sie bei den kleinsten Anlässen aus. Eine der eindruckvollsten Beschreibungen der Auswirkungen einer solchen PTBS auf eine Paarbeziehung schildert Philipp Roth in seinem Roman „Der menschliche Makel".

Der traumatisierte Ehemann

Vor seiner Heirat war Lester Farley im Vietnamkrieg, zwei Mal. Dort hat er nicht nur gelernt zu überleben und zu morden, sondern seine ganze Seele wurde darauf programmiert, eine Kampfmaschine zu sein. Bei seinem ersten Einsatz hat er die Angst noch gespürt, er hat geschrien, geheult, sich vor Angst in die Hosen gemacht, nächtelang wach gelegen. Beim zweiten Mal war das alles schon anders, da hatte er schon gelernt, nicht mehr zu fühlen.

Als er dann wieder zu Hause ist, findet er den Knopf nicht mehr, um seine Gefühle wieder anzustellen. Er versucht, ein neuer Mensch zu werden, Vietnam und all die schrecklichen Erfahrungen hinter sich zu lassen. Er arbeitet als Milchbauer, hat eine Frau und zwei Kinder. Seine Frau Faunia passt zu ihm, sie wurde schon als Kind durch sexuellen Missbrauch traumatisiert. Auf sie muss er einen bärenstarken Eindruck gemacht haben, ein Mann, der scheinbar vor nichts im Leben mehr Angst hat, der alles, den Dschungel, die Kampfeinsätze und das Leiden der Welt erlebt hat, und der deshalb für sie ein guter Beschützer sein kann. Erst als sie nachts wach wird, weil sie von ihm im Schlaf gewürgt wird, merkt sie, wie sehr er noch von seinen Ängsten und Alpträumen beherrscht wird und wie wenig er seine Ängste wirklich im Griff hat. Er hat sie verdrängt, abgespalten, dissoziiert, aber sie sind unter der Oberfläche dafür umso stärker. Im Traum ist er wieder in Vietnam und seine Frau neben ihm wird zum Vietcong, den er töten muss. Erst als sie röchelt, merkt er, was er tut.

Eigentlich könnte Lester halbwegs zufrieden sein, er hat Frau und Kinder und obwohl er immer wieder ausrastet, bleibt seine Frau noch bei ihm. Aber dann sitzt er wieder mit seiner Familie in der Küche und empfindet nichts für sie, als seien sie Fremde. Er ist zwar nicht mehr in Vietnam, aber er fühlt sich immer wieder so, vor allem nachts. Schlafen kann Lester sowieso nicht mehr richtig, dauernd ist er nervös und gereizt, er zieht sich von allen Menschen zurück, läuft stundenlang durch den Wald, fährt im Auto durch die Gegend und säuft und säuft und säuft, weil er sich immer wieder betäuben muss, denn er hält die Ängste nicht mehr aus, die ihn immer wieder plötzlich überkommen.

Als seine Kinder bei einem Hausbrand im Feuer getötet werden und er die rasende Wut auf seine Frau kaum noch kontrollieren kann, weil sie während des Brandes im Auto Sex mit einem anderen Mann hatte, kehren seine Gefühle langsam und übermächtig zurück. All die verdrängten Ängste überwältigen ihn, lassen ihn wieder Amoklaufen, weil sie nicht auszuhalten sind. Er wird angeschnallt und mit Medikamenten vollgepumpt. Aber wirklich geändert hat es nichts in ihm.

Seine Frau flüchtet vor ihm und er verfolgt sie immer wieder. Sie hat neue Liebhaber und er liegt auf der Lauer wie im Dschungel, nähert sich beiden geräuschlos und ist mehrfach kurz davor, den Liebhabern den Schädel einzuschlagen. Am Ende versucht Lester, sich, seine Frau, ihren Liebhaber oder alle zusammen umzubringen, weil er es nicht mehr aushält, und fährt mit rasender Geschwindigkeit auf den Wagen zu, in dem seine Frau sitzt. Aber Coleman, der Mann neben seiner Frau, reißt das Steuer herum, versucht ihm auszuweichen und beide sterben. Lester fährt weiter, muss weiter leben.

Ein Trauma ist nicht ein besonderes Angst auslösendes Ereignis an sich, sondern das Fehlen von Bewältigungsstrategien für eine bedrohliche Situation. Insofern können bestimmte Ereignisse traumatisierend bei einem Menschen wirken und bei einem anderen nicht. Beispielsweise können Kinder eher traumatisiert werden, weil ihre Bewältigungsstrategien noch nicht so ausgebildet sind wie die Erwachsener. Posttraumatische Belastungsstörungen entstehen daher aus besonderen Gefahrensituationen, meist existenziellen Bedrohungen, die seelisch aufgrund der Schwere und/oder Dauer nicht verarbeitet oder bewältigt werden konnten. In solchen lebensbedrohlichen Situationen steht uns Menschen eine Überlebensstrategie zur Verfügung, die uns kurzfristig aus der Misere heraus hilft, aber dafür langfristig fürchterliche Folgen haben kann: die so genannte Dissoziation. Opfer von Vergewaltigungen berichten manchmal von kompletten Amnesien; Opfer von jahrelangem sexuellem Missbrauch überleben auf diese Weise. Die bedrohlichen Situationen werden samt der dazugehörigen Ängste und sonstigen Gefühle dissoziiert, also dem Bewusstsein entzogen und komplett verdrängt. Dabei treten die früheren traumatischen Erlebnisse immer wieder als *flash backs* auf. Betroffene versuchen, innerlich und äußerlich alles zu vermeiden, was sie wieder in solche Situationen bringen könnte oder die Erinnerungen wieder wach rufen könnte.

Eine PTBS entsteht also, wenn ein Mensch von seiner Angst überflutet wird oder gar um sein Leben fürchten muss. Sobald die Betroffenen aber später in eine Situation geraten, die möglicherweise nur kleine Anteile der Ursprungsszene enthalten, kann der gesamte Verdrängungsvorgang aufgehoben werden. Man spricht von Auslösern – so genannte *Trigger* –, wenn durch einen Geruch, ein besonderes Lächeln, einen Blick, eine bestimmte Bemerkung oder Ähnliches der gesamte verdrängte Inhalt wieder wachgerufen werden kann und dann die Person mitsamt allen abgespaltenen, dissozi-

ierten Gefühlen überflutet. Dann wird psychisch die Ursprungsszene wieder belebt, dann fühlt sich die Frau wieder wie bei der Vergewaltigung und der Mann wieder wie im
Krieg.

Wahrscheinlich hat Faunia ihren Mann Lester auch deshalb geheiratet, weil er die Angst ebenso gut wie sie kannte,
insofern kann man die vorherigen Angsterfahrungen beider durchaus als ein unbewusstes Heiratsmotiv bezeichnen.
Sie hatte Angst in unermesslicher Form im sexuellen Missbrauch durch ihren Stiefvater erfahren, er durch seine Erlebnisse als Soldat in Vietnam. Beide hatten notdürftig und
notgedrungen gelernt, mit ihren Ängsten zu leben. Und beide hatten wahrscheinlich gehofft, vom anderen nicht nur
Verständnis zu bekommen, sondern auch Lösungen für den
Umgang mit den eigenen Ängsten. Aber ihre Ängste und
deren Folgen haben ihre Paarbeziehung zerstört.

Die Ängste der Paare und ihre Masken

Wie wirken sich Ängste in Paarbeziehungen aus? Wird die
Angst des einen Partners auch immer vom anderen wahrgenommen oder gefühlt? Können sich Partner bei der Bewältigung von Ängsten gegenseitig beistehen? Können ängstliche Menschen sich sogar deshalb als Partner wählen, weil
sie im anderen die vertraute Angst spüren? Ich glaube ja,
aber sie sollten dabei möglichst unterschiedliche Ängste
und vor allem verschiedene Bewältigungsstrategien haben,
um sich gegenseitig bei der Überwindung der Ängste unter-
stützen zu können.

In allen Paarbeziehungen gibt es Ängste, normale und
besondere. Jede neue Entwicklungsaufgabe kann mit Ängsten verbunden sein. Ist unsere Beziehung stabil genug, um
ein gemeinsamen Kind zu bekommen? Werde ich eine gute Mutter sein können, wie ich es mir vorstelle oder werde

53

ich teilweise auch so schrecklich sein, wie es meine Mutter zu mir war? Kann mein Mann wirklich ein guter Vater sein? Wie werden wir als Eltern sein und wie können wir es schaffen, unsere Paarbeziehung dabei nicht zu verlieren? Alle diese Fragen sind normal, wenn bei einem Paar ein Kinderwunsch entsteht und sie sich daran machen, die Entwicklungsaufgabe von der Partnerschaft zur Elternschaft zu meistern.

Ängste sind mit jeder persönlichen und partnerschaftlichen Entwicklung verbunden und wer sich nicht ängstigen will, der verhindert damit letztlich eine Entwicklung oder erschwert sie zumindest. Jedes Individuum hat seine Entwicklungs- und Reifungsphasen und ebenso alle Paarbeziehungen. Diese Entwicklungsphasen sind jeweils gekennzeichnet durch spezifische Konflikte und Reifungsthemen – und immer ist die Angst zumindest als emotionale Begleitmusik, häufig sogar als emotionaler Motor beteiligt. Denn es gibt immer auch die Angst, sich nicht mehr weiter zu entwickeln, stehen zu bleiben. In Paarbeziehungen sind diese Entwicklungsängste zumindest dreidimensional: zwei individuelle und eine partnerschaftliche. So kann die Entwicklung der Frau auch bei ihm einen Auslöser darstellen, oder umgekehrt, oder beide stehen vor gemeinsamen partnerschaftlichen Herausforderungen. Es sind individuelle und partnerschaftlichen Entwicklungszyklen, die gemeistert werden wollen; aber jede Veränderung beinhaltet auch Ängste vor dem Neuen und Unbekannten.

In Partnerschaften ist die Angst vor Enttäuschungen ein beständiger Begleiter: dass der andere sich nicht so verhält, wie man es erwartet, dass man selbst den anderen enttäuschen könnte. Diese Erwartungsängste beziehen sich auf die abendliche Laune, die Planung des gemeinsamen Urlaubs, die Blicke bei der Party, die Zärtlichkeit bei der Sexualität oder das intuitive Erahnen der eigenen Wünsche durch den anderen, was meist als Kennzeichen der wahren Liebe gedeutet wird. Es ist das breitgefächerte Leben in einer Partnerschaft und Familie, das von einer Vielzahl von Erwartungen überzogen wird und dahinter lauern die Ängste vor der Enttäuschung dieser Hoffnungen. Menschen wollen nicht lernen, mit Enttäuschungen umzugehen und auf diese Weise ihre Ängste zu reduzieren, sie wollen Enttäuschungen am liebsten vermeiden und verkennen dabei, dass damit ihre Ängste latent weiter existieren oder sogar noch größer werden.

Partner sind nicht selten voller Ängste vor möglichen Kränkungen: dass der andere besser, schöner, erfolgreicher, intelligenter oder redegewandter sein könnte. Sie messen sich gegenseitig, aber selten offen und spielerisch, sondern eher ernst und verdeckt. Eine solche partnerschaftliche Rivalität ist nur gut, wenn sie offen sein kann und keine persönlichen Kränkungen oder gar Abwertungen damit verbunden sind. So hat auch jeder eine besondere Angst vor einer Bloßstellung: vor der ersten Nacktheit, dem ersten Morgen danach, dem ersten Streit, der ersten Schwäche oder der letzten Niedertracht.

Erwartungsängste, Verlustängste, Versagensängste – jede Partnerschaft und Familie ist voll davon. Es ist nicht die Frage, ob diese Ängste existieren, sondern wie wir mit ihnen umgehen. Es sind normale Ängste vor allem Neuen, die manchmal nicht nur beziehungsdynamisch kompliziert werden, weil mehrere Personen offen und unterschwellig an ihrer Entstehung und Wirkung beteiligt sind. Hinzu kommen noch alte Ängste, die mit alten Gefühlen und ungelösten Konflikten verbunden sind. Wer angesichts all dieser komplizierten Herausforderungen den Status quo einklagt und alles normal halten will, der hat schon im Ansatz verloren, denn der wird von seinen Ängsten eingeholt und bestraft.

Liebe und Angst

Wie kann man mit solchen Ängsten leben – oder besser: überleben? Ist man den Ängsten hilflos ausgeliefert oder sorgen die Abwehrmechanismen zumindest für ein äußerliches Funktionieren? Welche Möglichkeiten haben die Betroffenen, mit ihren Ängsten zu leben? Kann man vielleicht die Angst durch Liebe bekämpfen? Gibt es überhaupt eine Möglichkeit, ohne professionelle Hilfe solche starken Ängste, sogar Existenzängste anzugehen? Kann man durch ein Tagebuch oder schriftliche Aufzeichnungen eine Art Selbstanalyse machen und sich auf diese Weise von den überwältigenden Ängsten befreien? Oder ist das nur ein Pfeifen im Wald, ein Schmoren im eigenen Saft, ohne einen Fortschritt der Selbsterkenntnis oder gar der psychischen Bereinigung, die man Katharsis nennt? Sigmund Freud, der Begründer der Psychoanalyse, war niemals selbst in einer Psychotherapie oder Psychoanalyse, aber seine Briefe an seinen väterlichen Freund Wilhelm Fließ hatten diese therapeutische Funktion für ihn.

Ein Roman, in dem die Be- und Verarbeitung von Ängsten in Briefen eine zentrale Rolle spielt, ist „Briefe der Liebe" von der Polin Maria Nurowska. Er handelt von unmenschlichen Ängsten, die alle von derselben Person durchlebt und überlebt werden müssen und die sich mithilfe von Briefen an ihren geliebten Mann Entlastung verschafft. In diesen Briefen schildert sie nicht nur ihre Ängste, sondern erzählt auch von ihrer Liebe, die ihr im Umgang mit den Ängsten geholfen hat. Dieser Roman ist ein beeindruckendes Werk über die Liebe und die Angst.

„Ich fasste Wurzeln in meiner Liebe und meiner Angst. Liebe und Angst wurden zum Wesen meines Lebens." (Nurowska, 8) Dies schreibt eine Frau an ihren Mann, mit dem sie 25 Jahre zusammen lebte. Es sind „Briefe der Liebe", in denen sie von ihrer Angst, ihren Selbstzweifeln und ihren Geheimnissen schreibt und die sie nur diesen Briefen anvertraut. Die Ängste haben sie seit ihrer Kindheit begleitet: Ängste um ihr Leben, vor dem Erkanntwerden, vor dem Verlust ihrer Liebe, Ängste vor der Selbstauflösung, dem Verlust der eigenen Identität, vor den eigenen Gelüsten, vor dem Verlust der geliebten Menschen, der Vernichtung und Bestrafung.

Sie ist 15 Jahre alt, als sie beginnt im Warschauer Ghetto als Prostituierte zu arbeiten, um sich und ihren Vater vor dem sicheren Tod zu retten. Ihre Eltern haben sich getrennt. Ihre Mutter ist Arierin und bei ihr könnte sie leicht überleben, ohne die Opfer zu erbringen, von denen sie damals nicht einmal ahnt. Im Ghetto hungern sie, wie alle, und durch die Prostitution ist das Überleben gesichert. Aber um welchen Preis? Hat sie nur die Existenzangst mit vielen anderen, neuen Ängsten getauscht? Durch die Prostitution hat sie sich gespalten: in Kopf und Körper, in sich und „die andere", in oben und unten, in sich und die Maske. Wenn sie sich schminkt und ihre Maske herstellt, hinter der sie sich und all ihre Ängste bei der Arbeit versteckt, dann nimmt sie während des Schminkens langsam die Identität der Hure an. Sie überlebt hinter der Maske, aber diese Maske wird sie ihr Leben lang begleiten.

Fortan hat sie zwei Identitäten: Elzbieta und Krystina, eine alte und eine neue, eine jüdische und eine vom SS-Mann, eine aus dem Ghetto und eine geliehene, eine als Hure und eine als Frau, Tochter, Geliebte. Was ist Wahrheit und was Lüge? Sie muss mit der Spaltung in zwei Personen und der dauernden Angst weiterleben. Sie zieht zur Mutter einer Freundin, die sie in die Prostitution einführt. Die alte Frau, die allein mit ihrem vierjährigen Enkel Michal lebt, nimmt sie liebevoll auf, weil sie von ihrer Tochter kommt. Nachts wird Elzbieta von Alpträumen heimgesucht, dann besteht sie nur noch aus Ängsten. Ist die Hure die Verkleidung der Frau oder die Frau die Verkleidung der Hure, ist sie eigentlich eine schmutzige Hure oder eine normale Frau, was ist Maske, was echt? Man muss lange in der Maske gelebt haben, um diesen Unterschied nicht mehr empfinden zu können. Die Grenzen sind verschwommen und sie verbringt quälende Jahrzehnte mit dieser Frage.

Sie lebt mit der alten Frau und dem kleinen Jungen, dessen Mutter nach Auschwitz deportiert wurde und dessen Vater im Untergrund arbeitet. Als die Oma stirbt, versichert sie ihr, sich um Michal zu kümmern. Monatelang lebt sie allein mit dem Jungen, sie gibt Nachhilfeunterricht in Englisch, Französisch und Deutsch, und die beiden können sich leidlich davon ernähren. Die Alpträume hören langsam auf, die Ängste suchen sie nur noch nachts heim, aber da liegt Michal neben ihr im Bett und sucht ihre Nähe und Wärme und das hilft ihr noch mehr als ihm.

Als Michals Vater zurückkommt, verliebt sie sich augenblicklich in ihn und wundert sich zugleich darüber, dass sie noch Liebe zu einem Mann empfinden kann. Sie hatte schon Angst, diese Fähigkeit und dieses Bedürfnis sei auch für immer zerstört worden. Andreij ist Kardiologe, ein Arzt fürs Herz. Auch er führt ein zweites, heimliches Leben, er arbeitet in einer Widerstandsorganisation. Damit tritt eine weitere Angst in ihr Leben, denn eines Tages stehen Uniformierte vor der Tür und suchen ihn. Wochenlang ist er verschwunden, dann erhält sie eine Nachricht, wohin sie kommen soll. Er kommt und geht und ihr bleibt nur wieder, mit dieser Angst zu leben. Dennoch entsteht durch Andrej und seinen Michal eine neue Stabilität in ihrem Leben, eine Kontinuität in der brüchigen und gespaltenen Existenz.

Sie heiraten, sind glücklich, insbesondere Michal. Dann wird sie auf der Straße in ein Auto gewunken, in dem der Oberst sitzt, dem ihr Mann die Rückkehr aus dem Untergrund und die Anstellung am Krankenhaus zu verdanken hat. Es stellt sich heraus, dass er ein ehemaliger Freier aus dem Warschauer Ghetto ist, einer, den sie damals abgewiesen hat. Er stellt sie vor eine Alternative: entweder sie steht ihm zur Verfügung oder er informiert ihren Mann über ihre Vergangenheit.

Aus der rein sexuellen Beziehung wird in den nächsten Jahren eine *amour fou*, der sie sich nicht mehr entziehen kann. Sie lebt lange Jahre in einer Liebe zwischen zwei Männern: mit Herz und Verstand bei Andrej – und mit Körper und Sex mit dem anderen. Damit hat sie ihre innere Spaltung nach außen gebracht, der interne Konflikt wurde externalisiert, und daher geht es ihr besser, was sie sich nicht eingestehen kann. Sie wird von Scham- und Schuldgefühlen überwältigt, kann sich dem anderen aber nicht entziehen, sucht immer wieder seine Nähe, fordert mittlerweile selbst die Treffen mit ihm, bei denen sie erniedrigt und gedemütigt wird. Sie denkt immer häufiger über Selbstmord nach.

Als sie schwanger wird, muss sie abtreiben, weil sie nicht weiß, von wem das Kind ist und mit dieser Lüge nicht auch noch leben kann. Aber sie ist bereits im vierten Monat und die Operation bringt sie fast um. Sie kann Andrej nicht sagen, was los ist – eine weitere Lüge kommt hinzu. Mal empfindet sie ihr Leben als gespalten, dann wieder als heil und ganz durch beide Männer, weil beide auch die innere Spaltung aufheben, sie sich ganz und heil fühlt in der Vereinigung beider Seiten, beider Männer.

Sie findet, wie so viele traumatisierte Menschen, ihre Errettung im Glauben, speziell in Jesus Christus, lässt sich taufen und heiratet Andrej noch einmal, diesmal kirchlich, und erst damit hat sie ihre Angst überwunden. Die Briefe an ihren Mann Andrej, in denen sie all ihre Ängste offenbart, sind zwischen Dezember 1944 und Oktober 1968 geschrieben. Am Schluss spricht Andrej sie mit ihrem wirklichen Namen an, nennt sie Elzbieta, und da wird ihr klar, dass er sie alle bereits gelesen hat, parallel zum gemeinsamen Leben in den letzten 25 Jahren. Er kannte sie, wusste ihren wirklichen Namen, hatte ihre Maske erkannt – und dennoch geschwiegen. Das ist ein Zeichen seiner Liebe zu ihr und auf diese Weise erfährt sie nicht nur, dass er alles gewusst hat, sondern auch, dass er sie die ganze Zeit über geliebt hat. Er hat ihre Masken respektiert, sie mit seinem Schweigen geschützt und ihr damit ermöglicht, sich von ihren Ängsten zu befreien.

Doch mein Zorn ist stärker,
als meine vernünftigen Gedanken
Euripides, Medea

3. Die Masken der Medea

Von Ärger, Wut, Zorn und Rache

„Ich kann Ihnen nicht garantieren, dass ich nicht ausraste ...
und dann kann es passieren, dass ich Ihre Schrankwand
zerlege ... ich habe eine solche Wut in mir, dass ich platzen
könnte ... nein, meinen Mantel zieh ich nicht aus, ich will
jederzeit den Raum verlassen können, wenn es mir zuviel
wird ... wenn Sie das nicht akzeptieren, gehe ich gleich ..."
Der Mann kocht vor Wut und kann sich nur mühevoll beherrschen. Seine Frau sagt gar nichts, wirkt beinahe unschuldig an den wütenden Gefühlen ihres Mannes. Ich kenne die
Hintergründe und kann daher seine Wut verstehen, wahrscheinlich bleibt er nur deshalb.

Bis vor einem Jahr waren sie ein glückliches Paar in
einer harmonischen Familie mit zauberhaften Kindern in
einem kleinen, wunderschönen Vorort gewesen. Die Idylle
schien perfekt und Eltern und Schwiegereltern nahmen teil
an ihrem Glück. Zwei Kinder, Junge und Mädchen, Reihen-
haus auf Eckgrundstück, kleiner Garten. Er war im Außendienst einer Firma und muss deshalb viel reisen, sie arbeitete halbtags im Einzelhandel. Die Kinder waren versorgt mit
Schule, Freunden, Sportvereinen, der Mann war permanent
unterwegs und der Nachbar so freundlich und an ihr interessiert, wie schon lange kein Mann mehr. Also begann sie
vor einem Jahr eine heimliche Affäre mit ihm. Sie trafen
sich zu sicheren Zeiten an sicheren Orten, liebten sich tags-
über, auch im nahegelegenen Wald, fühlten sich mal wieder
unbeschwert und jung. Die Fassade der glücklichen Familie

konnte gewahrt werden, bis die Ehefrau des freundlichen Nachbarn ihren Mann zur Rede stellte. Und als nächstes rief sie ihren Nachbarn an und berichtete ihm: „Ich wohne in Nummer 32b, wir sind uns doch neulich beim Heckeschneiden begegnet, aber ich wollte Ihnen eigentlich sagen, dass Ihre Frau ein Verhältnis mit meinem Mann hat. Vielleicht interessiert Sie das und wir sollten mal darüber reden."

Und ob ihn das interessierte. Aber der ahnungslose Ehemann scheute eine allzu große Offenheit, weil dabei eventuell zuviel Wahrheit herauskommen konnte. Dass er in mindestens zwei anderen Städten auch Freundinnen hatte, die für meist angenehme Verlängerungen seiner Dienstreisen sorgten, musste seiner Meinung nach nicht unbedingt auch offengelegt werden. Er wollte vernünftig, das heißt dosiert mit der Wahrheit umgehen, wollte zwar alles wissen, aber dabei die Position des Anklägers behalten. Er traf sich mit der Nachbarin, die ihn mit allen erdrückenden Indizien einer längeren Liebesaffäre konfrontierte. Bis dahin hatte er alles noch ertragen und war stillschweigend davon ausgegangen, seiner Frau großzügig zu verzeihen, seine eigenen Geliebten zu verschweigen und als gedemütigtes Opfer seinen Gewinn aus der ganzen Affäre zu ziehen.

Dieser wunderbare Plan – Boccaccio hätte ihn nicht besser erfinden können – änderte sich schlagartig, als er ein Schreiben von seiner Bank erhielt, in dem ihm mitgeteilt wurde, dass er leider keine Kreditwürdigkeit mehr habe und sie ihm einen Finanzierungsplan empfehlen würden, um seine Schuldenberge zu tilgen. Er wusste nichts von Schulden, seine Frau hatte die Finanzen verwaltet, sie hatte Buchhaltung gelernt und alles war bislang gut gegangen. Ohne großartige Erregung oder gar Schuldgefühle gestand ihm seine Frau bei einem konfrontierenden Gespräch, dass sie mit ihrer Scheckkarte ein Vermögen ausgegeben habe. Unter anderem hatte sie ein niedliches Boot, ein kleines praktisches Auto für die Stadt, etwas Schmuck und gute

Kleider gekauft, sie sei schließlich auch mal an der Reihe. Jahrelang habe sie sich mit ihren Bedürfnissen zurückgehalten, habe stillschweigend seine Affären ertragen, erst im Tennisclub und dann auf seinen Dienstreisen. So erfuhr er nebenbei, dass sie alles wusste, fast alles. Außerdem habe sie beschlossen, sich zu trennen, die Kinder würden bei ihr bleiben, ob sie mit dem neuen Mann zusammen bleibe, wisse sie noch nicht, aber er könne ja schon mal freiwillig ausziehen.

Die innere Bilanz des Mannes beschrieb er mit den Worten: elende Schlampe, hinterhältiger Betrug, Sehnsucht nach Rache. Seine Familie war zerstört, seine Finanzen auf Jahre hinaus ruiniert, sein Haus musste wahrscheinlich zwangsversteigert werden, wenn er sich nicht noch irgendwie mit ihr einigte – er stand vor dem Nichts und wusste, wer die eindeutige Schuld daran hatte. Aber hinter der vordergründigen Wut nagten die eigenen Schuldgefühle. Sie hatte recht, er war notorisch fremdgegangen, hatte sich manches gegönnt, und sich bei all dem darauf verlassen, dass sie sich um die Kinder kümmert, halbtags arbeiten geht, den Haushalt macht und nichts von seinem sonstigen Leben merkt.

Sie haben jahrelang in einer Maskenwelt miteinander gelebt, haben sich hinter ihren Masken versteckt und es nicht geschafft, sich wirklich zu begegnen und offen miteinander zu sprechen. Sie waren erstarrt in ihren Masken der Vorstadt-Harmonie, sie könnten aus der TV-Serie „Desperate Housewives" stammen oder eines der vielen Paare von John Updike sein. Die Masken der Harmonie legten sich wie Zuckerguss über ihr Leben und darunter wurde die Wut immer größer, weil sie aufgrund des Harmoniezwanges nicht ausgelebt werden konnte. Beide waren lange Jahre unzufrieden gewesen, hatten sich dies jedoch nicht offen eingestehen können – weder sich selbst noch dem anderen. Sie lebten in der Retortenwelt, die sie eigentlich angestrebt hatten, die mal ihr gemeinsamer Traum gewesen war, und je mehr sie ihn erreichten, desto leerer, sinnloser und langweiliger erschien ihnen dieses Leben. Irgendwann hatte der Mann mit einem zweiten Leben angefangen, einem, das er für lebendiger hielt. Er gönnte sich kleine Privilegien und Liebschaften, fühlte sein Leben dadurch bereichert und trat seiner Frau gegenüber weiterhin in der Maske des arbeitsamen, untadeligen und zufriedenen Ehemannes auf. Aber sie hatte längst gemerkt, dass er ihr nur eine Rolle vorspielte und hatte entschieden mitzuspielen. Die Alternative erschien ihnen zu zerstörerisch: sie hätten sich trennen können, Rosenkrieg, Rechtsanwaltskosten, Kinderleiden, Zwangsversteigerung des Hauses, anschließend Zweizimmerwohnung verbunden mit sozialem Abstieg und vor allem Schuldzuweisungen durch die eigene Familie.

In der Familie hatte man schon immer Wert auf Harmonie, den guten Ton und die Meinung der Nachbarn gelegt. Konflikte durfte es nicht geben, dafür hatte es in der Familiengeschichte zu viele Verluste gegeben, die bis heute nicht betrauert waren und bei jeder neuen Trennung und jedem neuen Verlust wieder hochgekommen wären. Die Maske der Harmonie verdeckte die Verlustängste und da sie beide genügend aus ihren Familien in die Ehe mitgebracht hatten, was ein wesentliches Heiratsmotiv gewesen war, war das Harmoniebedürfnis grenzenlos gewesen. Aber die Verleugnung der Realität, weniger der äußeren in der Gemeinde als der innerseelischen und partnerschaftlichen, konnte nicht dauerhaft aufrechterhalten werden. Und dann kam die Wut als zweite Maske darunter, denn die Wut war das letzte Mittel, die tiefe Trauer aus Generationen zuvor zu deckeln. Diese Wut, die unbändigen Aggressionen und Rachgelüste als Mischung aus Frustrationen und Kränkungen, war selbst nur eine Maske, hinter der sich letztlich die Trauer verbarg. Diese Trauer kannten sie als Gefühl schon viel länger als ihre Partner, sie waren beide mit dieser Trauer geboren worden und schon ihre Eltern hatten sich mehr damit beschäftigt, die Trauer durch Wut und jeden neuen Verlust durch Harmonie und Konfliktvermeidung abzuwehren.

Und selbst als sie ihren Ärger und ihre Wut schon kaum noch beherrschen konnten, haben sie ihre Aggressionen kultiviert ausgelebt, mit der Scheckkarte, dem systematischen Betrug, den teuren Anschaffungen. Nun wollten sie von mir eine Trennungsberatung, um zumindest die völlige Katastrophe zu verhindern. Im ersten Gespräch hat er mich auf einen Film angesprochen, in dem der Satz fällt: „Es kommt der Tag, da muss die Säge sägen." In dem Film gehe es auch um Betrug und einen Mann, der seine Wut mit der Kettensäge an der Schrankwand auslässt. Dieser Satz treffe insofern sehr gut seinen Gemütszustand. Er leide unter massiven Schlafstörungen, rauche 60–80 Zigaretten am Tag, trinke eindeutig zuviel, vor allem Whiskey. Wenn die Kinder nicht wären, würde er seiner Frau das Haus anzünden.

In der Trennungsberatung haben wir mit hohem emotionalem Aufwand und im permanenten Angesicht möglicher weiterer Katastrophen letztlich eine Einigung erzielt, wie beide Eheleute zukünftig noch halbwegs vernünftige Eltern ihrer Kinder sein können, wie sie es schaffen können, sich überhaupt noch zu begegnen, sich in die Augen zu sehen und miteinander das Nötigste zu reden. Dabei waren ihre tiefen Ängste vor totalen Verlusten hilfreich für den Beratungsprozess, denn sie verhinderten die ungezügelte Aggression. Und es musste viel Realitätssinn aufgebracht werden: Das Geld war schließlich ausgegeben, der Schuldenplan wirksam, der Liebhaber stellte langsam auch seine Ansprüche und die Kinder mussten versorgt werden. Für den Ehemann war das alles ein grausamer Film und wir haben lange gebraucht, alle seine Fragen für ihn halbwegs befriedigend zu beantworten: Wie konnte mir das passieren, warum habe ich nichts gemerkt, wieso habe ich ihr das Geld überlassen, wieso hat sie mir das angetan, wie kann ich mit meiner unendlichen Wut auf sie umgehen? Als seine Frau beim Familiengericht beantragte, er dürfe die Kinder nur noch in einem begleiteten Umgang sehen, da er ein cholerischer Mensch sei, der seine Aggressionen nicht im Griff habe und daher eine Gefährdung des Kindeswohls darstelle, war er völlig ausgerastet. Er fuhr zu ihrem Haus, verwüstete ihre Pflanzen im Garten und zerstörte ihre Hollywood-Schaukel, die er als Sinnbild ihres verschwenderischen Lebenswandels ansah. Dies wiederum sah die Frau als umgehende Bestätigung ihrer Einschätzung an und das Gericht schloss sich dem an. Der Mann verstand die Welt nicht mehr, bis er eine Frau kennen lernte, die seine ganze Geschichte kannte, weil es ihr ähnlich ergangen war.

Ich fürchte, das Spiel ging von vorne los, denn sie hatten nie einen Blick hinter ihre Masken geworfen und daher nichts gelernt. Sie hatten zwar gemerkt, dass sich hinter der Maske des Partners ein anderer Mensch verbarg, der sein Eigenleben führte, aber sie waren beide nie zu diesem anderen Menschen durchgedrungen, hatten nie wirkliche Intimität hergestellt. Die Wahrscheinlichkeit war hoch, dass beide mit ihrem neuen Partner wieder etwas aufbauten, in den Masken der Harmonie lebten und darin ihre Ängste verbargen. Sie würden wieder eher Wut empfinden, um die Trauer nicht zu spüren. In fünf Jahren sehen wir uns wieder, dachte ich, als wir uns verabschiedeten, dann aber mit neuen Partnern und scheinbar neuen Problemen.

Ärger, Wut und Zorn

Ärger, Wut und Zorn erleben wir, wenn wir uns durch andere Menschen geschädigt fühlen. Die Entstehung dieses Gefühls ist demnach von der subjektiven Interpretation einer Schädigung durch einen anderen Menschen abhängig, das Gefühl entsteht kognitiv, auf dem Umweg über den

Kopf. Ärger kann man daher auch als eine sozial konstruierte Emotion bezeichnen. Während viele Ängste teilweise unmittelbar ausgelöst werden und sie erst später in der Physiologie und Kognition „ankommen", brauchen Ärgergefühle in der Regel die kognitive Interpretation einer Schädigung durch einen anderen.

Obwohl diese Gefühle selbst universal sind und alle Menschen Ärger, Wut und Zorn kennen, sind es doch die sozialen und kulturellen Normen, die den Umgang mit diesen Gefühlen regeln. Bei welchen Anlässen diese Gefühle entstehen und wie sie gezeigt werden sollen oder dürfen, wird durch den jeweiligen sozialen und kulturellen Kontext bestimmt. So kennt man bei den Inuit beispielsweise Wut so gut wie überhaupt nicht. Das heißt nicht, dass es keine Wut gibt, sondern nur, dass man sie kaum zeigt. Inuit gestatten Wut nur Kindern, älteren Menschen, Frauen oder Fremden – bei den Männern ist die Äußerung von Wut verpönt. Denn da sie in ihrem Lebensraum traditionell auf die enge Kooperation beim Fischfang und arbeitsteiligen Überleben angewiesen sind, zeigen sie selten Wut oder Ärger.

Zorn erscheint als Steigerung des Ärgers, weil dabei unterstellt wird, dass die Schädigung nicht zufällig, sondern absichtlich herbeigeführt wurde. Dabei richtet sich der Zorn einerseits gegen den anderen, andererseits dient der Zorn aber auch dazu, die Situation wieder unter Kontrolle zu bekommen. Zorn ist insofern sowohl Ausdruck eines tiefen Ärgers über eine absichtliche Schädigung, als auch der Versuch, die stark emotionalisierte Situation zu bewältigen. Gelingt dies, so sprechen wir von einem „reinigenden Gewitter", denn dann fühlt man sich nach der Äußerung von Zorn besser; gelingt dies nicht, dann ist der Schaden meist größer als vorher. Zorn wird als die gefährlichste dieser Emotionen angesehen, weil er die eigenen Aggressionen mobilisiert und nicht selten nach Rache ruft. Vielleicht kann man damit den Zorn als die emotionale Basis der Rache ansehen, die ja eine geplante aggressive Handlung darstellt und insofern keine Affekthandlung ist.

Ärger, Wut, Zorn und Rache sind eng verbunden mit ähnlichen oder begleitenden Gefühlen, wie Empörung, Gereiztheit, Beleidigtsein, Groll oder auch Ressentiment. Wie lassen sich diese Gefühle gegeneinander abgrenzen? Empörung kann als selbstgerechter Zorn angesehen werden; Beleidigtsein als eine passive Form von Ärger; Gereiztheit entsteht, wenn die Geduld zu sehr strapaziert wird; Rache als Ausdruck von Zorn, der kunstvoll im Hirn wirkt, um sich in vermeintlich gerechter und ausgleichender Aggression zu entladen; und Hass als eine andauernde Abneigung gegen einen anderen Menschen. Hass wird nicht dauerhaft empfunden, kann im Kontakt mit der anderen Person aber immer wieder entstehen. Groll ist eine untergründige Wut auf einen anderen, die weitgehend unterdrückt wird. Und Ressentiment ist eine emotional ablehnende Haltung einem anderen Menschen gegenüber. Die Intensität dieser Gefühle variiert auf einer Skala von leichter Verstimmung bis hin zu rasender, blinder Wut und Aggression. Ärger ist bei allen Gefühlen dabei und mischt sich mit ihnen zu kunstvollen individuellen Variationen. Wut gilt auch als Komplementärgefühl zur Trauer und beide können das jeweilig andere Gefühl verdecken: Hinter der Wut steckt die verdrängte Trauer und hinter der Trauer die Wut.

Viele dieser Emotionen sind schon beim Säugling und Kleinkind zu beobachten. Bei Säuglingen kann man ein heftiges Umsichschlagen beobachten, das nicht nur Ärger ausdrückt, sondern auch den Versuch, Hindernisse aus dem Weg zu räumen. Und ein Säugling kann richtig ärgerlich und wütend werden, wenn ihm die Mutterbrust weggenommen wird. Schlagen, Beißen und Treten gehören bei kleinen Kindern von zwei Jahren zu den üblichen aggressiven Handlungsstrategien, erst mit zunehmender Reifung legen sie solche archaischen Verhaltensstrategien ab. Man kann

Ärger und Wut bei einem Säugling auch systematisch hervorrufen, indem man ihm die Arme festhält und an der Bewegung hindert (Ekman, 156). Hier sind alle Komponenten des Zorns enthalten: Es ist eine Aggression, sie ist zielgerichtet gegen die eigene Person, sie schränkt die eigenen Handlungsmöglichkeiten erheblich ein und sie kann nur als absichtliche Schädigung oder gar Aggression interpretiert werden, anscheinend schon von einem Säugling.

Der Gesichtsausdruck des Ärgers ist von allen Menschen erkennbar: senkrechte Stirnfalte und zusammengezogene Augenbrauen, geöffnete und gespannte Augenlider, ein leichtes Anheben der Oberlippe, ein leicht geöffneter Mund oder zusammengepresste Lippen. Auch die körperlichen Begleiterscheinungen sind bekannt: Muskelanspannung, Pulsbeschleunigung und Wärmeempfindungen. Bei Ärger und Wut schütten wir besonders Noradrenalin und Testosteron aus und zugleich ist ein schwacher Anstieg von Adrenalin zu verzeichnen. Neurologisch wird bei der Wut ein Schaltkreis aktiviert, der gegensätzlich zu dem bei freudiger Erwartung zu sein scheint. Ähnlich wie bei der Angst gibt es anscheinend auch einen spontan ausgelösten Zorn, der unterhalb des Großhirns im Riechhirn in einer Art Reflex ausgelöst wird. Zorn, der sich erst eine Weile nach einem Ereignis einstellt, läuft dagegen über kortikale Bahnen. Zugleich sind dies auch die Zentren, die den Zorn kontrollieren können.

Ärger verstehen

Ärgerliche, wütende oder zornige Menschen werden gemieden, denn man kann nicht einschätzen, wie sie mit Gefühlen umgehen und ob sich ihre Wut nicht auch gegen einen selbst richten kann. Während die Äußerung von Freude Freunde schafft, die Äußerung von Trauer Mitgefühl auslöst, wird es um ärgerliche und zornige Menschen oft zunehmend einsam.

Es gelingt uns besser, unseren eigenen Zorn durch die bloße Erinnerung wachzurufen und dann wieder wütend zu werden, als den Zorn eines anderen Menschen zu verstehen, den wir aktuell erleben, wenn wir dessen Ursachen nicht kennen. Man kann diese Gefühle bei einem anderen Menschen nur aushalten, wenn man die Hintergründe kennt und verstehen kann. Ärger, Wut und Zorn müssen verstanden werden, um als berechtigte Gefühle akzeptiert zu werden. Während traurige Menschen, insbesondere Kinder, unser spontanes Mitgefühl auslösen und wir einen Impuls empfinden, sie zu trösten, gehen wir bei zornigen Menschen erst einmal innerlich und äußerlich auf Abstand.

Um den Ärger eines anderen Menschen zu verstehen, brauchen wir zweierlei: möglichst klare Informationen über die Hintergründe des Ärgers und eigene ähnliche Erfahrungen. Daraus könnte sich der verständliche Anspruch ableiten, dass alle Menschen ein umfassendes Verständnis für ihre ärgerlichen, wütenden oder zornigen Partner aufbringen müssten, denn sie haben meist eine sehr genaue Kenntnis der Hintergründe. Als Intimpartner im umfassenden Sinne kennen sie den anderen, wissen um seine Reaktionen und Gefühle, kennen seine besonders verwundbaren Schwachstellen und haben selbst dutzende oder gar hunderte Male solche Situationen miterlebt. Häufig waren sie sogar selbst an der Entstehung des Ärgers beteiligt. Dennoch ist eine der häufigsten Äußerungen in partnerschaftlichen Konflikten: Ich weiß gar nicht, warum du dich so aufregst. Dies wird meist als zusätzlicher Hohn empfunden und die innere Antwort lautet: Du kennst mich doch gut, du weißt doch, warum ich mich ärgere; du selbst hast deinen nicht unerheblichen Beitrag zu meinem Ärger geleistet und jetzt fragst du mich ernsthaft, warum ich wütend bin?

Ärger, Wut und Zorn in Paarbeziehungen sind auf mehrfache Weise kompliziert, weil keiner außerhalb steht, weil meist beide daran beteiligt sind, weil man sich kennt und es trotzdem tut. Anscheinend wird hier von Partnern Übermenschliches verlangt: Ein Mann vertritt seine eigenen Interessen gegen die Frau, macht sie damit wütend, weiß auch, dass er sie damit wütend macht, verhält sich aber dennoch so, weil er keinen anderen Weg sieht, seine Interessen durchzusetzen. Genau in dem letzten Teil des Satzes liegt das Problem und die Lösung: Wenn er darum weiß und es dennoch tut, bekommt er in Form von Aggressionen die zu erwartende Antwort. Also wäre die logische Frage, ob er genau diesen Mechanismus thematisiert und die Frage an den Partner stellt: Wie kann ich mein Interesse einbringen und möglichst auch befriedigen, ohne deinen Zorn hervorzurufen?

Manchmal sind es Kleinigkeiten, die solche heftigen negativen Emotionen zu verhindern helfen: Eine andere Art, die Interessen anzumelden, sie auch mal aufzuschieben oder einen Kompromiss in der Weise zu finden, dass mal der eine und mal der andere Priorität in der Durchsetzung seiner Interessen hat. Aber dazu muss man die Wirkungen seines eigenen Verhaltens erkennen, reflektieren und ändern können, kompromissbereit sein, oder einfach nur erst mal den Ärger des anderen verstehen wollen und können. Denn bei Stress verlieren alle Menschen den anderen aus den Augen, dann werden nur noch die eigenen Interessen, Wünsche und Bedürfnisse gesehen. Also muss man zeitlich zurückgehen und verstehen, wie der Ärger entsteht, um ihn vielleicht schon zu verhindern, bevor er ausgelöst wird.

Auslösende Situationen für Ärger

Man unterscheidet zwischen den Auslösern, der Erscheinung, der Verarbeitung und der Stabilisierung des Ärgers. Ausgelöst wird der Ärger anscheinend durch drei Komponenten: dem Ärger auslösenden Ereignis, der individuellen Ärgerneigung und der kognitiven Bewertung der Situation.

Was ärgert die meisten Menschen, was macht sie wütend? Nach den Ergebnissen einer australischen Studie ärgern sich die meisten Menschen, wenn sie sich ungerecht behandelt fühlen, wenn sie unmoralische Verhaltensweisen aufspüren, es mit fachlicher Inkompetenz zu tun bekommen, nicht respektvoll behandelt werden oder im Beisein anderer gedemütigt werden (vgl. Lelord, 37, 38). Das Gleiche gilt für Paarbeziehungen: Wenn sich der Partner gedemütigt fühlt, sind Zorn und langfristig sogar Hass die Folge. Wichtig ist dabei, dass der Partner dies so empfindet. Wenn das Gefühl entstanden ist, nützt meist der Hinweis nichts mehr, man habe das so gar nicht gemeint. Eine solche Entschuldigung wird die ersten Male liebevoll akzeptiert, danach kaum noch.

Wut, Ärger und Zorn können aber auch dann ausgelöst werden, wenn der andere nicht nach unseren Vorstellungen handelt, unserem Ideal entspricht oder sich einfach nur anders verhält, als wir es für richtig und gut halten. Dies hat zentral etwas mit unseren Werten, Normen und den Regeln zu tun, die wir alle als normal kennengelernt haben bzw. die wir vertreten. Diese legen fest, welches Verhalten normal, erwünscht oder gut ist, wie Aggressionen ausgedrückt werden, wie man miteinander umgeht, wie Streit geschlichtet wird, wie man sich zeigt, dass man sich liebt, wann Empörung richtig ist oder wie Konflikte zwischen Erwachsenen sowie Erwachsenen und Kindern gelöst werden. Es ist ein System von Hunderten von Regeln, die alle mit Emotionen verknüpft sind.

Die Aggressionstheorien haben dabei die Menge und die Qualität der angestauten Frustration betont. Ärger erscheint damit eine besondere Verbindung zu Aggression und Frustration zu haben. Allerdings wird Frustration allein nicht ausreichen, um Ärger auszulösen, manche Menschen reagieren dann eher depressiv, selbstbeschuldigend oder resignierend. Ärger scheint nur dann zu entstehen, wenn das auslösende Ereignis auf besondere Weise interpretiert wird. Damit ist die Entstehung des Ärgers im Wesentlichen abhängig von der Art und Qualität der jeweiligen Beziehung. Nur wenn dem anderen negative Absichten unterstellt werden, wie Willkür, schädigende Absicht, Normverletzung, besondere Ansprüche oder zugeschriebene Verantwortung. Wenn also eine Situation oder Handlung eines anderen Menschen als absichtlich, schädigend oder gar provozierend erlebt wird, entsteht Ärger. „Das hast du absichtlich getan, um mich bloßzustellen, mir zu schaden, mich anzugreifen" – „Du wolltest mich nur provozieren." – „Es war vorhersehbar, was passieren würde und du hättest es vermeiden können." – „Die Gründe für dein Verhalten kann ich nicht akzeptieren, ich kann sie nur so verstehen, wie ich es getan habe." Gerade in Partnerschaften sind die Menschen bereit, dem anderen eine schädigende Absicht zu unterstellen. Dabei gehen sie nicht vom anderen aus, suchen also die Absicht nicht in den Handlungen des anderen, sondern unterstellen ein Postulat: Da du mich kennst und sogar meinst, mich zu lieben, hättest du das niemals tun dürfen. Da du es dennoch getan hast, kann ich dir nur böse Absichten unterstellen! Und wer mir Böses will, der kann mich nicht lieben. Das ist die Logik vieler Partner, die beinahe stabil gegen jeden Lern- und Reflektionsprozess ist. Eine solche Reaktion ist ebenso verständlich, wie naiv und romantisch. Nicht alles, was ein Mensch tut, ist vorab reflektiert durch die Frage, wie dies auf den anderen wirkt. Sicherlich ist diese Perspektive ein Kennzeichen der Liebe, aber man kann die Liebe nicht einklagen – nur wünschen. Und nicht immer ist es möglich, die eigenen Interessen so zu vertreten, dass die Perspektive des anderen Ausgangs- und Endpunkt der eigenen Überlegungen ist. Hier ist die Sehnsucht nach umfassendem Verständnis stärker als die Realitätsprüfung. Man kann nicht immer erwarten, dass der andere sich auf die eigenen Wünsche und Interessen einstellt. Aber man kann daraus lernen, kann die wichtigen von den unwichtigen Bestrebungen zu unterscheiden und Kompromisse zu bilden. Dies alles setzt

73

den offenen Austausch voraus, bedeutet Kommunikation und Konfliktlösung und dann auch einen anderen Umgang mit den Gefühlen.

Die persönliche Neigung, Ärger zu entwickeln, ist besonders bei bestimmten psychischen Störungen, wie Persönlichkeitsstörungen, ausgeprägt. Oftmals reicht aber schon die Neurotiker kennzeichnende Art, alles auf sich zu beziehen und damit jede Fehlhandlung eines anderen als gegen sich gerichtet zu interpretieren. In der leichtesten Stufe genügt ein geringes Selbstbewusstsein, so dass die Fehlhandlungen als Versuch gewertet werden, die eigene Minderwertigkeit, das persönliche Versagen oder die eigene Unzulänglichkeit zu beweisen.

Ärger wird lediglich unterdrückt, wenn das Gefühl nicht mehr so stark empfunden wird, aber die physiologische Erregung noch da ist. Damit kann der weiterhin aktive Ärger, die physiologisch wirksame Wut oder gar die vorhandene, aber geleugnete Aggression sich nicht nur seelisch weiterhin auswirken, sondern auch körperlich im Sinne psychosomatischer Schäden und Erkrankungen. Damit würde die Seele sich selbst die Wut verbieten, ihr Vorhandensein aber nicht beenden oder auflösen. Ärger und Aggressionen wurden schon immer als Autoaggressionen mit vielen Krankheiten in Verbindung gebracht: Herz-Kreislauf-Erkrankungen, Bluthochdruck bis hin zu einigen Krebserkrankungen.

Ärger kann durch die bloße Erinnerung an ein Ereignis ausgelöst werden. Dann entstehen beim Erzählen die äußerlichen Kennzeichen des Ärgers, die der Emotionsforscher Paul Ekman als referentiellen Ausdruck des Ärgers bezeichnet hat (Ekman, 181). Bei den Erscheinungsformen von Ärger kann man den nach innen und den nach außen gerichteten Ärger unterscheiden. Der nach außen gegen einen anderen Menschen gerichtete Ärger wird meist in Form von Aggressionen von den Betroffenen als gegen die Ursache gerichtet erlebt: Wer mir schadet und mich ärgert, bekommt meine

Aggressionen als Antwort – wie man in den Wald ruft, so schallt es heraus.

Komplizierter und folgenreicher ist dagegen der nach innen gerichtete chronische Ärger. Er kann zu Autoaggressionen, Selbstschuldzuschreibungen, Ängsten und Depressionen führen bzw. von diesen Gefühlen begleitet werden. Oftmals kommt es auch zu besonderen situationsbedingten und individuellen Mischungen von Gefühlen, also sowohl gegen andere als auch gegen sich selbst gerichteten Ärger. Dabei wird die Wut und Aggression gegen die eigene Person gerichtet und – wie im erweiterten Suizid – auch gegen Personen, die der eigenen so nahe sind, dass sie als Teil der eigenen erweiterten Identität angesehen werden, wie bei Kindern, Eltern oder Partnern. Das eindringlichste und grausamste Beispiel eines unbändigen Zorns und einer fürchterlichen Rache hat Medea begangen, wie es der Dichter Euripides bereits vor fast zweieinhalb Jahrtausenden beschrieb.

Der Zorn der Medea

Euripides „Medea" handelt vom Schicksal der Frauen in der bürgerlichen Ehe. Es ist eine große Anklage gegen die Unterdrückung der Frau in der Ehe, die in ihrer Wucht noch über die Klagen von Goethes Philine oder Bachmanns Undine hinausgeht.

Medea ist die beherrschte und unterdrückte Frau im Joch der Ehe, die auch noch betrogen wird. Sie lehnt sich auf gegen den tyrannischen und betrügenden Mann und greift dabei zu dem grausamsten Mittel, das ihr bleibt: der Mord an den gemeinsamen Kindern. Jason hatte Medea nach Korinth mitgebracht, und sie hat für ihn ihre Heimat verlassen. Gemeinsam haben sie zwei Kinder. Dann verlobt er sich mit der Tochter des Korintherkönigs Kreon. Ihr Name ist Glauke (Kreusa), er verspricht ihr die Ehe. Als Medea davon erfährt, stürzt sie zunächst in tiefe Trauer. Medeas Schmerz über den treulosen Ehemann und die damit verbundene Schmach ist grenzenlos: „Ach! Ich Unglückliche, an Qualen Leidende, ach weh mir, könnte ich sterben!" (17) Aber unter der Trauer beginnt sie bereits, den Mann in seinen Kindern zu hassen.

Der Trost der korinthischen Frauen hilft nicht wirklich, auch die Warnungen der Amme halten sie nicht zurück. Nach einer schmerzlichen Phase der Trauer entsteht langsam ihr Racheplan. Sie will die Geliebte des Mannes umbringen, dann die gemeinsamen Kinder und danach fliehen. Ihre Kränkung ist so stark, dass aus dem Zorn kalte Rache wird. Und dabei ist ihr von Beginn an klar, dass sie die Kinder umbringen will, weil sie deren Vater damit am meisten schmerzen kann. Medea ist hart und klar in ihrem Zorn. Dabei spricht sie nicht nur als Ehefrau, sondern vor allem als Mutter: „Denn wenn du noch kinderlos wärest, könnte man dir verzeihen, dass du diese Frau begehrtest." (45) Nicht die Ehe ist das Versprechen der Liebenden, sondern die gemeinsamen Kinder. Das klingt doch bereits sehr modern. Und wenn sich der Mann einer anderen Frau zuwendet, dann ist das vielleicht verständlich und verzeihlich, aber sie haben Kinder und das macht für die Frau und Mutter den entscheidenden Unterschied.

Jason verteidigt sich auf eine beinah typisch männliche Weise. Er begehre ja gar nicht die andere Frau, er heirate sie ja nur, damit es Medea und den Kindern besser gehe. Denn wenn er die Tochter des Königs heirate, hätten sie alle ein besseres Leben, mehr Geld und eine schönere Wohnung. Er ist also nicht der treulose Täter und der verantwortungslose Vater, im Gegenteil: Er opfert sich für seine Familie. Und Medea antwortet gefühlvoll, ohne ihn anzugreifen: „Ich möchte kein glückliches Leben, das wehtut, und keinen Reichtum, der mein Herz quält." (51)

Medea ist zutiefst gekränkt. Sie kämpft nicht um den Mann, die Schlacht glaubt sie bereits verloren. Sie will aber nicht nur einfach in die süße Verbannung, wie König Kreon sie ihr anbietet, sie will das Feld nicht dem Betrüger überlassen, der seine Frau und Kinder verraten hat: Sie will sich rächen. Und das nicht nur mit einer kleinen banalen Handlung, sondern mit einem Schmerz, der ihm sein ganzes restliches Leben zur Hölle macht. Also schmiedet sie einen fürchterlichen Racheplan, der die eigenen Kinder opfert. Dabei vollbringt sie psychisch eine grandiose Leistung. Sie muss ihren Zorn und Hass wach halten, aber nach außen darf es keiner merken. Deshalb braucht sie Masken, hinter denen sie sich mit ihren wahren Gefühlen verstecken kann und die beschwichtigen. Alle sind alarmiert, sie wissen um den schlechten Ruf der Medea, kennen ihre List und unbändige Aggression, misstrauen ihr. Sie ist also genötigt, das Misstrauen zu zerstreuen und weiter ihren mörderischen Plan umzusetzen. Vor allem muss sie ihre Gefühle beherrschen: Ärger, Wut und Zorn dürfen nicht mehr gezeigt werden, stattdessen sind die Masken der Friedfertigkeit, Läuterung, Reue und Umkehr glaubhaft zu tragen. Und gleichzeitig sind die konkreten Pläne der Rache umzusetzen, ebenso wie die Flucht nach den geplanten Missetaten. Sie bespricht sich mit Aigeus, dem Sohn des Pandion und König von Athen, dass er sie aufnehmen möge, wenn sie fliehen muss. Sie verspricht ihm, seine Frau zu werden und viele Kinder zu gebären, wenn er ihr die Flucht ermögliche und sie nachher beschütze. Und Aigeus ist bereit dazu, „zunächst der Götter wegen, dann wegen der Kinder, deren Geburt du mir verheißest." (61)

Jason ahnt nichts Böses und gefällt sich in seiner Rolle, Medea großzügig für ihren Zorn zu verzeihen. Medea versteckt ihren Zorn und ihren fertigen Racheplan hinter ihren Masken: Vergebe mir, ich sehe meine Fehler ein, du bist großmütig, wir haben uns einmal geliebt: „Jason, ich bitte dich für meine Worte um Vergebung. Dass du meinen Zorn erträgst, ist recht, da wir einander viel Liebes erwiesen haben." (71) So erscheint sie geläutert, bittet gar um Vergebung, scheint ihren Groll überwunden zu haben und erinnert an alte Zeiten der gemeinsamen Liebe. Und Jason erkennt diese Maskerade nicht, weil er das glauben will, was er hört. Er will hören, dass er keine Schuld trägt, die Königstochter heiraten und mit ihr Kinder haben kann, Medea dies alles erträgt und er diesen Plan auch noch als Sorge für seine Familie ausgeben kann. Seine eigenen Interessen machen ihn blind.

Medeas Masken haben gewirkt, die Gemüter sind beschwichtigt und sie kann ihren Plan weiter ausführen. Was hätte er tun können, um ihr Verhalten als reine Maske zu erkennen oder hinter ihre Masken zu blicken – und damit vielleicht den schon geplanten Mord an seinen Kindern noch zu verhindern? Er hätte sie auf ihre Wut, ihren Zorn und ihre Rachegelüste direkt ansprechen müssen. Er hätte sie fragen müssen: Wo ist dein Zorn geblieben? Macht es dir nichts mehr aus, dass ich eine andere heiraten und mit ihr Kinder haben werde? Nur wenn er ihren Zorn provoziert und getestet hätte, wenn er es ihr unmöglich gemacht hätte, den Zorn hinter der scheinbaren Reue zu verleugnen, dann hätte er die Katastrophe vielleicht verhindern können.

So aber ist Medeas nächster Schritt die Ermordung der Geliebten ihres Mannes. Sie schickt ihr Geschenke, die sie mit vergifteten Zaubermitteln gesalbt hat und als sie Schmuck und Gewand angelegt hat, windet sie sich in Schmerzen. Ihr Vater, König Kreon, eilt ihr persönlich zu Hilfe. Als er sie berührt, stirbt er gemeinsam mit seiner Tochter. Aber dieser Doppelmord ist nur der erste Teil ihrer Rache: Der nächste Doppelmord an ihren Söhnen soll noch viel grausamer sein. Nach dem Mord an seiner Geliebten und dem König selber eilt Jason zum Haus der Medea, weil er plötzlich auch um seine Kinder fürchtet. Aber es ist zu spät, Medea hat ihre beiden Söhne bereits getötet. Diesmal ist es Jason, der wütet und seinen Zorn kaum beherrschen kann, während Medea beinahe zufrieden erscheint, denn sie hat ihr Werk der Rache vollbracht.

Jason: „Du Scheusal, du am meisten verhasstes Weib den Göttern und mir und dem ganzen Menschengeschlecht! Die du imstande warst, in deine Kinder das Schwert zu bohren, die du geboren hattest, um mich kinderlos zu vernichten ...

Medea: Sie leben nicht mehr. Wenigstens dies wird dir wehtun." (103)

Medea flieht nach Athen, die Flucht war gut vorbereitet, und sie hinterlässt eine Blutspur. Vier Menschen mussten sterben, um ihre Kränkung zu rächen: die Geliebte ihres Mannes, der König Kreon und ihre beiden Söhne. Derjenige aber, dem sie mit den vier Morden am meisten schaden wollte, lebt weiter, muss weiter leben. Und damit ist ihre Rache erst vollendet. Ohne ihre Masken aus Reue, Gleichmut, Friedfertigkeit und Vergebung hätte sie ihren Plan nicht vollenden können. Damit hat sie König Kreon besänftigt, der schon argwöhnisch war und auch ihren Mann Jason. Sie hat ihre wahren Gefühle nach außen verborgen und zugleich innerlich wach gehalten. Und sie hat ihre eigenen Kinder geopfert, jede Liebe von ihnen abgezogen und sie nur noch als Kinder des verhassten Mannes gesehen. Insofern hat Medea nicht nur andere, sondern auch sich selbst getäuscht. Vielleicht hat erst diese Selbsttäuschung sie so überzeugend erscheinen lassen. Sie hat ihren eigenen Masken geglaubt und dabei ihre eigenen Gefühle abgespalten. Sie hat die eigenen Kinder ohne Empfindungen getötet, denn das Werk der Rache musste vollendet werden und die Zukunft mit neuem Mann und neuen Kindern war geplant. Auch dies ist durchaus ein moderner Weg: neuer Mann, neue Kinder, neues Glück? Es soll heute schon Fälle vor den Familiengerichten geben, bei denen sich die Eltern nicht darum streiten, wer die Kinder bekommt, sondern wer sie nehmen muss, denn Kinder gelten in modernen Beziehungen manchmal als eine zu große Hypothek bei einem Neuanfang.

Gewalt und Rache als misslungene Bewältigung

Was hätte Medea tun sollen in all ihrer Kränkung, Verletzung und verständlichen Wut, ja sogar in ihrem unbändigen Zorn? Wie hätte sie anders mit diesen Gefühlen umgehen sollen, als sie durch grausame Rache zu befriedigen? Medea bewegt sich jenseits der Grenze der Normalität, sie ist nicht mal mehr der psychopathologische Grenzfall, als der sie immer wieder bezeichnet wurde. Gefühle der Wut und des Zorns zu verstehen, auch Rachegefühle, kann niemals einen vierfachen Mord rechtfertigen. Das war gewiss auch nicht des Dichters Absicht, der mit diesem Grenzfall auf die Verzweiflung hinweisen wollte, in der sich die Ehefrauen im antiken Griechenland befanden: eine vollkommene Rechtlosigkeit der Frauen in einem Patriarchat, in dem der Mann machen konnte, was er wollte und die Frau sich dem unterzuordnen hatte. Es sind Medeas tiefe Kränkung, ohnmächtige Wut und massive Rachegelüste, die sie zum Mord an den eigenen Kindern treiben.

Und wie ergeht es Jason? Kann der Hass auf eine Person, die einem geliebten Menschen Leid zugefügt hat oder sie sogar getötet hat, die Wunde des Verlustes heilen? Oder führt auch hier das Ausleben des eigenen Zorns nur wieder zu mehr Zorn und einer weiteren Unruhe, die das eigene Leben zerstört? Inwieweit hat das Zeigen oder Ausleben von Ärger, Wut und Zorn eine heilende Wirkung und inwieweit führt es zum Weiterbestehen dieser negativen Gefühle und zerstört das eigene Leben?

So, wie bei der Trauer die Depression eine Form der misslungenen Bewältigung darstellt, so sind Gewalt und Rache eine misslungene Bewältigung von Wut und Zorn. Mord ist die massivste Form der Gewalt. Schwere Kränkungen in Paarbeziehungen durch chronische Untreue oder sexuelle Zurückweisung sind die häufigsten Gründe für Gewalt. Vergewaltigungen sind immer Gewalthandlungen in sexueller Verkleidung, nicht sexuelle Handlungen in gewaltsamer Form. Männer sind schon immer gewaltbereiter gewesen, mordende Ehefrauen sind vergleichsweise sehr selten, obwohl sie in der Geschichte durchaus berühmte Beispiele haben (Medea, Klytämnestra, Undine etc.).

Wie also kann man mit Ärger, Wut und Zorn umgehen? Wir wissen aus eigener Erfahrung: Zorn bringt weiteren Zorn hervor und führt meist zu einer Eskalationsschleife der Wut und des Zorns. Damit kann der Zorn des anderen auch den eigenen Zorn hervorrufen, wenn dieser als ungerechtfertigt erlebt wird. Ein guter Rat an die Paare wäre es, sich in diesen zornigen Stresssituationen aus dem Weg zu gehen, und die Aussprache zu suchen, wenn die Gemüter sich wieder beruhigt haben. Oftmals ist man sich seines Zorns und Ärgers aber gar nicht bewusst, dann bezeichnen sich solche Menschen als normal, ihren Ärger als gering und gerechtfertigt, und sie lachen ihre Wut hinweg. Sie tragen eine fröhliche Maske, eine übertriebene Freundlichkeit, die in bestimmten Momenten jäh in Zornesausbrüche umschlagen kann. Dann ist die Heftigkeit der Reaktion für die Mitmenschen ein Rätsel, während der zornige Mensch seine Wut erfolgreich deckelt. Aggressive Ausbrüche mit Kontrollverlust werden dann gern rationalisiert – so bin ich nun mal, jeder Mensch hat seine wunden Punkte, man kann ja nicht immer gut drauf sein, hier waren meine Grenzen erreicht, da hatte ich Stress usw. Wiederum: Wenn diese Erklärungen für den Partner nachvollziehbar und verständlich sind, handelt es sich wahrscheinlich nicht um bloße Abwehr, wenn es allerdings künstlich wirkt und man sich nicht traut, das anzusprechen, aus Angst vor dem nächsten Kontrollverlust, dann sollte man eine gute Gelegenheit abwarten, um das Problem ernsthaft und in Ruhe anzusprechen.

Aber man kann vielleicht auch langfristiger aus solchen Eskalationen lernen. Man kann versuchen, die Anlässe zu verringern, den Ärger nicht aufzustauen, sondern möglichst frühzeitig zu erkennen und zu benennen, die ärgerlichen Situationen nicht so wichtig zu nehmen, andere Prioritäten zu setzen, einen Vergleich mit den Vorteilen der Liebesbeziehung anzustellen, einen anderen Standpunkt oder eine andere Sichtweise einzunehmen, dem anderen nicht jeweils eine böse Absicht zu unterstellen, erst mal eine Nacht darüber zu schlafen, niemals sofort zu reagieren, das Gespräch abzubrechen, bevor man die Selbstkontrolle verliert oder den Zorn nicht allzu lange durch wiederkehrende Gedanken wachzuhalten. Dies alles sind gutgemeinte Ratschläge der modernen Psychologie, die ebenso richtig sind, wie im konkreten Fall untauglich. Solange man nicht versteht, was die eigenen Zornesgefühle und die des Partners auslöst, solange man diese roten Knöpfe nicht kennt, wird sich nicht wirklich etwas ändern.

Die roten Knöpfe

Paartherapien kreisen sehr häufig in der zentralen Arbeitsphase – nach dem anfänglichen diagnostischen Bild und vor dem Ende der Therapie – um die alltäglichen Konflikte in der Paarbeziehung. Wenn ich mit Paaren an ihren Konflikten im Alltag arbeite und sie nach ihrem Streit, ihren negativen Gefühlen frage, dann sprechen wir oft von den roten Knöpfen. In dieser Metapher sind alle Situationen enthalten, die Ärger, Wut und Zorn auslösen. Eine einfache Frage mit einer spontanen Antwort erklärt alles: Welches Thema müssen Sie ansprechen, um Ihren Partner in Sekunden auf 180 zu bringen? Welche Fragen müssen Sie in welchem Tonfall stellen, um die Stimmung Ihres Partners sofort in den Keller zu bringen? Was muss Ihr Partner sagen, damit Sie sofort aus der Haut fahren? Es gibt bei vielen Paaren wiederkehrende Themen: eine Anspielung auf die Figur bei der Frau, den Bauch des Mannes, den Alkoholkonsum oder das Essverhalten; den Vergleich mit seinem Vater oder ihrer

Mutter; das schlechte Benehmen beim letzten Besuch der Freunde usw. Dies sind allgemeine Reizthemen die durch eine Vielzahl ganz persönlicher Themen und Varianten ergänzt werden können.

Diese Themen tauchen in den Alltagskonflikten der Paare immer wieder auf, wenn man folgende Fragen versucht zu beantworten: Wann haben Sie sich in der letzten Zeit über den anderen geärgert, wann haben Sie Wut und Zorn empfunden, was hat Sie dabei gekränkt und gedemütigt, welche Gefühle hatten Sie vor, während und in den Konfliktsituationen? Wie kam es, dass der andere auf die roten Knöpfe gedrückt hat, die Verletzungen, Kränkungen, Ärger, Wut und Zorn auslösten? Wie interpretieren Sie diese Situationen? War es Unachtsamkeit, Lieblosigkeit oder absichtliche Schädigung? Die Partner wissen meist sehr genau, was ich mit den roten Knöpfen meine. Es sind ihre sensiblen Punkte, ihre Schwachstellen, ihre ganz persönlichen Kränkungsbereitschaften. Und sie nehmen es ihren Partnern besonders übel, wenn sie um die roten Knöpfe wissen und dennoch darauf drücken, denn das sind absichtlich herbei geführte Schädigungen, die bekanntlich Zorn auslösen. Wer diese roten Knöpfe beim Partner bedient, muss sich also nicht wundern, wenn die Reaktion emotional heftig ausfällt.

Bevor wir die Frage angehen, wie Sie anders mit diesen Situationen umgehen können, stellt sich meist die Frage nach dem Verstehen der Handlungen, des Streits oder der negativen Gefühle. Die besonders sensiblen roten Knöpfe sind meist emotionale Kernsituationen, die auf eine bestimmte Weise interpretiert werden. Sie betreffen grundsätzlich die Liebe, die emotionale Geborgenheit und Nähe, die Verlässlichkeit, Verbindlichkeit und Verantwortlichkeit des anderen und die individuellen Besonderheiten, die vom anderen respektiert werden sollen. Manchmal verstehen und erklären sich diese Aspekte aus den individuellen Neigungen und Temperamenten, der bisherigen Geschichte des Paares, manchmal aus früheren Beziehungserfahrungen und manchmal auch aus ganz alten, frühen Familienerfahrungen, in denen Sie ein Kind waren und diese Muster des Fühlens, Denkens und Handelns gelernt haben. Sie enthalten frühere Kränkungen, alte Wunden, die jetzt wieder aufreißen. Sie fühlen sich mal wieder falsch verstanden, schlecht behandelt, wenig oder gar nicht geliebt. Es sind meist kognitive und emotionale Muster, die in früheren Zeiten passten, aber nicht mehr im Heute. So wollen Sie nicht mehr behandelt werden, schließlich sei Liebe etwas anderes.

Zum einen erfährt der jeweils andere bei dieser archäologischen Feinarbeit, welche Bedeutung frühere Erfahrungen heute noch für den Partner haben, warum der andere so verletzt, ärgerlich, wütend oder zornig reagiert. Zum anderen werden diese Muster nur auf dem Hintergrund der frühen Erfahrungen verständlich. Dann kann untersucht werden, wie die erlernten Muster beider Partner zusammenwirken, welch destruktive Wirkung sie manchmal entfalten können. Schließlich kann überlegt werden, welche Handlungsalternativen heute bestehen, wie man sich jenseits der Muster verhalten, lieben, streiten kann und wie man dann die negativen alten Gefühle verhindern kann. Oft wissen die Partner zwar aus dem Alltagserleben, dass es diese roten Knöpfe der Verletzlichkeit beim anderen gibt, aber nicht, woher sie kommen, warum sie existieren, sie heute noch so stark sind, denn Sie haben dies alles gar nicht so gewollt. Und Sie wissen zwar, dass Sie selbst auch solche Verletzlichkeiten haben, aber woher sie kommen und wie sie heute wirken, bleibt auch bei Ihnen selbst im Nebel. Paartherapie ist also einerseits ein besonderes Erleben der heutigen und der alten Gefühle und zum anderen der Versuch, diese Gefühle zu verstehen, zu erklären und anders auszudrücken, meist direkter und zu einem früheren Zeitpunkt – also bevor es zur Eskalation kommt. Es ist ein permanenter Blick auf die Masken der Paare und die Gefühle, die sie verbergen.

Die Schulter zum Anlehnen

Sie hatte sich in ihn verliebt, weil er ihr wie der lang ersehnte richtige Mann erschien: „Er hatte die breiten Schultern zum Anlehnen, die ich immer gesucht hatte". Heute sitzt sie mir in der Paartherapie gegenüber und sagt, er sei „wie ein Stein, unfähig zu wirklichen Gefühlen". Emotionale Nähe sei mit ihm nicht möglich. Was sie einst an ihm bewunderte, seine unerschütterliche Art, seine innere Ruhe und seine felsenfeste Ausstrahlung hatte sich mittlerweile für sie ins Gegenteil verkehrt. Ihr Problem war, dass nicht der Mann sich geändert hatte, sondern ihre Sicht von ihm. Das machte ihr auch ein schlechtes Gewissen. Damals hatte er aus ihrer Sicht eine Maske getragen, und sie hatte geglaubt, was sie sah – weil es das war, was sie sehen wollte.

„Ich kann mich wirklich nicht beklagen, du bist geblieben, wie du immer warst. Ich habe mich geändert oder ich habe mich einfach nur getäuscht." Er versteht die Welt nicht mehr, versucht sie zu beruhigen: „Deshalb machen wir ja jetzt diese Paartherapie, es wird schon wieder alles gut werden, mach dir keine Sorgen, wir kriegen das wieder in den Griff." Sie wird wütend: „Wenn du meinst, dass du mich hier wie ein durchgedrehtes zickiges Mädchen behandeln kannst, bist du im Irrtum. Du kannst wieder nur abwiegeln und so tun, als ob du cool bist, aber du hast überhaupt nicht verstanden, worum es mir geht. Du interessierst dich auch jetzt nicht wirklich für meine Gefühle. Hast du mich mal gefragt, wie es mir geht? Was empfindest du eigentlich? Nur coole Sprüche finde ich vollkommen unmännlich." Der Mann wehrt sich: „Aber du hast doch gerade selber zugegeben, dass ich mich nicht geändert habe, sondern du und deine Ansprüche bzw. dein Bild von mir. Also stimmt doch mit dir was nicht und was das ist, das wollen wir hier rauskriegen." Sie beginnt vor Wut zu weinen. „Ich bin also wieder mal das Problem, du verstehst gar nichts. Wenn das so weitergeht, halte ich das nicht mehr lange aus mit dir. Ja, ich habe meine Meinung geändert, aber nicht meine heutige Meinung ist falsch oder schräg oder zickig, sondern meine frühere Sicht, als ich dich vollkommen verklärt mit einem Heiligenschein gesehen habe. Es stimmt, du hast dich nicht geändert, du warst schon immer so unfähig, mit Gefühlen umzugehen, nur früher habe ich das idiotischerweise toll gefunden. Ich war ein dummes Huhn, als ich mich in dich verliebte, und heute bin ich eine reife Frau und will so nicht mehr mit dir leben. Hinter deiner Coolness verbirgt sich doch eine tiefe Unfähigkeit, mit deinen Gefühlen umzugehen." Er schweigt, zieht sich tief in seine verletzte Seele zurück und ich sehe wieder den kleinen Jungen in ihm, der sich und seine Gefühle versucht zu schützen.

Seine Mutter hatte eine Persönlichkeitsstörung und wie so oft hat es keiner gemerkt. Persönlichkeitsstörungen sind anders als Psychosen nicht durch einen Realitätsverlust oder sogar Wahnideen gekennzeichnet, sondern schwierig zu diagnostizieren. Insofern hat seine Mutter heute immer noch ihre Persönlichkeitsstörung, ist deswegen niemals behandelt worden und lebt total isoliert in ihrem kleinen Haus – denn aus ihrer Sicht hat sich die ganze Welt gegen sie verschworen. Der Vater ist längst gestorben, und mit der alten Mutter will selbst ihre eigene Familie nichts mehr zu tun haben. Nur die Schwester des Mannes hält noch zu ihrer Mutter und versorgt sie mit dem Nötigsten. Seine Mutter beschreibt er als sehr rechthaberisch, nur ihre Meinung zählte, sie musste sich immer durchsetzen, und wenn es nicht nach ihrer Meinung ging, dann drohte sie mit Trennung. Einmal hat sie sogar geschrien, dass sie sich umbringen werde, weil er ein so schreckliches und undankbares Kind sei. Seine ganze Kindheit musste er das machen, was sie sagte, sie hatte immer Recht und er war ebenso immer schuld an allem, was schlecht und falsch war. Der Vater hat ihm nicht aus diesem Elend herausgeholfen, sondern hat selbst das Weite gesucht. Erst in der Arbeit, dann bei einer Geliebten. Aber er konnte es ihm damals schon nicht verdenken. So hat er als Junge gelernt, gute Miene zum bösen Spiel zu machen, sich unterzuordnen und anzupassen. Er hat gelernt, seine Gefühle zu verbergen, sich als Person beinahe unsichtbar zu machen, und seinen Ärger herunterzuschlucken. Er hat sich Masken aufgesetzt, die heute zu einem festgewachsenen Teil seiner Persönlichkeit geworden sind. Die Fröhlichkeit, Coolness und gespielte Leichtigkeit waren früher Masken, hinter denen er sich versteckt hat, heute kann er diese Masken nicht mehr abnehmen.

„Meine Mutter hat alles durch eine Machtbrille gesehen. Sie musste alles bestimmen, immer Recht haben, war immer das Opfer, nie der Täter, immer waren andere Schuld, sie selbst hat nie etwas falsch gemacht und sie hat mir stundenlang erklärt, warum alles richtig ist, so wie sie das sieht. Ich habe dann immer auf Durchzug gestellt, habe gewartet, bis alles vorbei war und mich dann auf mein Zimmer zurückgezogen, da hatte ich meistens meine Ruhe." Er hat die Verdrängung der Gefühle perfektioniert und das ist ihm in seinem Job sehr zugute gekommen. Er kann nicht nur Gefühle abschalten, er ist auch perfekt im Stressmanagement und scheinbar grenzenlos belastbar. Und zu alledem kann er lächeln und man merkt ihm nie eine Unzufriedenheit an. Er hat Lachfalten und ist ein attraktiver Mann, dem Frauen verstohlene Blicke zuwerfen. Und bei den Streitereien mit seiner Ehefrau hat er schon manches Mal mehr oder weniger dezent darauf hingewiesen, dass er von einigen Kolleginnen schon mehrfach eindeutige Angebote bekommen habe.

Seine Maske ist die aufgesetzte und perfektionierte Freundlichkeit, die unerschütterliche Coolness, die permanente gute Laune, seine US-amerikanische Art, wie er es nennt, sein positives Denken, das ihr nun mal fehle. Er hat gelernt, seine Gefühle nicht zu zeigen, sie hinter den Masken zu verstecken und er hat sich diese Frau ausgesucht, weil sie so emotional und herzlich schien, weil sie einen offenen und unbeschwerten Umgang mit Gefühlen hatte. Vielleicht hat er sich auch insgeheim gewünscht, von dieser Frau zu lernen, seine Gefühle wieder wahrnehmen und zeigen zu können. Aber immer, wenn sie in den letzten Jahren Stress in ihrer Beziehung hatten, zog er sich automatisch in sich zurück, sprach nicht mehr, ging auf sein Zimmer. Und wenn sie ihm dann hinterher stieg, um mit ihm reden zu können, fühlte er sich an seine schreckliche Mutter erinnert, die ihm nicht mal in seinem Zimmer die Ruhe ließ, rastete völlig aus und schrie sie nur noch an. Daraufhin kam seine ganze Wut hoch, er hatte unbändigen Zorn und wurde er von seinen alten Gefühlen beherrscht. „Ja, ich habe davon geträumt, meine Mutter umzubringen, mehrfach. Und ich habe es immer wieder runtergeschluckt. Nur einmal habe ich ihr das gesagt, danach hat sie mehrere Monate nicht mehr mit mir geredet." Und wieder einmal erinnert seine Frau ihn daran, dass sie nicht seine Mutter sei, dass sie ihm helfen wolle, seine Gefühle wieder zuzulassen, aber er hat unendliche Angst davor. Er leidet unter chronischen Magen-Darm-Problemen. Er hat seine Wut immer runtergeschluckt. Er weiß nicht, wie er mit diesen Gefühlen anders umgehen soll und was passiert, wenn man die Lunte an das Pulverfass legt. Ob es dann nicht besser wäre, seine Gefühle weiter zu verdrängen, als sie hochkommen zu lassen. „Denn wer gibt mir die Garantie, dass ich mich dann noch kontrollieren kann, dass nicht alles in die Luft fliegt. Die wenigen Male, die ich in den letzten Jahren ausgerastet bin, waren so heftig, dass ich das nicht noch mal erleben möchte." Seine Frau bestätigt das stumm.

Der Mann hat als Überlebensstrategie mit einer psychisch kranken Mutter etwas gelernt, was nach Meinung heutiger Kommunikationspsychologen so ziemlich das Schlimmste ist: Mauern (*Stonewalling*). Es ist der Versuch, in Stresssituationen die eigenen Gefühle abzuschalten. Auf den Partner wirkt dies fatal, weil diese scheinbare Emotionslosigkeit anders gedeutet wird. Beim Partner kommt an: Deine Gefühle interessieren mich nicht und meine Gefühle zeige ich dir nicht, du kannst machen was du willst, ich lass dich hängen, mich kriegst du nicht aus der Reserve. Diese emotionslose Maske war für den Mann eine Überlebensstrategie gewesen, geboren aus einer bedrohlichen, feindlichen Hilflosigkeit im Kontakt mit seiner Mutter. Seine Frau hatte diese Maske zunächst als Stärke fehlinterpretiert, jetzt bestand sie darauf, dass sie eine Gefühllosigkeit sei. Damit kam sie seiner Wahrheit sicher näher, aber sie bezog diese Gefühllosigkeit auch auf sich. Sie las in seinem Gesicht: deine Gefühle interessieren mich nicht! Das hatte zwar für seine Mutter gestimmt, aber nicht für seine Frau. Diese Maske der Gefühllosigkeit war im Leben mit seiner Mutter entstanden und er trug sie heute immer noch zu bestimmten Zeiten, besonders bei Konflikten, aber er meinte seine Frau nicht wirklich damit. Er interessierte sich für sie und ihre Gefühle, wollte ihr seine Gefühle auch zeigen, wusste aber nicht wie.

Seine Maske der Coolness war eine Form der Abwehr, des Rückzugs aus der Beziehung, geboren aus der Hilflosigkeit mit Emotionen offen umzugehen. Seine Mutter hatte ihm seine eigenen Gefühle schlicht abgesprochen: Entweder seine Gefühle stimmten mit ihren überein, oder sie waren falsch. Dadurch hatte er auch begonnen, seinen Gefühlen und Wahrnehmungen grundsätzlich zu misstrauen. In der Beziehung zu seiner Frau hat er schmerzlich lernen müssen, seine Gefühle überhaupt wieder wahrzunehmen und zuzulassen, sich nicht mehr automatisch hinter den Masken der Kindheit zu verstecken.

Wer seine eigenen Gefühle nicht wahrnehmen kann, der hat damit auch Schwierigkeiten bei anderen. Wie aber soll dann in einer Partnerschaft emotionale Nähe entstehen? Solange er seine Gefühle vergraben hatte, war es für sie noch erträglich gewesen, denn sie hatte gelernt, in den feinen Nuancen seiner Masken zu lesen und dadurch seine Gefühle besser kennengelernt als er selbst. Sie hatte sich angeeignet, hinter seine Masken zu schauen und er war immer wieder verblüfft gewesen, wie sie seine Stimmungen in seinem Gesicht, seinen Handlungen oder seiner Tonlage erkannte. Das ging so lange gut für beide, bis sie mehr emotionale Nähe von ihm brauchte, weil es ihr schlecht ging. Er wusste einfach nicht, was sie wollte und das machte auch ihn wütend. Wieder mal war er wütend auf eine Frau, von der sein Leben abhängig zu sein schien. Und dann zog er sich wieder emotional zurück. Für sie war dieser Rückzug eine Absage an ihre eigenen emotionalen Bedürfnisse. So standen beide wütend voreinander und klagten sich an, nur an sich selbst zu denken und sich gefühlsmäßig aus der Beziehung zu verabschieden. Irgendwie war die Wut das einzige Gefühl, dem er wirklich vertraute, das er tatsächlich empfinden konnte.

Der nächste Schritt in der Paartherapie bestand darin, den Gefühlen seiner Kindheit vorsichtig einen Raum zu geben, zum ersten Mal wie er sagte. Er schilderte Situationen, die auch seine Frau so nicht kannte, und die sie wütend machten – nur durch das Zuhören. Aus diesen Erzählungen wurde verständlich, wie er sich damals verhalten hatte, wie er lernte, mit seiner Wut, seinem Zorn und seiner Angst vor Kontrollverlust umzugehen. Und zugleich wurde dabei immer deutlicher, dass er besonders in den heutigen Auseinandersetzungen mit seiner Frau immer noch von diesen alten Erfahrungen gesteuert wurde, nicht bewusst, sondern unbewusst. Er betrachtete die heutigen Konflikte mit der Brille der alten Erfahrungen, wie wir es alle bei besonderem Stress machen. Er hat sich in einem Fitnesscenter angemeldet, um dort kontrolliert seine Aggressionen loszuwerden. Manchmal ging er gleich nach der Arbeit hin. Ärger, Wut und Zorn schienen endlos in ihm zu sein, aber der Sport tat ihm gut. Er begann seine Gefühle zu entdecken: Wie aufgesetzt seine Fröhlichkeit gewesen war, wie künstlich seine amerikanische Art, wann er einsam war, wie er auch Trauer über die kranke Mutter empfinden konnte, wie er sich für sie geschämt hatte, wie er sich schuldig gefühlt hatte. In seinem Job bekam er zum ersten Mal richtigen Ärger mit zwei Kollegen, aber seiner Frau war er emotional näher als jemals zuvor. Sie verbuchte die partnerschaftlichen Veränderungen als einen persönlichen Sieg. „Männer müssen nun mal erzogen werden, sonst funktionieren sie nicht!" Bevor er wütend wurde, sagte er lächelnd: „Ja, Mama!" Er wurde richtig souverän.

4. Der moderne Mensch

Die Masken der Trauer

Ausgeprägte Fröhlichkeit, getriebene Aktivität, witzige Gesel-
ligkeit, beständige Vergnügtheit und unerschütterlich positives Denken gelten als Markenzeichen moderner Menschen,
die das Leben im Griff haben, die Zukunft gestalten und
innovationsfreudig sind. Aber nicht selten wirken diese Verhaltensweisen aufgesetzt und unglaubwürdig und hinterlas-
sen bei den Mitmenschen ein schales Gefühl. Irgendetwas
stimmt nicht. Man spürt die Masken, hinter denen diese
modernen Menschen ihre wirklichen Gefühle verbergen:
Anstelle der Fröhlichkeit empfinden sie eigentlich eine Tris-
tesse; mit ihrer Hyperaktivität verhindern sie, ihre innere
Leere fühlen zu müssen; hinter ihrer ausgeprägten Gesellig-
keit versteckt sich ihre Teilnahmslosigkeit, Gleichgültigkeit
und ihr Wunsch nach sozialem Rückzug; und ihr positives
Denken soll das Grübeln und die Niedergeschlagenheit verdecken. Die Masken der Trauer sollen jeden Gedanken an
sie verhindern oder zumindest die Trauer erträglicher machen.

Gründe für Trauer gibt es viele, zu viele. Man kann um
den Verlust der Kindheit oder der Familie, den Verlust eines geliebten Menschen oder auch einer Liebesbeziehung
trauern. Man kann den Verlust der persönlichen Bedeutung
beklagen, ja man kann sogar eine Zukunft betrauern, die
man gern gehabt hätte, aber nun nicht mehr erleben wird.
So sagte mir einmal eine Klientin, sie sei zwar nicht mehr

traurig darüber, dass sie nicht mehr mit ihrem Mann zusammen sei, denn die Beziehung sei besonders am Ende nur noch schrecklich gewesen, aber dass er ihr damit auch ihr Lebenskonzept verdorben habe, das nehme sie ihm wirklich übel. Sie habe schon immer davon geträumt, mit einem Mann und zwei Kindern in einem kleinen Häuschen am Stadtrand zu wohnen und dort auch eine kleine Werkstatt für ihre Keramikarbeiten zu haben. Das sei jetzt alles vorbei, jetzt lebe sie nach der Trennung in einer kleinen Dreizimmerwohnung und habe es schwer, finanziell über die Runden zu kommen. Den Mann würde sie nicht vermissen, aber ihr verlorenes Lebenskonzept. Sich davon zu verabschieden falle ihr immer noch schwer, und sie schwanke zwischen Wut und Trauer hin und her.

Man kann also um ein gescheitertes Lebenskonzept trauern, um den Verlust einer beruflichen Position, die eingeschränkte Gesundheit, um eine fehlende Anerkennung, eingebüßte Privilegien oder einen verlorenen sozialen Status. Und man kann bei der Trauer so viele Fehler machen, dass man in ihr stecken bleibt und damit die Trauer das restliche Leben beherrscht. Es ist also nicht nur die Frage, ob man trauert, sondern auch wie! Woran kann man erkennen, ob man richtig trauert? An den Tränen, der bedrückten Stimmung, den um den Verlust kreisenden Gedanken, der Appetitlosigkeit, der eigenen Lethargie und Antriebsschwäche, oder an allem zusammen? Oder merkt man den Erfolg der Trauer durch die wieder gewonnene Lebenskraft, also erst dann, wenn man es geschafft hat und nicht mehr traurig ist? Und kann man alleine besser trauern, als in einer Partnerschaft? Trägt eine Partnerschaft zum Gelingen der Trauer bei, oder kann sie die Trauer auch erschweren?

Der langsame Tod einer Partnerschaft

Zur Verarbeitung des Verlustes hilft in der Regel das Reden über die eigenen Gefühle, weil man dabei die Gefühle reflektieren muss, ihnen Worte, Bilder, Eindrücke und Erlebnisse zuordnet. Beim Reden wird manchmal erst deutlich, welche Bedeutung die verlorene Person für das eigene Leben hatte, sie vertieft also das Verlusterleben, und zum anderen entsteht eine Vertiefung der Trauer dadurch, dass man sich anderen Menschen mitteilt. Sprachlosigkeit kann dagegen ein Gefängnis sein. Dann bleiben alle Gedanken im Kopf und kreisen in der Seele, schaffen ein inneres Szenario, das irgendwann stärker wird als die äußere Wirklichkeit. Die niederländische Psychoanalytikerin Anna Enquist hat einen Roman geschrieben über die Sprachlosigkeit eines Paares nach dem Verlust ihres einzigen Kindes: „Die Eisträger". Dabei ist die Sprachlosigkeit kein selbst gewähltes Schicksal oder ein banales Kommunikationsproblem – sie ist vielmehr Ausdruck des schmerzlichen Verlustes, der irrsinnigen Angst vor der unausweichlichen Realität und der tiefen Trauer. Die empfundene Hilflosigkeit und Hoffnungslosigkeit können einfach nicht in Worte gefasst werden.

Loes und ihr Mann Nico haben mit ihrer Adoptivtochter in ihrem kleinen Haus in der Dünenlandschaft gelebt. Jetzt ist die Tochter Maj seit einem halben Jahr nicht mehr da, einfach gegangen und nicht wieder gekommen. Kein Brief, keine Nachricht, nichts. Aber das Schreckliche ist, dass Loes und Nico noch nie miteinander darüber geredet haben, und mit jedem weiteren Tag, an dem sie nicht reden, entfernen sie sich mehr voneinander. Es scheint, als zerstöre nicht der Verlust der Tochter ihre Beziehung, sondern vielmehr ihre Sprachlosigkeit. Obwohl sie eine Lehrerin für Sprachen ist und er ein Psychiater und daher beide doch eigentlich wissen müssten, wie wichtig das Reden sein kann, schaffen sie es nicht, miteinander zu reden. Aber die Trauer bei einem schweren Verlust eines geliebten Menschen ist selbst für Fachleute nie leicht. Seitdem die Tochter das Elternhaus verlassen hat, ist eine tiefe Leere in das Haus eingekehrt, als ob jemand oder etwas gestorben sei. Und zwischen den Eheleuten ist es kalt geworden, eine Kälte, die von innen kommt, und durch keinen Genever mehr zu wärmen ist. Loes und Nico sind in einer schweren psychischen Krise und dies gleich mehrfach – als Frau und Mutter, als Mann und Vater und als Paar.

Die Sprachlosigkeit über diesen Verlust scheint beide langsam auszuzehren, ihnen die Lebensenergie zu rauben. Sie lehnen sich nicht dagegen auf, nehmen es als unabänderliches Schicksal hin, bei dem es scheinbar nichts mehr zu sagen gibt. Er stürzt sich in die Arbeit und vergisst dabei vollkommen, die anderen Bediensteten im Krankenhaus mitzunehmen. Er will Schluss machen mit all diesem vertiefenden und verstehenden psychotherapeutischen Gerede, stattdessen sei nun mal die Selbständigkeit der Patienten angesagt. Er merkt nicht, dass dies alles nicht das zur Klinik passende Programm ist, sondern seins. Genauer: Das Programm, mit dem er alle Gedanken an den Verlust seiner Tochter verscheuchen und seine Trauer abwehren will.

Beide Eheleute versuchen, zu vergessen. Sie können mit dem Verlust nicht umgehen und sind wie gelähmt, weil darunter noch ein anderer Verlust liegt, um den sie wahrscheinlich nie getrauert haben: den Verlust eines eigenen Kindes. Sie haben versucht, ein Kind zu bekommen, aber es klappte nicht, und dann haben sie Maj adoptiert. Viel später, als das Unheil schon seinen Lauf genommen hatte, erklärte er ihr, warum er schon damals nicht trauern konnte, wie die Trauer letztlich in der Adoption abgewehrt wurde. Sein Programm war schon immer das gleiche gewesen: Die Trauer rational mit Arbeit bekämpfen. Aber wer die Trauer nicht zulässt, den holt sie sich – später, wenn er gar nicht mehr damit rechnet.

Seitdem die Tochter weg ist, sind beide in ein Loch gefallen, das mit alltäglicher Aktivität gefüllt wird. Sie schaufelt im Garten Gräber, keine wirklichen, sondern große Löcher für neue Pflanzen. Was für sie die Arbeit im Garten, ist für ihn die Reorganisation der Klinik. Dort trifft er Eva, eine Studentin, die als Aushilfskraft in der Klinik arbeitet. Er merkt nicht, dass sie ihn an die verlorene Tochter erinnert, sie ist nur ein Jahr älter als Maj. Er fühlt sich von ihr angezogen, sucht ihre Nähe, vertraut sich ihr an. Von einer spontanen Autofahrt mit Eva nach Antwerpen, die eher einer Flucht ähnelt, ruft er seine Frau Loes an, die sich bereits große Sorgen macht. Er beichtet ihr, mit einer Frau fortgefahren zu sein, ihm sei alles zu viel geworden und dann sagt er offen seine tiefe Erkenntnis: „Wir haben nicht darüber trauern können, dass sie weggegangen ist, weil wir nie unseren Kummer über ihr Kommen zulassen konnten. Ich habe alles völlig falsch gemacht. Es war nicht fair, ihr gegenüber nicht und dir gegenüber nicht. Ich möchte noch einmal von vorne anfangen. Meine Stellung ist mir egal, es geht mir nur um dich. Um uns. Ich will dich zurück, Loes. Ich möchte, dass wir richtig miteinander reden. Ich glaube mein Akku ist leer. Loes? Loes?" (145, 146) Sein Akku ist wahrhaftig leer, der Akku seiner Seele. Er bringt sich mit dem Auto um. Kein Gegenverkehr, dann von der Straße abgekommen, gegen einen Baum geprallt und in den Kanal gestürzt. Zu der unendlichen Trauer um den Verlust der einzigen Tochter und der darunter liegenden verdrängten Trauer um die eigene Kinderlosigkeit kamen die Selbstvorwürfe, die Schuldzuweisungen an sich selbst – und diese destruktive Mischung aus misslungener Trauer und Selbstschuldzuschreibungen haben ihn in den Suizid getrieben.

Loes und Nico waren die Eisträger, sie haben ihre Trauer getragen wie Eis auf dem Rücken, dessen Kälte langsam in den Körper einzieht, aber sie haben nicht wirklich getrauert. Sie hatten ihre Kinderlosigkeit weder betrauert noch die damit zusammenhängenden Gefühle zugelassen. Es schien ein organisches Problem zu sein, ihr Eileiter und seine Samenqualität, aber seelisch war es mehr als das. Anscheinend musste eine schnelle Lösung her, und dabei haben sie Schuldfragen oder Lebenskonzepte vermieden. Sie haben nie über all die Fragen geredet, die beim Übergang von der Partnerschaft zur Elternschaft, vom Paar zur Familie so bedeutsam sind: Ob sie miteinander Kinder wollten, wie sie ihre eigene Kindheit erlebt hatten, wann bei ihnen der Kinderwunsch zum ersten Mal auftauchte, wie sie sich das gemeinsame Kind als menschliches Wesen vorstellten oder welche Bedeutung ein Kind für ihre Partnerschaft haben würde. Bevor sie dies alles ansprechen konnten, wurde mit der Adoption die vermeintliche Lösung eingeleitet. Aber manchmal sind nicht so sehr die Probleme das Problem, als vielmehr die Lösungen. Sie haben versucht, die Trauer zu vermeiden, zu kontrollieren, zu beherrschen, gar nicht erst zu spüren – und das war der Fehler gewesen, der nicht nur sie als einzelne Menschen, sondern auch ihre Partnerschaft zerstörte.

Misslungene Trauer

Während Trauer eine normale Reaktion auf ein Verlusterlebnis darstellt, ist eine Depression eine misslungene Trauer, die manchmal Krankheitswert hat und an der etwa 20 Prozent der Frauen und 10 Prozent der Männer durchschnittlich einmal in ihrem Leben leiden. Trauer ist ein vorübergehender Zustand, eine Depression dauert länger an, eine Trauer hat nur begrenzte körperliche Begleiterscheinungen, während Depressionen von Symptomen wie Antriebsarmut, Lustlosigkeit, Appetitmangel oder Schlafstörungen begleitet werden. Trauer bessert sich mit der Zeit auch durch angenehme Erlebnisse, während bei Depressionen solche Erlebnisse kaum wahrgenommen werden und auch nicht zur

Stimmungsänderung beitragen. Und letztlich hat Trauer auf die Persönlichkeit langfristig kaum Auswirkungen, während eine Depression die Persönlichkeit dauerhaft negativ beeinflussen kann. Zudem ist die Depression von einem Versagen der Bewältigungsstrategien begleitet, während die Trauer eine solche Bewältigung darstellt.

Die Frage, inwieweit es durch Trauer gelingt, den Verlust einer geliebten Person zu überwinden bzw. zu verarbeiten, hängt von einer Reihe verschiedener äußerer und innerer Faktoren ab. Zunächst einmal betrifft es die Umstände des Verlustes, insbesondere die Frage, ob es sich um einen plötzlichen und unerwarteten Verlust durch z. B. einen Unfall handelt oder nicht. Des Weiteren ist es eine Frage, ob die Person schon vorher im Leben reale oder emotionale Verluste erlitten hat, und wie sie damals damit umgegangen ist. Hieraus entsteht eine besondere persönliche Empfindlichkeit für Verluste, die bei neuerlichen Verlusten dazu führen kann, dass die Person aus dem seelischen Gleichgewicht gerät und eine Depression entwickelt. Und natürlich ist da die besondere Qualität der emotionalen Beziehung zur verlorenen Person, also die Tiefe, Dauer und Bedeutung der emotionalen Beziehung zu der Person und der Beziehung zu ihr.

Psychologisch bedeutsam ist auch die Frage, ob Verlust und Trennung im Rahmen der eigenen Grundüberzeugungen, Werte und Regeln stattfanden. Manchmal bringen solche Verlusterlebnisse die Bilder von sich selbst, anderen Menschen, Männern oder Frauen, menschlichen Umgangsformen oder gar der Welt heftig durcheinander. Dann fallen Sätze wie: So etwas habe ich noch nie erlebt; ich dachte nicht, dass jemals ein Mensch so mit mir umgehen würde; das empfand ich als würdelos und unmenschlich, ich habe mich restlos entwertet gefühlt; ich hätte nie gedacht, dass ich so reagieren könnte; ich bin völlig ausgerastet, so habe ich mich selber noch nie erlebt.

Die Komplexität der Emotionen, also die Vielfalt der emotionalen Bindungen zu der verlorenen Person, ist aber selten widerspruchsfrei, sondern voller Ambivalenzen. Man liebt nie nur, immer mischen sich auch andere Gefühle darunter, wie Angst, Ärger, Scham oder sogar Ekel. Je stärker diese negativen Gefühle gegenüber der verlorenen Person waren – natürlich unbewusst, weswegen es die Menschen auch nie sagen könnten, selbst wenn sie es wollten – je stärker also aufgrund der beteiligten negativen Gefühle die Ambivalenz ausgeprägt war, desto stärker werden diese negativen Gefühle eine einfache Trauer erschweren. Dazu schreibt Freud: „So hat man denn den Schlüssel des Krankheitsbildes (der Depression; Anm. d. Autors) in der Hand, indem man die Selbstvorwürfe als Vorwürfe gegen ein Liebesobjekt erkennt, die von diesem Weg auf das eigene Ich gewälzt sind. Die Frau, die laut ihren Mann bedauert, dass er an eine so untüchtige Frau gebunden ist, will eigentlich die Untüchtigkeit des Mannes anklagen ..."(Freud [1915], 202) Die Aggressionen und damit die inneren ambivalenten Gefühle gegenüber der verlorenen Person, machen eine Trauerarbeit schwer, manchmal unmöglich. Die Trauer blockiert die Aggressionen und umgekehrt, damit erreicht die Trauer keinen wirklichen Tiefgang und der Abschied kann nicht gelingen. Der Mensch hängt in der Trauer, kommt nicht wirklich in sie hinein, aber auch nicht wirklich aus ihr heraus. Insofern geht das Verständnis der Depression und der misslungenen Trauer „über den klaren Fall des Verlustes durch den Tod hinaus und umfass[t] alle die Situationen von Kränkung, Zurücksetzung und Enttäuschung, durch welche ein Gegensatz von Lieben und Hassen in die Beziehung eingetragen oder eine vorhandene Ambivalenz verstärkt werden kann." (Freud [1915], 205)

Verabschieden und Trauern sind einfach, wenn die Liebe groß und die Aggressionen und in Folge davon auch die Ambivalenzen klein waren. Dann wird die Liebe wieder vom geliebten Objekt abgezogen, der Verlust als Realität anerkannt und die Liebesenergien stehen dem Menschen wieder zur Verfügung, zunächst zu seiner ganz persönlichen, weshalb er oder sie sich erst einmal wieder gut und liebenswert fühlt, und danach für einen anderen Menschen in einer neuen Beziehung. Dies alles scheint bei der Depression aber nicht zu gelingen, weil die Frage auftaucht: Wohin mit der Wut, dem Ärger, den Aggressionen? Freuds Erklärung ist, dass nicht nur die positiven, sondern auch die negativen Energien zurückgeholt werden, dass aber die negativen und aggressiven das Ich herunterdrücken, also depressiv wirken. So finden sich in den Selbstanklagen und dem verminderten Selbstwertgefühl der Depressiven wesentlich Aggressionen gegen die verlorene Person wieder. Damit wird aus der normalen Trauer eine pathologische Reaktion, die man Depression nennt.

Trauerarbeit ist langwierig, weil der Abschied von der geliebten Person weder einfach noch einmalig sein kann, sondern nur unter seelischen Schmerzen in einem langwierigen Prozess erfolgen kann. Eine solche Trauerarbeit muss mit jeder einzelnen Erinnerung, jeder besonderen Begegnung, allen Phantasien und Geschichten rund um die Person geschehen – und das ist wahre Arbeit, eben Trauerarbeit. Denn bei dieser Arbeit stellt sich für den Trauernden erst heraus, dass „er zwar weiß, wen, aber nicht, was er an ihm verloren hat." (Freud [1915], 198,199)

Häufig gelingt diese Trauer nicht. Von „ungelöster" oder „pathologischer" Trauer wird gesprochen, wenn die Trauer außergewöhnlich intensiv erlebt wird (übertriebene Trauer), über längere Zeit keine Neuanpassung erreicht wird (chronische Trauer), wenn Trauer gar nicht (fehlende Trauer) oder zeitlich verzögert (verzögerte Trauer) erlebt wird. Misslingt die Trauer, kann es auch zur Herausbildung psychischer Störungen kommen, die bislang vielleicht nur latent vorhanden waren, weil das psychische Gleichgewicht verloren ging. Auch Posttraumatische Belastungsstörungen sind möglich.

Eine gelungene Trauer beim Verlust eines geliebten Menschen macht die betroffene Person reifer, weil das Vertrauen in die eigenen Kompetenzen gestiegen ist und eine größere Erfahrung und Konfliktfähigkeit besteht. Umgekehrt kann eine misslungene Trauer den Glauben an sich selbst und die eigenen Fähigkeiten schwer erschüttern. Und das nächste, vielleicht nur kleine, Verlusterlebnis führt zur psychischen Krise.

Man kann die Trauer nie ganz beherrschen, irgendwann beherrscht sie uns, zumindest am Anfang. Und wer nicht immer wieder von der Trauer beherrscht wird, wer versucht, sie immer zu kontrollieren, bei dem rächt sich die Trauer, denn der wird sie vielleicht nie mehr los. Die ohnmächtige Hingabe an die Trauer scheint die Voraussetzung dafür zu sein, sie wieder los zu werden und wer sich ihr nicht hingibt, der hat verloren. Psychologisch gesehen wehrt er sie ab, versucht sie zu kontrollieren, ohne sich wirklich auf sie einzulassen. Dieses Loslassen in der Trauer scheint der Schlüssel zu ihrer Bewältigung und zu einer neuen Zukunft zu sein und ist der Kern dessen, was Freud meinte, als er den Begriff „Trauerarbeit" erfand. Wie also gelingt Trauer? Kann man vielleicht hinter einer Maske besser trauern? Kann man sich gar eine Trauermaske schminken, wie die des lachenden Clowns, hinter der das Leben vielleicht leichter wird?

Der lachende Clown

Der Clown ist ein Liebling der Kinder, weil sie sich so gut mit ihm identifizieren können, denn er ist wie sie. Meist ist er lustig, trägt zu große Schuhe und macht viel Quatsch. Im Clown steckt das Kind, aber wenn sich ein Erwachsener in ihm versteckt, dann hat das meist seine besonderen Gründe.

Es gibt einen großen deutschen Roman über einen Mann, der aus einer inneren Not heraus beschließt, ein Clown zu sein. Der Roman heißt „Ansichten eines Clowns", geschrieben von Heinrich Böll.

Hans Schnier ist der Clown. „Ich bin ein Clown, offizielle Berufsbezeichnung: Komiker, keiner Kirche steuerpflichtig, siebenundzwanzig Jahre alt ..." (Böll, 8) Er ist der Sohn eines reichen rheinischen Braunkohle-Industriellen und empfindet die großbürgerliche Atmosphäre seiner Familie durchgehend – vom Faschismus hin zum demokratischen Wiederaufbau – als heuchlerisch. Er distanziert sich von ihr, indem er Clown wird. Hinter der Maske des Clowns spezialisiert er sich auf das Demaskieren der katholisch-politischen Machtverhältnisse und spricht als Clown seine ganz persönlichen Wahrheiten aus. Er verliebt sich in Marie, die Tochter eines Kleinwarenhändlers und Alt-Kommunisten, doch eines Tages beschließt diese, ihn aufgrund seiner nicht ausreichend inbrünstigen Einstellung zum katholischen Glauben zu verlassen. Hans Schnier versteht das alles nicht mehr, für ihn ist das eine verkehrte Welt (72). Es ging lediglich um die schriftliche Bestätigung für die katholische Erziehung der Kinder, die er zu einem Zeitpunkt verweigerte, als sie noch lediglich über die Kinder sprachen. Nachdem Marie ihn verlassen hat, kann er nicht mehr arbeiten und leben und schon gar nicht mehr lieben. Täglich schreibt er ihr Briefe an die Adresse einer gemeinsamen Freundin, die alle unbeantwortet bleiben. Seine Trauer ist grenzenlos: Er isst kalte Bohnen aus der Dose und trinkt immer mehr. „Ein Clown, der ans Saufen kommt, steigt rascher ab, als ein betrunkener Dachdecker stürzt." (9). Seine Trauer um Marie verstärkt seine beiden Leiden, mit denen die Natur ihn ausgestattet hat: Melancholie und Kopfschmerzen (9). Er hat kein Geld mehr, telefoniert mit alten gemeinsamen Freunden, in der Hoffung, von ihnen zu erfahren, wo Marie ist, und als er letztlich erfährt, dass sie mit dem Vorzeigekatholiken Züpfner nach Rom auf die Hochzeitsreise gefahren ist, empfindet er nur noch tiefe Trauer und grenzenloses Unverständnis. Es war doch seine Frau, wie kann die einen anderen heiraten und mit ihm all das tun, was sie mit ihm getan hat? Er spricht mit seiner Mutter, seinem Bruder und sogar sein Vater besucht ihn, aber keiner versteht die Krankheit seiner Seele. So schminkt er sich ein letztes Mal zum Zeichen seiner Trauer ganz weiß, und beschließt, auf Marie zu warten – und zwar dort, wo sie eines Tages wieder ankommen muss: auf dem Bahnhof in Bonn (253).

Bis Marie ihn verließ, war die Maske des Clowns ein Weg, sich als Person zu verstecken, um in der Rolle des Clowns dennoch seine Wahrheiten verkünden zu können. Der ehrliche Clown inmitten geheuchelter Verhältnisse. Bevor er Marie an den Vorzeigekatholiken Züpfner verlor, hatte ein anderes Verlusterlebnis ihn sehr erschüttert. Seine Schwester Henriette starb mit 16 Jahren, weil sie sich im Februar 1943 noch freiwillig zur Flak meldete. Er macht seine Mutter, letztlich seine Eltern, für den sinnlosen Tod der strahlenden Schwester verantwortlich. Sie hatte ihm noch aus der Straßenbahn zugewunken, als sie davonfuhr und nie mehr zurückkommen sollte. Für die Mutter hatte die Tochter eine Mission zu erfüllen. „‚Unsere heilige deutsche Erde‘, sagte sie, ‚und sie sind schon tief in der Eifel drin‘. Mir war zum Lachen zumute, aber ich brach in Tränen aus." (24) Die Verteidiger des Vaterlandes und der heiligen deutschen Erde hatten seine Schwester auf dem Gewissen. Verrücktwerden wäre eine Möglichkeit für Hans Schnier gewesen, stattdessen wurde er Clown, um seine Trauer zu verbergen. Aber diese verdrängte Trauer wurde übermächtig, als er siebzehn Jahre später wieder eine geliebte Person verlor, diesmal war es Marie.

Die Maske des Clowns reicht nicht mehr, um seine Gefühle zu verbergen. Am Ende wird sie zum Gefängnis seiner wahren Gefühle. Seine tiefe Trauer und sein unendlicher

Schmerz über den Verlust von Henriette und dann Marie lassen die Maske langsam brüchig werden. Während sie ihm anfangs Freiheit gab, wird sie nun zu einem Versteck für seine wahren Gefühle. „Ich hätte gern geweint: Die Schminke hinderte mich, sie saß so gut, mit den Rissen, mit den Stellen, wo sie anfing abzublättern, die Tränen hätten das alles zerstört. Ich könnte später weinen, nach Feierabend, wenn mir noch danach zumute war." (273) Hier wird deutlich, dass die Maske Risse bekommen hat, sie blättert ab, sie hält nicht mehr und schützt daher auch nicht mehr. Aber es kommt noch schlimmer, als er erkennt, dass er aus der Maske nicht mehr heraus kommt, weil sie zu einem Teil von ihm geworden ist. Dazu benutzt Böll den Spiegel, um dies zu verdeutlichen: „Ich trat vom Spiegel zurück, tiefer in mich hinein und zugleich weiter weg." (273) Am Schluss ist er selbst zu einer Maske geworden. Jetzt spielt er nicht mehr den Clown, er ist der Clown, weil die Trauer um Marie sein Leben beherrscht.

Man kann Masken aufsetzen, um sich zu verbergen, dann sucht man den Schutz hinter der Maske. Vielleicht versteckt sich dann ein trauriger Mensch hinter der lachenden Maske. Man kann eine Maske aufsetzen, weil sie es erst möglich macht, so zu sein, wie man sein möchte, aber sich nicht traut. Und die Maske kann letztlich sogar zur eigenen Identität werden, wenn ihre Bedeutung so groß geworden ist, dass dahinter die alte Identität nicht mehr spürbar ist und man aus ihr nicht mehr herauskommt. Das ist besonders bei der Trauer eine große Gefahr. In dem Roman „Maske der Trauer" des Ungarn Laszlo Nemeth erleidet Zsofi ein solches Schicksal. Sie hat ihren Ehemann Sandor verloren und steht nun mit 20 Jahren allein auf der Welt mit ihrem Sohn Sanyi. Sie lebt nur noch für ihn und zieht sich von allen in ein Häuschen zurück, das ihr Vater gekauft hat. Das Kind ist ihr ein Ersatz für das Leben. Als der Sohn auch noch durch eine schwere Krankheit stirbt, zieht sie sich völlig von der Welt zurück und wird beinahe wahnsinnig an ihrer Trauer. Sie lebt nur noch in der „Maske der Trauer", aus der sie nicht mehr herauskommt, der Friedhof wird ihr zu Hause. Wie konnte die Trauer von ihr Besitz ergreifen? Konnte sie nicht mehr aus der Maske heraus oder hat die Trauer gesiegt, weil sie sich ihr nicht ergeben hat? Wie entsteht solch ein Sog, dass die Maske, die zuerst verbirgt und schützt, dann zu einem Teil der eigenen Identität und letztlich sogar zu einem Gefängnis werden kann?

Die Formen und Phasen der Trauer

Trauer ist universell, zeitlos und kann plötzlich ausgelöst werden. Trauernde und weinende Kinder lösen unser spontanes Mitleid aus und allen Menschen fällt es leichter, Kinder zu trösten, als andere Erwachsene. Trauer ist aber nicht nur menschlich, auch bei Primaten hat man Weinen in qualvollen Situationen beobachtet.

Trauer hat viele Gesichter. In einer umfangreichen Studie (Shaver et. Al., 1987, zit. nach Schmitt / Mees, 209) „beschrieben Befragte ein niedriges Aktivitätsniveau, Lethargie, Teilnahmslosigkeit, sozialen Rückzug, Niedergeschlagenheit, häufig auch Gereiztheit und Empfindlichkeit, als Symptome der Traurigkeit. Als typische Ausdrucksweisen von Traurigkeit schilderten sie eine leise, monotone Stimme, Weinen und Schluchzen, eine Tendenz zum Grübeln, zu einer negativen Weltsicht und zu Selbstkritik." (Schmitt/Mees, 209) Trauer ist eine normale Reaktion auf eine seelische Verletzung (Trauma), die durch den Verlust einer emotional bedeutsamen oder geliebten Person hervorgerufen wurde. Sie kennzeichnet eine psychische Krise und ist als Symptom sowohl Ausdruck dieser Krise, als auch der Versuch ihrer Überwindung und Heilung. So vielfältig die Hintergründe für Angst oder Ärger sein können, so eindeutig beschränken sie sich auf einen zentralen Aspekt, wenn es um die Trauer geht. Trauer scheint in der Regel durch einen Verlust verursacht, genauer: durch jede Art von emotionalem Verlust.

Der schwerwiegendste Verlust ist sicherlich der Verlust eines geliebten Menschen durch den Tod, besonders, wenn dieser plötzlich eintritt. Dann tauchen neben der Trauer auch alle anderen starken Gefühle des Menschen auf: Angst, ohne die geliebte Person weiterleben zu müssen; Wut, verlassen worden zu sein; Schuldgefühle, weil man es vielleicht versäumt hat, dem Verstorbenen zu seinen Lebzeiten noch dieses oder jenes zu sagen oder zu zeigen; Einsamkeit ohne und Sehnsucht nach dem Verstorbenen. Dazu kann bei einem plötzlichen Verlust noch eine Art Schockreaktion kommen.

Die besondere Tiefe des Verlusterlebens ist immer abhängig von der emotionalen Bedeutung des verlorenen Menschen für den Trauernden: je bedeutsamer der Mensch war, desto stärker scheint die Trauer. Und manche Menschen merken erst am Verlust des anderen, wie wichtig er oder sie für ihn war. Dabei ist die emotionale Bedeutung eines Menschen nicht von der Dauer der Beziehung abhängig, sondern eher von ihrer Qualität. So wird eine Mutter in der Regel um ein tot geborenes Kind stark trauern, auch wenn das Kind noch nicht einen Tag auf der Welt gewesen war. Dagegen kann eine jahrzehntelang gelebte Beziehung weniger bedeutsam sein, wenn sie nicht einmal die Qualität einer oberflächlichen Freundschaft erreichte.

Trauer ist ein Gefühl, das sehr lange, für die Betroffenen oft zu lange, anhalten kann. Sie verläuft in Phasen, die sich abwechseln, überschneiden und auch wiederholen. Am Anfang steht meist ein ungläubiges Erstaunen, ein „Nicht-Wahrhabenwollen", dass der geliebte Mensch wirklich tot sein soll. Es folgt eine lange, intensive und manchmal quälende innere Beschäftigung mit dem Toten in Gedanken und Tag-

und Nachtträumen. Manchmal führt der Wunsch, dies alles sei ein Alptraum, aus dem man bald erwachen werde, dazu, dass man kurzfristig sogar Halluzinationen entwickeln kann. Dann sieht man den verstorbenen Menschen dort vor seinem inneren Auge wieder, wo er sonst immer zu finden war, spricht mit ihm oder hat sehr intensive Träume, die eine wahrhaft kompensatorische Funktion haben. Trauer, Verzweiflung, Resignation, Hilflosigkeit, Verzweiflung, Resignation, Wut, Trauer usw. wechseln sich ab – es ist eine wahre Achterbahn negativer Gefühle. Parkes und Weiss entwickelten ein Modell mit vier Trauer-Phasen. Erstens *Betäubung*: der Verlust wird noch nicht realisiert, eher verleugnet, es besteht ein Gefühl der Unwirklichkeit; Zweitens *Sehnsucht*: die Endgültigkeit des Verlustes wird geleugnet und ein Wiedersehen ersehnt; Drittens *Desorganisation*: die Funktionsfähigkeit des Trauernde ist gestört; Viertens *Reorganisation*: durch die endgültige Akzeptanz des Verlustes entsteht die Möglichkeit, das eigene Leben wieder in den Griff zu bekommen und ohne die verlorene Person und die Beziehung zu ihr neu zu organisieren.

In der Trauer nimmt der trauernde Mensch auf emotional schmerzliche Weise (Trennungsschmerz) endgültig Abschied von dem geliebten Menschen und erhält dadurch wieder seine Lebensperspektive und seine Funktionsfähigkeit, auch wieder seine Lebensfreude. Das Akzeptieren der Endgültigkeit des Verlustes scheint psychisch die Voraussetzung für eine gelungene Trauer zu sein. Zentrale Aufgabe beim Verlust einer emotional bedeutsamen Bezugsperson ist die Auflösung der emotionalen Bindung, der Abzug der libidinösen Besetzungen, der Abschied von der Person und der Beziehung zu ihr und letztlich die Akzeptanz einer neuen Realität. Erst wenn dies gelingt, kann anstelle der alten Beziehung eine neue eingegangen werden, die die alte in ihrer Bedeutung ersetzen könnte. Dieser Trauerprozess bedeutet eine emotionale und kognitive Akzeptanz einer neuen Wirklichkeit ohne die verlorene Person und damit auch eine Änderung der eigenen Identität.

Eine kognitive Akzeptanz beinhaltet nicht nur den Verlust als real und unwiderruflich, sie ist auch gebunden an eine befriedigende Erklärung für den Verlust. Eine solche Erklärung ist dann leichter, wenn der betroffene Mensch ein Glaubenssystem vertritt, das auch den Verlust der Person erklären kann. Insofern haben es Anhänger philosophischer oder religiöser Schulen leichter, zu einer solchen kognitiven Akzeptanz zu kommen. Dann wird der Verlust als nur zeitweise bis zum Leben nach dem Tod angesehen oder als Teil einer göttlichen Fügung interpretiert. Solche übergeordneten Überzeugungen schützen vor Depressionen und Schuldgefühlen, aber ihre Stabilität ist stets abhängig von der Stärke des jeweiligen Glaubens oder der philosophischen Überzeugung. Anders als bei der kognitiven Akzeptanz ist die emotionale Akzeptanz meist schwerer, denn die gefühlten Erinnerungen an die verlorene Person führen meist zu wiederholtem Trennungsschmerz, der gelernt sein will. Nach psychoanalytischer Auffassung übt das Kind bereits mit Teddybären, Schlafdecken (*safety blankets*) oder Puppen, so genannten Übergangsobjekten, die Trennungen für das spätere Leben. Der Trennungsschmerz muss ausgehalten werden und früh eingeübt sein, um die späteren Verluste bewältigen zu können. Und letztlich ist – neben der kognitiven und der emotionalen – die identifikatorische Akzeptanz bedeutsam, denn mit ihr ist eine Neudefinition der eigenen Identität ohne die verlorene Person verbunden.

Gerade in Paarbeziehungen, in denen die Identifikation mit dem Partner und der Partnerschaft eine besondere Bedeutung für das Liebesgefühl hat, ist dies neben der emotionalen Akzeptanz des Verlustes die schwierigste Aufgabe. Gelingt eine kognitive, emotionale und identifikatorische Akzeptanz, dann hat solch ein Mensch eine für ihn stimmige Erklärung für den Verlust gefunden, diesen emotional nach einem Trennungsschmerz akzeptiert und den Verlust auch für seine Identität angenommen.

Mit einer Person sterben manchmal viele. So war die verlorene Person nicht nur der Geliebte, der Vertraute, der gute Freund, der Tröster in schweren Stunden, der lustvolle Sexualpartner oder der Vater der eigenen Kinder, sondern auch in symbolischer und psychologischer Hinsicht bedeutsam: eine sichere Basis im Leben, eine narzisstische Zufuhr, eine wirkliche intime Beziehung oder die einzige Person, bei der man sich vollkommen aufgehoben und von der man persönliche Kritik annehmen konnte. Ganz zu schweigen von den vielen bisherigen Erfahrungen, Erlebnissen und Geschichten rund um diese Person, die auch Teil der eigenen Identität geworden sind.

Trennungen können auch leise sein und unbeachtet bleiben. Würde man die Betroffenen fragen, dann leiden sie überhaupt nicht unter irgendwelchen Verlusten, finden sich und ihr Leben normal, beklagen sich über nichts und empfinden die Leere als Normalzustand. So ergeht es Andreas in dem Roman „An einem Tag wie diesem" von Peter Stamm.

Die Reise in die Vergangenheit als gelungene Trauer

Für Andreas ist die Leere der Normalzustand, aber sie macht ihm keine Angst, er mag sie (10–11). In seinen Tagträumen ist sein eigener Tod mitgedacht. Dann stellt er sich seinen Unfall mit dem Bus und seine eigene Beerdigung detailliert in allen Einzelheiten vor.

Er arbeitet lustlos als Lehrer und verbringt seine Tage wie in dem Film „Und täglich grüßt das Murmeltier", in dem ein Mann jeden Tag denselben Ablauf erlebt mit derselben Musik aus dem Radiowecker am Morgen, derselben Pfütze, in die er auf dem Weg zur Arbeit tritt, demselben Gruß einer Freundin. Die Zeit steht still, und Andreas gibt dieses Leben einen Halt, der ihn die Leere sogar genießen lässt. Auch seine Frauenbekanntschaften sind auf die Wochentage verteilt. Wenn er Nadja trifft, ist der Ablauf des Abends weitgehend vorprogrammiert, sogar seine Mahlzeit im Restaurant ist stets die gleiche. Aktivitäten oder gar Veränderungen wirken abschreckend auf ihn. Und wenn er mal unter seinen Gefühlen wirklich leidet, schreibt er einen Brief, den er dann aber nie abschickt. Für alle Menschen wäre ein solches Leben die reine Depression, aber Andreas kann sich kein anderes vorstellen und will auch nichts daran ändern. Er hat auch ein Lieblingsbuch, das er immer wieder liest. Mittwochs trifft er immer Sylvie, eine Mutter von drei Kindern, und daher kommt häufig mal etwas dazwischen, weil eins krank ist oder Schulaufführungen sind. So etwas mag er gar nicht. Auch der Sex mit den Frauen ist ritualisiert. Der Grund seiner Trauer heißt Fabienne, eine alte Liebe aus der Jugendzeit, an die er immer wieder denken muss. Es war eine unbeschwerte Liebe ohne Angst gewesen, zumindest in seiner Erinnerung. Aber seit er Fabienne an seinen Freund verloren hat, ist die Angst vor der Liebe größer, als sein Wunsch nach einer Liebesbeziehung. Fortan schützt er sich durch Distanz vor einer neuerlichen Verletzung.

Eine Krankheit mit wiederkehrendem heftigem Husten unterbricht die Gleichmäßigkeit seines gewohnten Lebens. Er muss untersucht werden, eine Gewebeprobe wird entnommen, es sind Tage der Unsicherheit, bis der Befund da ist. Aber er will den Befund gar nicht wissen, geht ohne dieses Wissen wieder aus der Praxis heraus und läuft vor der Diagnose weg. In der Krise, die durch die Krankheit ausgelöst wird, beschließt er, dass es so nicht weiter gehen kann. Er kündigt seine Arbeitsstelle, verkauft die Wohnung, kauft ein Auto, steigt, während er auf das Auto wartet, in einem billigen Hotel ab und fragt wie zufällig Delphine, bevor er fährt, ob sie mitkommen will. Er sagt, er wisse noch nicht, wohin er fahren wolle, aber er steuert auf der Fahrt zielsicher auf sein Heimatdorf in der Schweiz zu. Seine alte Freundin Fabienne aus Kindheitstagen geht ihm nicht aus dem Kopf, er fährt in den Ort seiner Kindheit und Jugend zurück, erst bleibt Delphine ein paar Tage, dann merkt sie, dass es um Fabienne geht. Delphine reist traurig ab und Andreas begibt sich direkt zu Fabienne. Er besucht sie zu Hause, trifft sich allein mit ihr. Er berichtet von dem nie abgeschickten Brief an sie, in dem er ihr seine Liebe gestand, aber Fabienne kann sich kaum an die alten Zeiten erinnern. Er trifft sich wieder mit ihr, hat einen 10-Minuten-Sex und ist irgendwie entzaubert. Danach empfindet er eine „Art heiterer Gleichgültigkeit. Es war ihm, als sei er ein Gewicht losgeworden, das achtzehn Jahre lang auf ihm gelastet hatte … Er würde Fabienne wohl nicht wieder sehen. Es spielte keine Rolle, ob er sie wiedersehen würde. Ihre Geschichte war zu Ende." (183–184)

Er besucht noch seinen überraschten Bruder und dessen Familie, dann setzt er sich wieder in sein Auto und weiß, wohin er fahren will. Auf der Fahrt, während er eine Kassette hört, überkommen ihn die lang aufgestauten Gefühle. „Andreas hatte bei einem Rastplatz angehalten. Er saß im Auto und hörte zu, wie der Mann sein Leben erzählte. Bei den letzten Sätzen krampfte sich sein Körper zusammen, und er begann zu zittern, als hätte er Schüttelfrost. Es würgte ihn, und dann begann er zu schluchzen, trocken und stoßweise. Als endlich die Tränen kamen, ließ das Zittern nach, und er wurde ruhiger. Er legte den Kopf auf das Lenkrad und weinte lange, ohne recht zu wissen, weshalb." (195) Die alte Trauer bricht aus ihm heraus, endlich. Er ist in seine Vergangenheit zurück gereist, hat seine alten Bilder an der neuen Realität überprüft und dabei ist das passiert, was schon Aristoteles als Katharsis bezeichnete. Es findet eine innere Reinigung der Gefühle statt, die Trauer überwältigt ihn und er fühlt sich besser. Er lässt die Vergangenheit hinter sich, die ihn seit achtzehn Jahren in einer Leere gefesselt hat und kann endlich seine Gegenwart leben, vielleicht sogar eine andere Zukunft. Er weiß, wo und wie er Delphine finden kann: Auf dem Campingplatz ihrer Eltern, wohin sie sich geflüchtet hat. Er findet sie am Strand, wortlos gehen sie aufeinander zu und fallen sich in die Arme. Fin. Irgendwie hat er sich durch die Reise in die Vergangenheit selbst therapiert. Es ist eine gelungene Trauerarbeit. Damit ist er endlich frei für eine neue Liebesbeziehung zu Delphine.

Die Schuld,
unter der ich zusammenbreche,
bezeugt keine Sünde
Zeruya Shalev

5. Der böse Geist der Skepsis

Zweifel als Maske von Scham und Schuld

„Ich bin glücklich ... wirklich ... mir geht es viel besser, als jemals in den letzten Jahren ... ich hätte mich viel früher trennen sollen ..." Die Klientin ist im Sessel zusammen gesunken, während sie von ihrem Glück spricht – und sie weint bitterlich. Als ich sie frage, warum sie trotz ihres Glücks so weint, antwortet sie: „Glauben Sie nicht, dass ich diesem Kerl irgendwie hinterher weine. Nein, ich bin froh, dass ich den endlich los bin. Aber ich fühle mich irgendwie schuldig, vor allem den Kindern gegenüber. Neulich hat mich meine große Tochter ganz böse angesehen und gesagt: ‚Du bist schuld, dass Papa nicht mehr bei uns wohnt!' Das hat mir wehgetan. Und nachts liege ich in letzter Zeit wach und habe fürchterlich strafende Gedanken. Dann habe ich Zweifel, ob ich mich richtig entschieden habe, dann sehe ich den strafenden Blick meiner Mutter, der mir sagt: Du hast deine Familie zerstört! Sie hat immer von mir verlangt, dass ich mich mehr anpasse und zufriedener mit dem sein soll, was ich habe. Und dann fange ich nachts an, mich im Halbschlaf mit meiner Mutter zu streiten. Ich habe einfach schreckliche Schuldgefühle, die mich nicht mehr schlafen lassen. Eigentlich bin ich glücklich getrennt, aber die Schuldgefühle sind immer noch sehr stark. Irgendwo hab ich mal gelesen: Das Glück schmeckt salzig."

Dieser Klientin geht es wie vielen Frauen, die sich von ihren Ehemännern getrennt haben: Sie fühlen sich danach subjektiv glücklicher, aber zahlen oft einen hohen Preis dafür. Sie leiden unter der Last der Schuldgefühle. Sie fühlen sich schuldig, insbesondere den Kindern gegenüber, ihren eigenen Moralvorstellungen, seltener gegenüber dem verlassenen Mann. Dann kann es sein, dass sie Schuld empfinden, obwohl sie nichts falsch gemacht haben und sich wieder genauso entscheiden würden. Sie empfinden eine „Schuld, die keine Sünde bezeugt" (Shalev [2005], 218). Diese Schuld verhindert eine wirkliche emotionale Trennung von der alten Partnerschaft und zugleich eine emotionale Nähe in der neuen. Dann führen die Schuldgefühle dazu, dass man in der alten Paarbeziehung noch gefangen ist und sich eben deshalb noch nicht wirklich auf die neue Partnerschaft einlassen kann.

Von der Macht der frühen Schuld

Schwere und andauernde Schuldgefühle entstehen selten aus einmaligen Fehlhandlungen oder Unterlassungen. Wie bei allen Leiden der Seele sind frühe Erfahrungen bedeutsam, so dass negative Kreisläufe entstehen. Frühe Schuldgefühle führen zu einem negativen Selbstbild, das sich leicht verstärkt durch weitere bestätigende Erfahrungen: Ich habe Schuld daran, dass es meinem Bruder schlecht geht, dass meine Eltern sich getrennt haben, dass sie sich streiten, dass mein Opa gestorben ist usw., und deshalb stimmt etwas mit mir nicht, ich bin schlecht, ich trage Schuld. Frühe Erfahrungen dieser Art – ob sie nun stimmen oder nicht spielt keine Rolle, solange die Person daran glaubt – führen dazu, dass das Kind mit einem solchen negativen Selbstkonzept und Selbstbild in die nächsten Erfahrungen geht, die wiederum bestätigende negative Auswirkungen haben. So können sich Schuldgefühle verfestigen und leicht chronisch werden. Wenn andere geliebte Menschen zu Schaden kommen und man sich selbst die Schuld daran gibt, wenn also schwere Verlusterlebnisse mit Selbstschuldzuschreibungen verknüpft werden, dann erscheint der Suizid manchmal als einzige mögliche Entschuldigung für die eigene Schuld. Einer solchen Entwicklung gehen allerdings „kleine Tode" voraus, indem die Menschen sich selbst anklagen, bestrafen, sogar selbst verletzen und immer wieder beschuldigen. Dann ist das Leben eine einzige Bestätigung eines negativen Selbstbildes: Ich bin schlecht, ich schade all denen, die ich liebe, ich bringe Unglück, es wäre besser, wenn ich nicht mehr da wäre.

In den meisten Fällen liegen die Wurzeln solcher schweren Schuldgefühle in frühen Erfahrungen, die sich im Laufe des Lebens wie von alleine laufend bestätigt haben. Hier dienen die Schuldgefühle auch dazu, sich permanent selbst zu bestrafen. In Therapien sind solche Gefühle auch für viele Therapeuten schwer auszuhalten und sogar manche Bücher sind schwer zu lesen. Ein hervorragendes Beispiel für einen solchen Roman über die destruktive Wirkung massiver Schuldgefühle hat Zeruya Shalev mit ihrem Werk „Späte Familie" geschrieben. In einer gehetzten Sprache geschrieben sind die Selbstzweifel einer Frau so verdichtet, dass man beim Lesen leicht selbst depressiv oder wütend werden kann; das ist große Literatur über die Wirkung der Schuld in Paarbeziehungen und Familien.

Der Zweifel
als Maske von Scham und Schuld

Ella Miller gerät in ihrer Ehe mit Amnon in eine schwere Krise. Sie ist nicht nur unzufrieden mit dem Ehemann, sondern auch mit ihrem Leben und sogar mit sich selbst. Der Mann wäre vielleicht noch auszuhalten und auch das Leben mit ihm, aber die entstandene Identitätskrise verlangt nach

115

einer grundsätzlichen Veränderung. So wie Anna Karenina von sich sagt: „Ich bin eine lebendige Frau, die sich nach Liebe sehnt", so zieht Ella eine nüchterne, negative Bilanz ihres Lebens: Der Mann hat Schuld, er lässt seine Unzufriedenheit an ihr aus, sie ist das Opfer. Dann folgt ein weibliches Resümee, das ich aus vielen Paartherapien allzu gut kenne: Seit der Geburt des Kindes ist die Paarbeziehung immer schlechter geworden, die Frau allein hat das Kind zu versorgen und vor die Wahl gestellt, ob Mann oder Kind, entscheidet sie sich für das Kind.

Sie hat Angst, das gemeinsame Kind in der Mitte zu zerreißen, die kleine Trinität aus Mutter, Vater und Sohn zu zerstören. Aber der Riss geht nicht nur durch die Familie, trennt Mann und Frau, Mutter und Vater und dazwischen immer das Kind – in ihrem Empfinden geht der Riss mehr und mehr durch das Kind selbst hindurch. Es scheint, als ob sie diesen Riss durch das Kind kennt, weil sie auch einmal ein solches Kind war. Diese grausamen Gedanken an das zerrissene Kind verstärken nicht nur das eigene Elend, sie lassen die Schuldgefühle in ungeahnte Höhen steigen. Nach der Selbstanklage kommt dann der umgehende Treueschwur als Versuch, die Katastrophe doch noch zu verhindern und damit die immensen Schuldgefühle zumindest zu lindern. Aber dieses Bekenntnis zur tiefen Schuld und notwendigen Sühne hält nur bis zur nächsten Unzufriedenheit. Die Ambivalenz wird immer unerträglicher, es ist ein permanenter Zweifel, der die Krise langsam steigert.

Der Trennungsprozess von ihrem Mann geht voran, aber ihre Zweifel und Selbstvorwürfe bleiben, und besonders nachts wird sie von ihren Schuldgefühlen geplagt. Und je mehr sie sich innerlich von allen entfernt, je weniger der Ehemann, das Kind, die eigenen Eltern und die guten Freunde verstehen können, warum sie sich unbedingt trennen will, desto stärker schlagen wieder die Schuldgefühle zu – bis zu einem neuen Treueschwur, der schon eine

Selbstaufgabe enthält und deswegen, kaum ausgesprochen, schon bald wieder revidiert werden muss.

Amnon, ihr Ehemann, kann ihre Trennungsentscheidung nicht nachvollziehen. Er versteht sie nicht, auch wenn sie das hundert Mal wiederholt und es ihm an den Kopf brüllt, er versteht ihre Erklärungen immer weniger, je mehr sie es versucht. Hinter seiner Ungläubigkeit steckt auch eine Hilflosigkeit, wirklich auf ihre Probleme einzugehen, eine Starre, die ihn immer weiter in den Strudel der Trennung hinein treibt, obwohl er genau dies verhindern will. Er ist selber ein Trennungskind und das macht ihn heute so konfliktunfähig, insbesondere in Bezug auf Trennungskonflikte. Er sieht sie gehen, kann sie nicht halten, weiß nicht, wie man eine solche Trennung verhindert, außer einfach zu bleiben und abzuwarten.

Bei all diesen eskalierenden inneren und äußeren Konflikten kommt die Erinnerung an den Streit der Eltern wieder ins Bewusstsein und sie bekommt eine Ahnung davon, wie bedeutsam diese frühen Erfahrungen für ihr heutiges Handeln als Frau und Mutter sind. Der Ehestreit der Eltern war die Folie der Gefühle, mit der sie an ihre Ehe, ihre Schwangerschaft, ihre Familienkonflikte heran gegangen ist, diesen Streit galt es zu vermeiden – und wenn er doch kommen sollte, dann musste eben die schnelle Trennung her. Dabei vergaß sie anscheinend vollkommen, dass sie unbewusst selbst erheblich dazu beigetragen hatte, diesen wiederholten Streit zu inszenieren. Denn um die alten Konflikte zu lösen, muss sie erst einmal die alten Konflikte reinszenieren: den dominanten Vater, den Ehestreit, das zerrissene Kind und das Schicksal einer Frau, die um ihre Rechte kämpft. Nur diesmal mit einem anderen Ausgang: nicht die Unterwerfung der Frau unter den Mann, wie bei ihrer Mutter, sondern die Trennung einer selbstbewussten Frau. Die wirkliche Lösung wäre weder das eine noch das andere gewesen, sondern auf Konflikte in der Ehe einzugehen, weder sich unterwerfen noch den anderen zu verlassen, sondern miteinander die Probleme benennen und nach neuen, anderen Lösungen suchen.

So bleibt Ellas Trennung die späte Erfüllung ihres frühen, alten Wunsches, dass ihre Mutter sich von ihrem autokratischen und selbstherrlichen Vater trennen möge. Ihr Vater ist dominant, weiß als Professor alles besser, unterdrückt seine Frau, die sich bis zur Selbstaufgabe anpasst und unterordnet. Die Tochter leidet in dieser Situation doppelt: zum einen als Tochter und zum anderen in der Identifikation mit ihrer Mutter, zu der sie eine Gegenidentifikation entwickelt. Das Programm heißt: Niemals so eine Frau werden, wie meine Mutter, niemals so eine Partnerschaft leben, wie die meiner Eltern, niemals so einen Mann erdulden, wie meinen Vater, niemals eine Ehe weiterführen, in der gestritten wird – trennen, damit das Kind (sie selbst, aber auch ihr Sohn) dies alles nicht ertragen muss. So sieht sie die Gegenwart ihrer Familie durch die Brille ihrer Herkunftsfamilie, in der sie als Kind gelitten hat. Aber das Leben wird für alle Beteiligten noch komplizierter, als es in den verschiedenen Welten – der alten und der neuen, der inneren und der äußeren, der idealen und der realen – schon ist.

Sie trifft Oded, den Vater eines Freundes ihres Sohnes. Erst sieht sie ihn in privatem Rahmen in dessen Haus, dann als empfohlenen Psychiater, als es ihr so schlecht geht. Ihre Freundin hatte sie an ihn verwiesen, weil sie aus ihren Depressionen nicht mehr heraus kam. Oded hat auch eine Geschichte, die zu ihr passt, nur anders. Er hat eine tiefe Narbe auf seiner Brust, weil sein psychisch kranker Vater versucht hat, ihn umzubringen. Er hatte einen tyrannischen Vater, genau wie sie, und eine schwache Mutter und stand als Kind zwischen ihnen. Mehr noch als sie war er das Opfer seines Vaters, sie psychisch, er psychisch und physisch.

Das gemeinsame Thema beider werden die Kinder, anscheinend war der Schutz der Kinder ihr wesentliches Moment der Partnerwahl. Sie leben ihre Beziehung als eine Art „Errettungsprogramm für leidende Kinder", bei dem sie als Paar nicht mehr existieren und als Eltern nur noch für die Kinder da sind, aber jeweils erst einmal für ihre eigenen. Es entsteht eine Infantokratie, die Herrschaft der kindlichen Wünsche, der sich die Eltern bedingungslos unterordnen, bei der die Kinder die Schuldgefühle der Eltern gnadenlos ausnutzen. Jeder will mehr als der andere und als Ella ihrem Sohn vor lauter Verzweiflung einen eigenen Fernseher in seinem Zimmer verspricht, wollen Sohn und Tochter von Oded jeweils auch einen. Sie sind hilflos.

Dies alles zerstört zunächst ihre Partnerschaft und danach sie als Menschen. In diesem selbstzerstörerischen Programm sind die alten Kindheiten verbunden mit den neuen Schuldgefühlen, die Kinder durch die Trennung nicht gerettet zu haben, sondern ihnen etwas Schreckliches angetan zu haben. Aus der frühen kindlichen Perspektive war die Trennung vielfach gewünscht, als sie aber vollzogen wurde, entstand daraus eine Anklage an die Eltern: Warum habt ihr mir das angetan, ihr hättet euch trennen sollen! Diese Anklage führt zu weiteren Schuldgefühlen, denn sie setzen die Eltern auf die Anklagebank. Die aus der Trennung resultierenden Schuldgefühle sind dann eine Art Kompromiss zwischen kindlichen Bedürfnissen und Loyalität zu den Eltern: Ich habe mich für mein inneres Kind getrennt, aber zürnt mir nicht liebe Eltern, seht doch, ich leide.

Am Ende haben die Schuldgefühle beinahe auch ihre neue Paarbeziehung zu Oded zerstört. Beide leben nur noch für die Kinder, um ihre aktuellen Schuldgefühle abzuarbeiten, aus ihnen Trennungskinder gemacht zu haben. Wenn seine Kinder bei ihrer Mutter sind, schläft er in der Praxis, so dass Ella und ihr Sohn Gili allein sein können. Sie streiten sich, schließlich wird er krank, zieht sich immer mehr in die Praxis zurück, sie kommt und sie streiten sich wieder, und mitten in der tiefsten Krise brechen verzweifelte

Schuldgefühle aus ihm heraus: „‚Ich habe Michals Leben zerstört, und jetzt zerstöre ich deins, ich darf mit keiner Frau zusammenleben, ich darf keine Kinder aufziehen, ich darf keine Kranken behandeln‘, sein Rücken krümmt sich unter heftigem Schluchzen." (562) Und sie antwortet ihm, als ob sie zu sich selber spricht: „… Beruhige dich, flüstere ich, du bist deinen Kindern ein wunderbarer Vater, und ich bin sicher, dass du ein guter Therapeut bist, sei nicht so streng mit dir, deine Absichten waren gut, wir sind uns in einer schweren Zeit begegnet, wir haben beide Schutz gesucht, da ist es doch kein Wunder, dass wir zerbrochen sind, aber noch ist nicht alles verloren, zwischen vollkommenem Scheitern und vollkommenem Glück gibt es noch Platz." (563–564)

Der Zweifel ist die Maske der Schuld. Er verdeckt die Schuld und hat mehrere Varianten, die häufig gleichzeitig bestehen und sich gegenseitig verstärken. Zum einen als Selbstzweifel, der sich in quälenden Fragen äußert, wie: Habe ich richtig gehandelt, darf ich meine Familie verlassen, was tue ich den Kindern an usw. Dann als Zweifel am Partner: Ist er der Richtige, soll ich mich wirklich an ihn binden, überwiegen nicht eher die Nachteile usw. Und als Drittes als Zweifel an der Paarbeziehung: passen wir wirklich zusammen, hat unsere Beziehung eine Zukunft, ist es wirklich Liebe, die uns zusammenhält, oder sind es nicht eher andere Gründe usw. Solche mehrdimensionalen Zweifel führen zu einer Verwirrung der Gefühle. Zwar hat Ellas Freundin Dina recht, wenn sie warnend sagt: „Du hast keine Ahnung, wie sehr einen Gefühle täuschen können." (155) Aber es sind nicht die Gefühle, die täuschen, sondern die Zweifel, die zu Gefühlsverwirrungen führen. Zweifel wirken zersetzend auf jede Klarheit und Eindeutigkeit, machen aus jedem Thema eine Ambivalenz, aus jeder kleinen Entscheidung eine Grundsatzfrage, aus jeder Einfachheit einen komplizierten Widerspruch.

Ella hat sich von Amnon getrennt, weil sie viele alte, ungelöste Konflikte und Ängste in die Ehe mitbrachte – ebenso wie er. Sie fühlt, dass sie Amnon Unrecht tut, wenn sie alles Scheitern auf ihn schiebt. Ihre Ängste sind entscheidend für die von ihr gewollte Trennung und damit ihre Schuldgefühle: ihre Angst, so unterwürfig zu werden wie ihre Mutter, ihre Angst vor dem dominanten Mann, ihre Angst vor dem ehelichen Streit, ihre Angst, ihr Kind nicht genügend zu lieben, letztlich ihre Angst vor einer Partnerschaft und Familie. All diese Ängste haben dazu geführt, dass sie sich trennen wollte, bevor sie so endet, wie ihre Mutter. Und weil sie das weiß, besser noch fühlt, hat sie Schuldgefühle, quält sie der Zweifel. Sie will „den bösen Geist der Skepsis vertreiben" (465), aber dies geht nur über den Weg der Schuldgefühle, die ihre Berechtigung haben. Vielleicht hilft ihr Oded dabei, so wie sie ihm helfen kann, denn jede Liebesbeziehung birgt in sich die Möglichkeit, alte Wunden zu heilen.

Wieso können Schuldgefühle so destruktiv wirken, wenn sie doch nach wiederholter rationaler Prüfung unbegründet sind? Wie kann der ehemalige Partner mit ihrer Hilfe noch Macht ausüben, obwohl die Trennung bereits vollzogen ist? Und wieso können Schuldgefühle aus einer alten Beziehung beinahe jede Lust und Spontaneität in einer neuen Liebesbeziehung abtöten? Was ist Schuld und worin unterscheidet sie sich von der Scham und der Peinlichkeit?

Peinlichkeit, Scham und Schuld

Wenn wir uns schämen, peinlich oder schuldig fühlen, dann sind wir unzufrieden mit uns selbst. Unser Selbstbewusstsein ist gering oder sogar „im Keller", wir fühlen uns schlecht, vielleicht sogar minderwertig. Solche Zustände sind seelisch nur für kurze Zeit zu ertragen, dauerhaft leidet unsere Selbstliebe (Narzissmus) und unsere Selbstachtung, so dass wir dringend nach Möglichkeiten suchen, uns wieder seelisch zu stabilisieren. Manchmal scheint das nur auf Kosten anderer Menschen zu gehen, der Kollegen, Nachbarn, Kinder oder Partner, aber solche Wege sind trügerisch und zudem gefährlich. Letztlich kommen wir nicht daran vorbei, uns mit den Hintergründen der Peinlichkeit, Scham oder Schuld auseinander zu setzen.

Empfindet man Peinlichkeit, Scham oder Schuld in Bezug auf seinen Partner, dann sind dies oft Indikatoren dafür, dass man mit dem anderen, der Paarbeziehung oder beidem unzufrieden ist. Je höher die Identifikation eines Partners mit seiner Paarbeziehung und damit auch mit dem Partner ist, desto eher kann es dazu kommen, dass der andere peinliche oder schamhafte Gefühle auslöst. Dann meint man im anderen die Ursache der eigenen Unzufriedenheit erkannt zu haben und beginnt in der Phantasie, sich von der Partnerschaft zu distanzieren, um die vermeintlichen Ursachen dieser negativen Gefühle zu bekämpfen. Aber Vorsicht: Die Ursachen können auch in der eigenen Person liegen, genauer gesagt, in den eigenen moralischen Normen und Werten. Denn die sind es, die vom Partner verletzt wurden. Die innere Messlatte, an der die Unzufriedenheit mit sich oder dem Partner entsteht, hat viel mit den verinnerlichten kulturellen Normen zu tun. Diese existieren nicht abstrakt, sondern sind Teil der familiären Ethik, wie wir sie in unseren Herkunftsfamilien gelernt und verinnerlicht haben.

Peinlichkeit

„Darf ich Ihnen meine Mutter vorstellen?" Mit diesen Worten stellt mir ein Mann seine Frau vor. Er merkt es sofort, korrigiert sich umgehend, errötet heftig und setzt sich verlegen. Als ich ihm dann noch sage, mit dieser kurzen Begrüßung habe er mir ja schon einen wesentlichen Teil seiner Partnerschaftsprobleme erklärt, hilft ihm seine Frau aus dem Dilemma, indem sie sagt, das sei auch ein Teil ihres Problems, denn er benehme sich oftmals wie ein kleiner Junge und nicht wie ein erwachsener Mann. Es sind noch nicht drei Minuten vergangen und wir sind schon mittendrin. Manchmal beginnen Paartherapien mit einer rasanten Geschwindigkeit, weil das Unbewusste schneller ausgesprochen ist, als es jede rationale Gedankenkontrolle verhindern kann.

Später im Verlauf der Paartherapie kommen wir noch häufiger auf diesen Anfang zurück, die Mutter-Frau und der Junge-Mann werden zu einem Bonmot in der Therapie. Die Peinlichkeit seines Versprechers entstand deshalb, weil er Zuhörer hatte. Wäre er allein gewesen, dann hätte er vielleicht sogar über sich schmunzeln können. Und wie er später offen berichtet, hat er in einsamen Selbstgesprächen schon oft seine Frau und seine Mutter verglichen, verwechselt und verwünscht. Aber allein war das alles zu ertragen, führte sogar zu Selbsterkenntnissen. Seiner Frau hat er es so direkt noch nie gesagt, schon gar nicht einem Therapeuten.

So wie die Peinlichkeit immer mit sozialen Normen, Regeln, Standards oder Erwartungen verknüpft ist, so ist die Moral eines Menschen auf besondere Weise mit seinen Idealen verbunden. Wer sich nach seinen eigenen Idealen anders verhalten möchte, als er dies tut, wer also von der Realität seines Verhaltens eingeholt wird, der empfindet sich selbst als defizitär, dem ist die Diskrepanz zwischen den eigenen Idealen und der Realität peinlich. Das betrifft nicht nur das äußerliche Erscheinungsbild eines Menschen; vor allem seine Handlungen und Denkweisen können in bestimmten Situationen dem eigenen Ideal widersprechen und damit Anlass zu peinlichen Gefühlen sein. Um dies in

Zukunft zu vermeiden, werden solche Menschen aufmerksamer und kontrollierter in ihren Handlungen – wenn es gut läuft. Dann wird genauer nachgedacht, bevor man sich das nächste Mal einer solchen peinlichen Situation aussetzt. Aber dies kann durchaus selbstkontrollierende und selbstquälerische Formen annehmen, so dass solche Menschen sich in bestimmten sozialen Situationen nicht mehr frei, locker und spontan verhalten können, weil sie dauernd die Angst haben müssen, sich wieder peinlich zu verhalten. Je stärker die Moral eines Menschen ausgeprägt ist, desto mehr scheint dies der Fall zu sein. Insofern sind unmoralische Menschen durchaus im Vorteil, weil sie in vielen Situationen ihre Peinlichkeit nicht merken. Sie zweifeln nicht an sich, sondern an den anderen, sie lachen als einzige über ihre schlechten Witze und finden sich trotzdem lustig, und dementsprechend sind die anderen meist langweilig oder einfach schräg drauf.

Peinlichkeit braucht in der Regel einen sozialen Kontext und die Rückmeldungen der anderen anwesenden Menschen lösen dann die peinlichen Gefühle aus. Manchmal ist es aber auch durchaus ein Kennzeichen einer guten Moral, wenn einem Menschen im Nachhinein die eigenen Verhaltensweisen peinlich sind, obwohl es vielleicht keiner gemerkt hat. Wenn aber eine Person ihr peinliches Verhalten nicht einmal merkt, dafür aber alle anderen, dann ist dies ein Hinweis auf eine zu gering ausgeprägte moralische Qualität.

Um peinliche Gefühle empfinden zu können, bedarf es zunächst einer sozialen Wahrnehmungsleistung. Peinlichkeit entsteht vor allem dann, wenn man in der Lage ist, sich selbst mit den Augen der anderen zu sehen und damit eine äußere Perspektive auf sich selbst einzunehmen. Dies ist der Grund, warum manche Menschen keine Peinlichkeit empfinden, obwohl sie sich nach Meinung vieler anderer peinlich verhalten haben. Wer sich selbst nicht in der sozialen Situation aus einer Metaposition betrachten kann, wer nur sein eigenes Empfinden und Denken als Maßstab hat und dabei sich selbst narzisstisch umkreist, der merkt seine Peinlichkeit kaum noch und selbst ein dezenter Hinweis der Mitmenschen wird als Neid oder gar als Angriff missdeutet. Insofern sind peinliche Gefühle durchaus ein Qualitätszeichen für eine intakte Moral und die Fähigkeit, sich selbst aus der Perspektive anderer betrachten zu können.

Die Reaktionen auf peinliche Situationen kennt jeder, sie sind allzu menschlich. Man möchte in den Boden versinken, sich in Luft auflösen, der Situation entfliehen, die Zeit zurückdrehen, alles ungeschehen machen. Aber es ist nun einmal passiert. Und ob es die anderen Anwesenden gemerkt haben oder nicht, man selbst hat es schließlich gemerkt. Je nach Persönlichkeitstyp, der jeweiligen Situation und vor allem den jeweils anwesenden Menschen fallen die Reaktionen auf eigene Peinlichkeiten unterschiedlich aus: Man kann versuchen, das ganze durch herzliches Lachen zu überspielen, einen Witz erzählen und damit den Versuch machen, die anderen und sich selbst abzulenken, einfach das Thema wechseln und so tun, als sei nichts geschehen, man kann den Augenkontakt vermeiden oder auch einfach aus der Situation herausgehen. Dies sind defensive Strategien, die manchmal auch kindisch wirken, wenn beispielsweise versucht wird, die Ursachen für die Peinlichkeit einem anderen in die Schuhe zu schieben. Eine offensive Umgangsform wäre dagegen der Versuch der eigenen Rechtfertigung. Manchmal reicht auch schon eine Übersprungshandlung, wie heftiges Lachen oder Husten, so dass andere abgelenkt werden. Eine reifere Umgangsform wäre vielleicht, sich für die Fehlhandlung zu entschuldigen. Dazu muss man schnell sein, denn die Wirkung der Peinlichkeit darf nicht zu lange dauern und das Umschalten auf eine Entschuldigung sollte prompt einsetzen, weil sonst die Peinlichkeit schon wirkt. Und wenn man dies zu häufig und heftig erlebt, dann kann daraus eine tiefe Scham entstehen, die sich destruktiv gegen sich selbst richten kann.

Peinliches Verhalten des Partners bietet in Paarbeziehungen einen häufigen und beliebten Anlass zum Streit. Warum hast du dich wieder mal so peinlich verhalten, wieso ist dir dein eigenes Verhalten nicht mal peinlich, wie steht es also um deine moralische Integrität? Dieser Streit kann durchaus konstruktiv sein, weil es nicht nur zu einer Art moralischer Nacherziehung des Partners führen kann, sondern auch der Abstimmung des Verhaltens, Denkens und Fühlens beider Partner aufeinander dient. Man weist sich gegenseitig auf die Fehler hin und wer diese Hinweise ernst nehmen und sie zum Anlass für Korrekturen nehmen kann, der profitiert durchaus von seiner Partnerschaft.

Häufig wird dabei aber der Fehler des banalen Psychologisierens oder gar gegenseitigen Therapierens gemacht. Dann kramt man anlässlich des peinlichen Verhaltens in der Seele des Partners nach den Gründen für dessen Fehlverhalten und entdeckt dabei genau das, wonach man sucht: einen moralisch unterentwickelten Menschen, der sein eigenes peinliches Verhalten nicht einmal merkt. Dem Partner wird ein schlechtes Gewissen gemacht, er wird ultimativ aufgefordert sein peinliches Verhalten zu ändern, man schämt sich für ihn und man gibt ihm eine letzte Chance: in der privaten Psychoanalyse kann der peinliche Partner beim moralisch integren lernen, sein eigenes Handeln zu reflektieren und zu ändern. So gut gemeint die Absichten sein können, eine solche gegenseitige private Psychoanalyse geht bei Paaren meist nach hinten los. Der Angegriffene wehrt sich, psychoanalysiert zu werden, weil er damit meist abgewertet und der andere aufgewertet wird.

Die Masken der Peinlichkeit

„Vor ein paar Tagen hat er mich mit dem Namen seiner Ex angesprochen, da war für mich alles gelaufen, seitdem haben wir eine offene Krise." Während die junge Frau den Mann anklagt, ist dieser heftig errötet – ihm ist die Erinnerung an diesen Versprecher noch heute peinlich. Ich frage sie, warum sie sich so aufgeregt hat. „Naja, anscheinend liebt er ja noch seine Ex, das habe ich schon immer vermutet, jetzt ist es klar, wir müssen uns trennen." Das geht mir alles zu schnell, ich frage den Mann: „Wie war denn die Beziehung zu Ihrer Ex, was hat Ihnen denn diese Frau bedeutet?" Der Mann antwortet überrascht: „Ja, sie war eine tolle Frau, irgendwie mag ich sie immer noch." Und bevor seine Freundin triumphierend zu einer weiteren verbalen Strafaktion ausholen kann frage ich nach. „Und wie war die Situation, in der Sie zu Ihrer Freundin den Namen Ihrer Ex benutzt haben?" – „Sie hat mich in der Situation an meine Ex erinnert. Wir haben auf dem Sofa getobt, wie kleine Kinder, das hab ich schon immer gerne gemacht und auch mit meiner Ex, und da habe ich dann den falschen Namen benutzt, das ist mir so rausgerutscht, es tut mir leid." – „Sie haben sich also mit Ihrer Freundin ebenso wohl gefühlt, wie mit Ihrer Ex. Und wenn Sie gesagt hätten: Ich fühle mich genauso toll mit dir, wie mit meiner Ex, obwohl sie meine erste große Liebe war und wir erst ein halbes Jahr zusammen sind, wie hätten Sie darauf reagiert?" Die Freundin antwortet: „Das wäre in Ordnung gewesen." Die Fehlleistung des Mannes verlor ihre Bedrohlichkeit, als der unbewusste Anteil ausgesprochen wurde, übrig blieb das Problem, dass die Freundin sich immer noch im Vergleich mit der Ex als weniger schön und intelligent einschätzte, sich sehr unsicher war und weniger an seiner Liebe, als an ihrer Liebenswürdigkeit zweifelte. Sie zweifelte an ihrer Liebe zu sich selbst, nicht an seiner zu ihr.

Peinlich kann aber auch ein wichtiger Hinweis auf das eigene Seelenleben sein, also auf die Frage, wie es einem wirklich geht. So beschwerte sich eine Frau über die Aggressivität ihres Mannes, die sie in der Situation für vollkommen unangemessen und überzogen hielt. Sie strafte ihn verbal sehr und er zog sich in schamhafter Peinlichkeit zurück. Als wir die Situation genauer analysierten, stellte sich heraus, dass er seine Unzufriedenheit lange kaschiert hatte und an seinen aggressiven Reaktionen erst merkte, wie sehr ihn das störte und er dies gern ändern wollte. Der Hinweis der Ehefrau „Das hättest du auch anders haben können, wenn du es mir einfach gesagt hättest", war zwar richtig, aber es war ihm ja gar nicht bewusst gewesen. Erst an seinen heftigen aggressiven Gefühlen war ihm klar geworden, wie sehr ihn dies aufregte. Peinlichkeit kann also durchaus auch zu wichtigen Erkenntnissen führen – über sich selbst und die Dynamik in Paarbeziehungen.

Die Maske der Scham

Während die Auslöser bei der Peinlichkeit oft eine vorübergehende, unkontrollierte und missglückte Selbstdarstellung oder Fehlleistung sind, wird die Scham durch tiefere Selbstzweifel hervorgerufen. Wenn eine Person sich schämt, dann errötet sie, schlägt die Augen nieder, bedeckt das Gesicht mit den Händen und vermeidet den Blickkontakt. Scham ist das Gegenteil von Stolz. Dies macht sich nicht nur im gegensätzlichen Verhalten bemerkbar – der eine will sich zeigen, der andere sich verstecken –, vor allem die Selbsteinschätzung ist unterschiedlich. Während der eine sich aufwertet, wertet der andere sich ab.

Die früheste Erfahrung der eigenen Wirkungslosigkeit ist die Quelle der Scham. Wenn das Kind in den ersten Mutter-Kind-Interaktionen keine Antwort auf die ersten Bedürfnisäußerungen bekommt, die Mutter keine minimale Einfühlsamkeit und Feinfühligkeit für die kindlichen Signale zeigt, dann enthalten diese Situationen nicht nur Einsamkeit, Angst und Leere, sondern auch Scham im Sinne der eigenen Minderwertigkeit oder gar Wertlosigkeit. Das Kind erlebt sich als wirkungslos und nicht geliebt. „Ihrem Inhalt nach ist ursprünglichste Scham der Schmerz des Gefühls, ungeliebt und liebesunwert zu sein, das auf ein sehr frühes Trauma zurückgeht und in vielen spezifischen Schaminhalten wieder auftaucht: Schwäche, Defekt, Schmutzigkeit, masochistische Erregung und Unterliegen im Wettstreit." (Wurmser, 164)

Scham ist im Vergleich zu Angst, Wut oder Trauer ein sehr komplexes Gefühl, an dem auch viele kognitive und moralische Aspekte beteiligt sind. Scham hat verschiedene Seiten und Hintergründe: die Vorstellung von der eigenen Schwäche; das Gefühl, schmutzig zu sein, manchmal sogar Verachtung oder auch Ekel vor sich selbst; ein Minderwertigkeitsgefühl als Person in physischer, psychischer oder geistiger Hinsicht; einen Kontrollverlust zu erleben; und die Idee, sexuell abnorm zu sein.

Scham kann entstehen, weil man sich hässlich, wenig liebenswert, inkompetent oder gar als Versager fühlt. Solange sich die Scham nur auf wenige und äußerliche Aspekte bezieht, bleibt sie eingegrenzt, aber Scham kann auch an die Fundamente einer Persönlichkeit gehen.

Wenn die ganze Person sich vor sich selbst schämt, sprechen wir von einem negativen Selbstkonzept. Dann bedarf es gar keiner Abwertungen durch andere mehr – das machen die Betroffenen dann schon ganz allein und auch weitgehend unabhängig von den jeweiligen Situationen. Mit einem negativen Selbstkonzept fallen die Bewertungen auch ohne die Hilfe anderer schlecht aus, die Bestätigungen für die eigene Minderwertigkeit stellen sich jeden Tag aufs Neue ein. Gelegenheiten dazu gibt es viele und die Versuche der guten

Freunde können daran kaum etwas ändern. Noch schlimmer: Wer sich selbst ablehnt und minderwertig fühlt, der empfindet die schlechten Meinungen der anderen als eher passend und die guten manchmal als Hohn. Oft fühlen sich solche Menschen eher zu denjenigen hingezogen, die sie auch ablehnen, weil sie sich nur dann verstanden und wirklich gesehen fühlen. Dies kann dann auch ein wesentliches Motiv der Partnerwahl sein: Man wählt sich einen Partner entsprechend dem eigenen negativen Selbstbild, um in der Partnerschaft den Beweis anzutreten, doch liebenswert zu sein. Dazu bedarf es erst einmal eines Menschen, der nicht liebt, um aus ihm einen liebenden Partner zu machen, aber häufig ist diese Liebesunfähigkeit des anderen so stabil, dass der Sprung zur Liebe zu schwer oder gar unmöglich erscheint (vgl. Hantel-Quitmann [2007], Kapitel: Gewähltes Unglück).

Vom Sinn der Scham

Worin liegt die persönliche und soziale Funktion der Scham? Wir sind es gewohnt, Scham als negativ, defizitär oder gar selbstzerstörerisch anzusehen, was eher mit dem Gefühl der Scham, als mit seiner Bedeutung zu tun hat. Für denjenigen, der sich schämt, ist es mit negativen Gefühlen verbunden: Er fühlt sich abgewertet, erniedrigt, gedemütigt, sogar nackt und schutzlos. Die Funktion der Scham ist aber von dem Schamgefühl selbst zu unterscheiden: Scham enthält die Möglichkeit, sich selbst kritisch zu hinterfragen, eine Verantwortung für sein Handeln zu übernehmen und aus der Scham zu lernen. Scham berührt den Kern unserer Intimität, sowohl die persönliche, als auch die partnerschaftliche. Wenn wir von anderen Menschen angegriffen, abgewertet oder beschuldigt werden, dann können wir dies leichter abwehren, als wenn wir selbst unsere stärksten Kritiker sind. Wir können andere belügen oder betrügen, aber wir schaffen das schlecht uns selbst gegenüber. Die Scham zeigt uns an, dass wir uns selbst nicht mehr entfliehen können, dass die Täuschung ein Ende hat.

In der partnerschaftlichen Intimität begegnen die Partner sich beinah so nah und intensiv, wie sich selbst gegenüber. Der Weg zur Intimität ist die Selbsteröffnung, d. h. beide teilen sich im Laufe der Zeit – offen oder verdeckt, bewusst oder unbewusst – ihre jeweiligen Wünsche, Ängste, Hoffnungen, Ungereimtheiten, inneren Konflikte oder Sorgen mit. Und manchmal kommen sie sich dabei näher, als sie es allein sind, denn sie sehen den jeweils anderen ohne dessen Abwehr, ohne Beschönigungen und Schutzmechanismen. Jürg Willi, der große Paartherapeut, spricht in diesem Zusammenhang von den gegenseitigen Vorwürfen als Sprache des Unbewussten. In den wiederholten Vorwürfen steckt teilweise mehr Wahrheit, als der betroffene Mensch zu erkennen bereit ist. Die Scham eröffnet einen wesentlichen letzten Teil der Intimität des anderen, sie ist eine letzte Bastion gegen das Erkanntwerden. Sie zeigt dem anderen die tiefsten inneren Seiten der Verletzlichkeit.

Das indogermanische Wort „Skem" als der etymologische Ursprung des Wortes Scham bedeutet „sich verhüllen" oder „sich verstecken". Die Scham ist der Versuch, das eigene Selbst vor Verletzungen zu schützen. Das Innere soll nicht nach außen dringen, die Wahrheit nicht ans Licht. Scham ist ein sehr komplexes Gefühl, weil es ein Selbstbewusstsein voraussetzt, sogar ein kritisches Verhältnis zu sich selbst. Nur wer die Kritik anderer ernst nimmt und sie zu einem Teil seiner Selbstreflexion und Selbstbewertung macht, kann Scham empfinden. Schamlosen Menschen fehlt es nicht nur an Verantwortungsgefühlen, sondern auch an der Fähigkeit zur Selbstreflexion und Selbstkritik. Dies betrifft nicht nur unsoziale Persönlichkeiten, sondern auch Menschen mit Persönlichkeitsstörungen und narzisstische Persönlichkeiten, die nur um sich selbst kreisen. Scham zu empfinden bedeutet, sich zunächst einmal infrage stellen zu können, ein kritisches Verhältnis zu sich selbst zu haben. Wer dies nicht kann, wird auch keine Scham empfinden können.

Scham und Schuld

Scham ist das Gefühl der Mangelhaftigkeit, Minderwertigkeit und Wirkungslosigkeit. Narzisstische Persönlichkeiten leugnen die Scham, oder sie empfinden sie gar nicht, weil sie nur um sich selber kreisen und die Scham nicht ertragen könnten. Scham braucht die Maske, die Hülle, die Verkleidung, denn sie darf nicht bemerkt werden. Je stärker die Schuld bei der Scham, desto stärker scheint eine Verkleidung, ein Bedecken der Scham geboten. Die Heilung der Schuld kann durch ein Entschuldigen und Verzeihen eingeleitet werden. Scham kann nur geheilt werden, wenn die Person lernt, sich so anzunehmen, wie sie ist, mit allen Schwächen oder Defekten, allem Schamhaften.

Scham ist die Wächterin des Privaten und der Intimität. Sie schützt und verteidigt das zutiefst Persönliche gegen alle Infragestellungen, Bloßstellungen und schamhaften Erlebnisse von anderen Menschen, aber auch von sich selbst. Dies ist der schwierigere Teil, denn sich vor anderen zu schämen kann vermieden werden, aber die Scham vor sich selbst bleibt immer da und wirkt auf Dauer selbstzerstörend. Schuldgefühle schützen davor, anderen zu nahe zu kommen oder gar zu verletzen. Scham kennzeichnet damit die Grenzen nach innen und Schuld die Grenzen nach außen gegenüber anderen Mitmenschen. Je weiter die Erwartungen der Eltern von den realen Entwicklungspotentialen der Kinder entfernt sind, desto größer wird die Diskrepanz des Ideal-Ich und des Real-Ich beim Kind sein. Scham ist also eher die Folge einer Diskrepanz zwischen Realität und Ideal, während bei der Schuld eine Person in Konflikt mit seiner Moral ist.

Wir schämen uns, wenn wir etwas falsch gemacht haben und durch unsere Scham fällt die Bestrafung der anderen für unsere Fehlhandlungen geringer oder milder aus. Teilweise ernten wir bei Scham sogar das Mitgefühl oder den Trost anderer: Das kann doch jedem einmal passieren. Sie hat aber auch eine persönliche Signalfunktion, indem sie uns anzeigt, dass wir mit unserem eigenen Verhalten unzufrieden sind, weil wir erkennen, etwas entgegen den eigenen Normen und Werten falsch gemacht zu haben. Diese Scham führt dazu, dass wir bei der nächsten Gelegenheit anders, also mehr den sozialen Normen entsprechend, handeln. Die Selbstabwertung ist die Folge eines schuldhaften Versagens, wenn die betroffene Person sich entgegen den eigenen Werten verhalten und dabei andere in Mitleidenschaft gezogen hat. Hierbei ist bedeutsam, dass man von sich verlangt, anders gehandelt haben zu müssen, als dies geschehen ist. Bei der Peinlichkeit oder der Scham hätte man anders handeln können, bei der Schuld allerdings anders handeln müssen. Dies macht einen großen Unterschied.

Die Last der Schuldgefühle

Das wohl bekannteste Buch zum Thema Schuld ist der Roman „Verbrechen und Strafe" von Fjodor M. Dostojewski, besser bekannt unter dem Namen „Schuld und Sühne". Dieser „größte Kriminal-Roman aller Zeiten" (Thomas Mann) schildert einen Mord aus der Perspektive des 23jährigen Studenten Raskolnikow. Er leidet unter Armut, lebt in einer kleinen Wohnung zur Untermiete, die „eher einem Schrank als einer Wohnung" (5) gleicht. Er beschließt, eine alte Pfandleiherin zu töten, um mit dem Geld aus dem Raub sein Studium zu finanzieren. Sein Leben und Wohlergehen sei eben mehr wert als das Leben der alten Pfandleiherin. Leider wird aus dem Mord noch ein Doppelmord, weil die geistig behinderte Schwester anwesend ist. Nach der Tat verfällt er in ein tagelanges Delirium, in dem sein schlechtes Gewissen, seine Scham- und Schuldgefühle ihn fürchterlich plagen. Nur durch die Hilfe einer gläubigen Christin, die als Prostituierte arbeitet, kann er aus dem Delirium herauskommen. Sie rät ihm, sich zu stellen und sein Gewissen zu entlasten. Damit tauscht er sein inneres Gefängnis gegen das äußere. In der Gerichtsverhandlung gesteht er so freimütig, dass es schon grob wirkt. So „versuchte der Verbrecher selbst sich gar nicht zu verteidigen; auf die endgültigen Fragen – was ihn zum Morde bewogen haben konnte und was ihn den Raub zu vollziehen angetrieben habe – ‚antwortete er sehr klar, mit der größten Offenheit, dass die ganze Ursache seine schlechte Lage, seine Armut und Hilflosigkeit und der Wunsch gewesen war – die ersten Schritte seiner Laufbahn mit Hilfe von wenigstens dreitausend Rubel zu sichern, die er bei der Ermordeten zu finden gehofft habe. Er habe sich zum Morde infolge seines leichtsinnigen und kleinmütigen Charakters entschlossen, der außerdem durch Entbehrungen und Misserfolge gereizt war. Auf die Frage aber, was ihn veranlasst habe, ein Geständnis abzulegen, antwortete er offen, dass es aufrichtige *Reue* gewesen sei." (444) Dank dieser schonungslosen Offenheit fiel das Urteil recht milde aus, nur acht Jahre Zwangsarbeit der zweiten Kategorie. Es war eine Selbstanklage und Selbstanzeige, die zu einem Zeitpunkt kam, als er nicht verdächtigt wurde, keine Beweise für sein Verbrechen vorlagen und ein anderer sich selbst als Täter bezichtigt hatte. Über die Scham und das Schuldbekenntnis erlangte er wieder Freiheit und Lebensfähigkeit, obwohl er zwei Menschen getötet hatte.

Solange kein anderer durch eigenes Fehlverhaltens geschädigt wurde, kann es bei der Scham für ein eigenes Fehlverhalten oder ein unterlassenes Verhalten bleiben. Ist aber ein Opfer oder ein Geschädigter zu beklagen, wird aus der Scham eine Schuld. Und je stärker die Verletzung oder der

Schaden für eine andere Person und je größer die persönliche Verantwortung, desto stärker sind meist die Schuldgefühle. Dabei sind die Versuche, das eigene Fehlverhalten zu entschuldigen, vielfältig. Insbesondere Juristen wissen ein Lied davon zu singen: Es seien die unglücklichen Umstände gewesen, man selbst sei noch unerfahren, man habe die Folgen des eigenen Handelns nicht oder noch nicht überblicken können, es sei keine böse Absicht gewesen, das hätte doch jedem anderen auch passieren können. Auch der Hinweis darauf, dass ein Nicht-Handeln vielleicht noch größeren Schaden hervorgerufen hätte, soll der eigenen Entschuldigung dienen. All diese Entschuldigungsversuche dienen der eigenen Entlastung von Schuld und sind im Einzelfall ebenso verständlich wie verzweifelt, meist aber konstruiert.

Verdrängte Schuldgefühle in Paarbeziehungen

Schuld ist nicht nur ein zentrales Thema in einer Täter-Opfer-Beziehung, sondern häufig auch in Generationenbeziehungen. Wir wissen, dass die Geschichte der Bundesrepublik Deutschland nach dem Zweiten Weltkrieg stark durch die vermiedene Schuldfrage beeinflusst war und dass die Entwicklung der Nachkriegsgeneration anders verlaufen wäre, wenn ihre Eltern sich mit ihrer Schuld selbst auseinandergesetzt hätten, anstatt sie vornehmlich zu verdrängen, von einer „Stunde Null" zu sprechen und sie an die nächste Generation zu delegieren.

Kann in einer Liebesbeziehung ein Partner die Schuld des anderen übernehmen? Sicher nicht moralisch, aber dennoch psychologisch? Wir wissen, dass man sich für den Partner oder die Partnerin schämen kann. Und manchmal übernehmen wir gerade deshalb die Scham, weil der Partner sie selber nicht übernimmt, vielleicht nicht einmal merkt. Das Gleiche ist auch mit der Schuld möglich. Dann hat der eine Partner Schuldgefühle, weiß vielleicht nicht einmal warum, und trägt damit die Schuld des geliebten Menschen. Der Roman „Der Vorleser" von Bernhard Schlink hat nicht zuletzt auch deshalb Weltruhm erlangt, weil darin auf eindringliche, beinahe lakonische Weise ein Massenmord während des deutschen Faschismus mit der Geschichte einer Liebesbeziehung verknüpft wird. Es geht um die Schuld einer KZ-Wärterin, die von ihrem jugendlichen, unschuldigen Liebhaber übernommen wird – ohne dass er es merkt.

Hanna Schmitz ist Mitte Dreißig, als sie den fünfzehnjährigen Michael Berg kennenlernt, einen Jungen aus der Nachbarschaft. Er verliebt sich in sie, weil sie ihn verführt. Er ist verzaubert von dieser Liebe zu einer reifen Frau, fühlt sich ungeheuer aufgewertet, plötzlich erwachsen, reif und begehrt. Sie denkt dabei an sich und nicht an die Auswirkungen ihres Handelns auf den Jungen, und als sie es merkt, ist es für ihn schon zu spät. Sie arbeitet als Straßenbahnschaffnerin, er geht zur Schule. Jede freie Minute versucht er, mit ihr zusammen zu sein. Sie hat es gern, wenn er ihr vorliest und es dauert Jahre, bis er den Grund dafür erfährt: Sie ist Analphabetin.

Er will ihre Vergangenheit kennenlernen und sie berichtet kurz und seltsam emotionslos. „Sie war in Siebenbürgen aufgewachsen, mit siebzehn nach Berlin gekommen und mit einundzwanzig zu den Soldaten geraten. Seit der Krieg zu Ende war, hatte sie sich mit allen möglichen Jobs durchgeschlagen. An ihrem Beruf als Straßenbahnschaffnerin mochte sie die Uniform und die Bewegung, den Wechsel der Bilder und das Rollen unter den Füßen. Sonst mochte sie ihn nicht. Sie hatte keine Familie. Sie war sechsunddreißig." (40) Soweit die Beschreibung der Normalität, aber jetzt kommt der entscheidende Satz zu den Gefühlen: „Das alles erzählte sie, als sei es nicht ihr Leben, sondern das Leben eines anderen, den sie nicht gut kennt und der sie nichts angeht." (40)

Das ist die Gefühlsentleerung in der Schilderung, ein Hinweis auf eine von Gefühlen bereinigte Darstellung, die die Frage aufwirft, warum das Bild in Schwarz-Weiß und so fremd geschildert wird, und nicht mit bunten Gefühlen, wie das Leben nun mal ist. Den Grund dafür sollte er erst erfahren, als die Beziehung schon beendet war und er in seinem Jurastudium einen Gerichtsprozess verfolgte. Vorher hatte er nur immer wieder mit Verwunderung festgestellt, wie hart sie werden kann, wie sie erkalten und erstarren kann und ihre Gefühle verschwinden. Aber immer versucht er sie zu verstehen oder den Fehler bei sich zu suchen. „Manchmal empfand ich, als leide sie selbst unter ihrem Erkalten und Erstarren. Als sehne sie sich nach der Wärme meiner Entschuldigungen, Beteuerungen und Beschwörungen. Manchmal dachte ich, sie triumphiert einfach über mich. Aber so oder so hatte ich keine Wahl." (50) Alle Unstimmigkeiten bezieht er auf sich, alle Fehler sucht er bei sich, alle Schuldvorwürfe richtet er an sich. Ja, er denkt sogar daran, sie verraten zu haben, als er beginnt, ihre Beziehung vor seinen Freunden zu verheimlichen. Scham und Schuld türmen sich auf ihm, sie wird durch ihn von all diesen Gefühlen seltsam bereinigt. Fast hat es den Anschein, dass all seine schrecklichen Gefühle auch den Sinn haben könnten, sie von all diesen Gefühlen reinzuwaschen.

Hanna verschwindet von einem Tag auf dem anderen aus ihrer Wohnung, ihrer Arbeit und seinem Leben. Auch das löst seltsamerweise bei ihm Schuldgefühle aus. Als er sie Jahre später wiedersieht, ist sie die Hauptangeklagte in einem KZ-Prozess, den er als Jurastudent protokollieren muss. Und als er erfährt, weshalb sie angeklagt ist, stellt er bei sich das gleiche Phänomen fest. „Während der wochenlangen Gerichtsverhandlung fühlte ich nichts, war mein Gefühl wie betäubt … Wer hatte mir die Spritze gegeben? Ich mir selbst, weil ich es ohne Betäubung nicht ausgehalten hätte. Die Betäubung wirkte nicht nur im Gerichtssaal und nicht nur so, dass ich Hanna erleben konnte, als sei es ein anderer, der sie geliebt und begehrt hatte, jemand, den ich gut kannte, der aber nicht ich war. Ich stand auch bei allem anderen neben mir und sah mit zu, sah mich in der Universität, mit Eltern und Geschwistern, mit den Freunden funktionieren, war aber innerlich nicht beteiligt." (96–97) Was war so unerträglich, dass er sich betäuben musste? Hanna hatte sich aus ihrer Stellung bei Siemens in Berlin freiwillig als Aufseherin in Auschwitz gemeldet, aber ihre Arbeit dort betraf nur den geringeren Teil der Anklage. „Der andere Hauptanklagepunkt galt der Bombennacht, mit der alles zu Ende ging. Die Wachmannschaften und Aufseherinnen hatten die Gefangenen, mehrere Hundert Frauen, in die Kirche eines Dorfes gesperrt, das von den meisten Einwohnern verlassen worden war. Es fielen nur ein paar Bomben ... Die eine traf das Pfarrhaus, in dem die Wachmannschaften und Aufseherinnen schliefen. Eine andere schlug in den Kirchturm ein. Zuerst brannte der Turm, dann das Dach, dann stürzte das Gebälk lodernd in den Kirchenraum hinab, und das Gestühl fing Feuer. Die schweren Türen hielten stand. Die Angeklagten hätten sie aufschließen können. Sie taten es nicht, und die in der Kirche eingeschlossenen Frauen verbrannten." (103) Der Vorsitzende Richter fragt Hanna, warum sie die Türen nicht aufgeschlossen hat und sie antwortet: „Wenn wir jetzt aufgemacht hätten und alle rausgerannt wären ... wie hätten wir da noch mal Ordnung reinbringen sollen? Das hätte ein Durcheinander gegeben, mit dem wir nicht fertig geworden wären. Und wenn sie zu fliehen versucht hätten ..." (122) Also sind sie alle verbrannt, weil sonst die Ordnung – die besondere deutsche Ordnung – verlorengegangen wäre. Das macht sprachlos. Das ist die unmenschliche „Banalität des Bösen", wie sie Hannah Arendt anlässlich des Prozesses von Adolf Eichmann beschrieben hat. Hanna wird als Hauptangeklagte zu lebenslänglichem Gefängnis verurteilt.

Und wie wird Michael damit fertig? Er versucht weiterhin, sie zu entschuldigen. „Nein, habe ich mir gesagt, Hanna hatte sich nicht für das Verbrechen entschieden. Sie hatte sich gegen die Beförderung bei Siemens entschieden und war in die Aufseherin hineingeraten ... War ich schuldig, weil ich eine Verbrecherin geliebt hatte." (128) Am Satzende kommt kein Fragezeichen, er sieht es so. Er war ein fünfzehnjähriges Jungchen, als er sich in sie verliebte. Worin ist seine Schuld begründet? Hat er sie übernommen, weil sie es nicht tat, bis heute nicht? Seine Schuldgefühle treiben ihn mehrmals in Konzentrationslager, er will sich all das vergegenwärtigen, was Hanna nicht sehen will. Fährt er für sich oder für sie? Er ist zerrissen. „Ich wollte Hannas Verbrechen zugleich verstehen und verurteilen. Aber es war dafür zu furchtbar. Wenn ich versuchte, es zu verstehen, hatte ich das Gefühl, es nicht mehr so zu verurteilen, wie es eigentlich verurteilt gehörte. Wenn ich es so verurteilte, wie es verurteilt gehörte, blieb kein Raum für Verstehen. Aber zugleich wollte ich Hanna verstehen; sie nicht zu verstehen, bedeutete, sie wieder zu verraten. Ich bin damit nicht fertiggeworden." (153) Diese Konflikte sind nicht seine, aber er hat sie zu seinen gemacht. Und er macht es so gründlich, dass er sich noch Jahrzehnte damit plagt. Seine Liebesfähigkeit wurde damit beinahe zerstört. Er heiratet Gertrud, bekommt mit ihr eine Tochter und fünf Jahre später sind sie geschieden. Er hat in Gertrud immer Hanna gesucht und sie nicht gefunden. Er hat aus der Beziehung all die schweren Schuldgefühle mitgenommen, die Hanna nicht spüren wollte und mit denen sie sich erst in ihrer späten Zeit im Gefängnis auseinandersetzt.

Er kommt von Hanna nicht mehr los. Er beginnt, Kassetten mit großen literarischen Werken für sie zu besprechen, schickt sie ihr ins Gefängnis. Dann soll sie entlassen werden, nachdem ihrem Gnadengesuch nach 16 Jahren Gefängnis stattgegeben wurde. Er gerät in Aufregung, die Gefängnisleiterin hat ihn gebeten, als der einzige, mit dem sie in all den Jahren Kontakt hatte, ihr zu helfen, eine Wohnung, eine Anstellung und ein wenig Wiedereingliederung zu finden. Er übernimmt auch das, aber: „Am nächsten Morgen war Hanna tot. Sie hatte sich bei Tagesanbruch erhängt." (192) Sie hatte in den letzten Jahren ihrer Gefängnishaft begonnen, Bücher über den Faschismus zu lesen. Zum ersten Mal wahrscheinlich hatte sie begonnen, sich mit den Folgen ihrer Taten auseinanderzusetzen. Dabei wurde sie von den bis dahin verdrängten Schuldgefühlen überwältigt. Ihr Selbstmord war Folge dieser inneren Konfrontation mit den Schuldgefühlen gewesen. Sie konnte nicht zurück in die Freiheit, das hatte sie in ihren eigenen Augen nicht mehr verdient. Ihr Selbstmord war vielleicht die Übernahme der Verantwortung und Schuld. Bis dahin hatte Michael, ihr Jungchen, ihre Schuldgefühle übernommen und sie virtuos und intellektuell abgearbeitet. Wie kann man mit den Schuldgefühlen umgehen, wie kommt man von der Schuld zur Entschuldigung?

Entschuldigung!

Schuldgefühle sind immer von der Beziehung zum jeweiligen Opfer abhängig, sowohl im Hinblick auf das schuldhafte Verhalten, als auch in allen Fragen der Entschuldigung. Wenn das Opfer ein Mensch ist, dem man schon immer mal eine Lektion erteilen wollte, verhält es sich anders, als wenn eine geliebte Person leidet und man selbst mit leidet und mitfühlt. Manchmal entsteht ein schuldhaftes Verhalten aus einer Beziehungsfalle: Wenn ein Partner sich trennt, weil aus seiner Sicht die Partnerschaft negativ ist oder einfach nur die eigene Entwicklung blockiert, dann hat eine solche partnerschaftliche Trennung immer auch Auswirkungen auf alle familiären Beziehungen, insbesondere wenn Kinder beteiligt sind, die dann zu Opfern werden.

Ein Sonderfall ist die so genannte „existentielle Schuld". Dabei entsteht eine Schuld durch die entstandenen Vorteile aus dem eigenen Verhalten. Wenn beispielsweise Überlebende eines Unglücks oder einer Katastrophe sich mit der Frage auseinandersetzen müssen, warum gerade sie es sind, die überlebt haben oder einfach Glück hatten. Viele Menschen fühlen sich dann schuldig, weil sie es nicht aushalten können, dass sie überlebt haben, während andere zu Schaden oder gar zu Tode gekommen sind.

Der Umgang mit Scham und Schuld ist sehr unterschiedlich, manchmal übernehmen Menschen die Schuld für ein Fehlverhalten, das sie gar nicht übernehmen können, manchmal ist die Schuld für alle offensichtlich, außer für den Betroffenen. Während Politiker selten die Verantwortung für eigenes schuldhaftes Verhalten übernehmen – denn ihr Ziel ist nicht moralisches Verhalten, sondern Machterhalt (Machiavelli) – übernehmen andere zu schnell die eigene Schuld, obwohl sie keine tragen, nur um andere zu schützen. Häufig werden beim schuldresistentem Verhalten (Bush-Syndrom) das Ereignis oder die negativen Folgen für andere Menschen komplett geleugnet, die Schuld auf andere Faktoren oder Menschen geschoben, die eigene Verantwortlichkeit bestritten, weil die eigenen Absichten andere gewesen seien, das Ereignis als nicht vorhersehbar gewertet, andere Ursachen für das Problem unterstellt oder einfach das eigene Handeln verniedlicht.

Es lassen sich mehrere Komponenten einer umfassenden, echten Entschuldigung unterscheiden (nach Goffman, 1967): Es muss eine echte emotionale Betroffenheit erkennbar sein, es muss die eigene vollständige Verantwortung für das Fehlverhalten ohne „Wenn und Aber" übernommen werden, die verletzten Werte und Normen müssen als weiterhin gültig anerkannt werden, der Schuldvorwurf muss als berechtigt gewürdigt werden, es muss glaubhaft versichert werden, dass dies in Zukunft nicht mehr vorkommen wird, und es sollte schließlich eine Bitte an das Opfer bzw. die Geschädigten um Entschuldigung erfolgen. Eine solche Entschuldigung kann nur durch das Opfer erbracht werden, entschuldigen kann man sich nicht selber. Man kann die Verantwortung für das eigene Fehlverhalten übernehmen, es bedauern, Besserung versprechen und das Opfer um Entschuldigung bitten, aber man kann die Entschuldigung nicht einfordern! Raskolnikow hat dies alles nicht so sehr vor Gericht, als vielmehr vor Gott geleistet, aber sein Opfer war ja auch tot.

Der Tod einer Liebesbeziehung wird allerdings in der Regel von lebenden Partnern beschlossen und vollzogen. Schuld, Zweifel und das Ausbleiben einer umfassenden Entschuldigung spielen dabei fast immer eine Rolle. Der häufigste Fall der Schuld sind Untreue, Liebesaffären und im Zusammenhang damit tiefe Vertrauensverluste. (vgl. Hantel-Quitmann [2005]) Obwohl die Liebesaffäre eines Partners immer auch Ausdruck einer partnerschaftlichen Krise und zugleich deren Lösungsversuch darstellt, obwohl in der Regel beide Partner lange vor Ausbruch der offenen Krise und des Beginns der Liebesaffäre ihren Anteil an der „Schuld" haben – eine Entschuldigung sollte immer ein Weg und eine Möglichkeit sein. Die Unfähigkeit, sich zu entschuldigen, ist häufig der Grund, dass aus der Krise eine Trennung wird. Partner, die Krisen, Konflikte und schuldhaftes Verhalten, aber auch die umfassende Entschuldigung als einen normalen Teil ihrer Liebesbeziehung ansehen, gehen gestärkt aus diesen Krisen hervor. Sie wissen nicht nur um die Normalität der Konflikte, sondern auch um die Möglichkeiten ihrer Lösungen. Damit zähmen sie die bösen Geister der Schuld und der Skepsis, verhindern ihr untergründiges und Energie raubendes Wirken und stellen Vertrauen wieder her.

6. Der Feind in uns

Seelenqualen der Eifersucht

Eifersucht ist eine Maske der vielfältigen Verlustängste in Liebesbeziehungen: die Angst, den Partner oder die Partnerschaft zu verlieren und die Angst vor dem Verlust einer einmaligen, großen Liebe. Solche Verlustängste sind einerseits normal, weil man niemals ein Anrecht auf Liebe und persönlichen Besitz eines anderen Menschen haben kann, schon gar nicht auf Dauer. Aber es kann auch zu starken Verlustängsten und in Folge davon zu quälender Eifersucht kommen, weil die aufkommenden Ängste älter sind als die jeweilige Beziehung. Für manche Menschen gibt es eine tragische Verknüpfung zwischen dem Anstieg der Liebesgefühle und ihren Verlustängsten: je mehr sie lieben, desto mehr Angst haben sie, diese Liebe zu verlieren und desto eifersüchtiger werden sie. Denn eine große Liebe ist weitaus schwerer zu verarbeiten, wenn sie wieder endet, als eine kleine. Zudem sind die eigenen Kränkungen und Verletzungen scheinbar geringer, wenn die Liebe nicht so groß war.

Die Liebe strebt nach Exklusivität, nach dem Ausschluss aller anderen aus der *splendid isolation* des liebenden Paares. Nichts soll die Ruhe und Abgeschiedenheit der beiden Liebenden stören. Sie ziehen sich von Beginn an zurück in ihre privaten Nischen oder an ihre symbolischen Orte – das Café, der Waldpfad, das Kino – und erwecken manchmal mitten unter vielen Menschen den Eindruck, dennoch allein zu sein. Wo immer sie sind, vergessen sie scheinbar ihre Umwelt, manchmal sogar ihr eigenes Bedürfnis nach Schlaf und Nahrung, genügen sich selbst, und sind sogar neurologisch messbar mit aller Aufmerksamkeit nur beim anderen in der gemeinsamen und gegenseitigen Aufmerksamkeit. Solange sich beide Liebenden ihre volle Aufmerksamkeit schenken und sich damit stets aufs Neue ihrer Liebe versichern, solange scheint die Welt für sie in bester Ordnung. Aber wehe, wenn die ersten ernsthaften Eifersuchtsgefühle auftauchen. Dann scheint die Exklusivität der Partnerschaft gefährdet. Und oft weiß man nicht, ob die Gefährdung eher von außen kommt, durch all die anderen Neider, oder ob der Feind in den Eifersuchtsgefühlen selbst steckt.

Die Ängste vor dem Verlust der Liebe müssen von den Partnern mit manchmal großem Aufwand abgewehrt werden. So treiben die verführerischen Blicke anderer Frauen sie zur Inszenierung von Eifersuchtsszenen, wenn er sich nicht schnell und eindeutig genug distanziert. All seine Reaktionen auf die Verführungsversuche der modernen Sirenen werden genauestens überwacht, wehe wenn diese nicht eindeutig abweisend sind. Ebenso demonstriert er durch kleine Besitzgesten, dass sie seine Frau ist, zu ihm gehört, ihm gehört. Der demonstrative Kuss in Gegenwart der anderen Freunde oder der fast zufällige, vergessene Griff nach ihrem Körper auf der Party sind nicht nur vertrauliche Handlungen in der Öffentlichkeit, die Ausdruck von Intimität sind und sie zugleich stabilisieren, diese Gesten sollen auch Besitz anzeigen und zugleich verfestigen. Die ausgehende Botschaft nach außen an alle anderen Menschen dieser Welt lautet: Seht her, dies ist mein toller Mann oder meine attraktive Frau, es hat gar keinen Sinn, sich ihm oder ihr zu nähern, ihr habt keine Chance! Ihr könnt uns bewundern, auch beneiden, wir sind ein tolles Paar, füreinander geschaffen, ihr könnt versuchen, unsere Freunde zu werden, aber als Partner sind wir auf dem Markt nicht mehr zu haben. Und die andere Richtung der Botschaft ist nach innen an den Partner oder die Partnerin gerichtet, sie lautet: Du gehörst mir, wir gehören zusammen! Solange sich beide lieben, scheint der Immunschutz gegen jeden Liebesangriff von außen wirksam. Beide wissen, dass es die Qualität ihrer Liebe ist, die diesen Immunschutz bietet und dass die Eifersucht erst dann eine Chance hat, sich nagend einzustellen, wenn die eigene Liebe nachlässt.

Eifersucht zerstört leicht etwas, was sie als kostbar zu erhalten trachtet! Sie will die Paarbeziehung in ihrer Einmaligkeit und Exklusivität schützen, trägt dabei aber ein Misstrauen in die Beziehung, das eines ihrer Fundamente erschüttert: das gegenseitige, bedingungslose Vertrauen. Und je mehr die Exklusivität gefährdet erscheint, desto mehr soll sie durch Rückzug von anderen wieder hergestellt werden. Wenn diese Rückzüge kurzfristig bleiben und die Stärkung der Beziehung erreicht wird, gibt es keine weiteren Probleme. Wenn das Paar allerdings dauerhaft unter sich bleibt, verstärkt dies meist eine Krise. Exklusivität sollte innerlich sein, ein reservierter Platz in den Gefühlen des Partners, kein dauerhafter Rückzug von anderen Menschen. Zudem ist aus der Sicht einer reifen Realitätsprüfung das Konzept der Exklusivität und dauernden Glückseligkeit einer Paarbeziehung kritisch zu hinterfragen. Sie ist eher ein Wunschkonzept der Liebessehnsucht, des „Füreinandergeschaffenseins", wie Shiva und Shakti in der indischen Mythologie. Die Intimität als ein geschlossenes System kann auch zu einem Vakuum werden, in dem beide keine Luft mehr bekommen. Absolute und dauerhafte Exklusivität ist der Tod jeder Partnerschaft, eine Öffnung aber zugleich immer auch ein Risiko für die Exklusivität. Zwischen diesen beiden Polen spielt sich das Leben des Paares ab und jede zwanghafte Grenzsetzung ist nicht nur anstrengend, sie wirft auch die Frage nach ihrer Notwendigkeit auf.

Woher droht die Gefahr? Rivalen und Rivalinnen gibt es immer und überall, aber eine glückliche Liebesbeziehung scheint ein hinreichender Schutz gegen alle romantischen oder gar erotischen Attacken von außen zu sein, und ebenso erscheint die Liebe als ebensolcher Schutz gegen die Avancen der Fremden. Sind denn die Mitmenschen wirklich eine Gefahr, der man sich eifersüchtig entgegenstellen muss? Oder droht sie nicht vielmehr von innen, vorzugsweise durch vermehrten Alltagsstress, untreue Partner oder gar nachlassende Liebe? Manchmal lässt die Liebe wirklich nach oder ändert sich nur, manchmal lässt sie bei einem selbst nach, manchmal beim Partner und manchmal weiß man das gar nicht so genau, denn Liebe ist ein Gefühl, das man nicht *wissen* kann.

Schwindende Liebesgefühle führen nicht immer zur Eifersucht, sie können mit einfacher oder erhöhter Aufmerksamkeit oder gar einem Werben um den Partner bekämpft werden und manchmal muss auch der Schutzwall um die Partnerschaft herum wieder befestigt werden. Aber wenn die Eifersucht dennoch nicht verschwindet, dann erscheint dies wie eine Virusinfektion, gegen die es kein Mittel gibt. Und je länger man diesen Virus in sich trägt, desto zerstörerischer kann er wirken, letztlich kann sogar die eigene Wahrnehmung getrübt werden, so dass man „blind vor Eifersucht" reagiert und dabei den Partner und die Liebe gänzlich aus den Augen verliert; dies ist dann der so genannte Othello-Fehler.

Der Othello-Fehler

Was wäre die große Liebesliteratur dieser Welt ohne Neid und Eifersucht? Seit Jahrtausenden sind diese Gefühle und ihre meist verheerenden Folgen für die Liebe nicht aus der Weltliteratur wegzudenken, aber die moderne Psychologie beschäftigt sich erst seit wenigen Jahrzehnten mit diesen Themen; auch die Paarpsychologie und Paartherapie würde es wahrscheinlich ohne Neid und Eifersucht kaum geben, zumindest nicht in ihrer heutigen Bedeutung. In der Literatur sind nahezu alle Themen, Motive, Komplikationen, Hintergründe und Folgen rund um den Neid und die Eifersucht beschrieben – und die Gefühle, die sie maskieren.

In William Shakespeares „Othello" und der gleichnamigen Oper von Giuseppe Verdi ermordet der eifersüchtige Othello seine geliebte Frau Desdemona, weil er ihr eine heimliche Liebesbeziehung mit seinem Leutnant Cassio unterstellt. Dass dies alles die intrigante Inszenierung seines neidischen Fähnrichs Jago ist, merkt er zu spät, so bleibt ihm nur noch der Selbstmord als Sühne für seinen Mord. Hat er Desdemona aus Eifersucht getötet, weil er ihr wirklich misstraute? Warum hat er Jagos Worten mehr vertraut, als den Beteuerungen seiner liebenden Frau? Oder zweifelte er an ihrer Liebe, weil er sich selbst als „Mohr" ihrer nicht würdig empfand? War also der Grund seiner Eifersucht eher sein geringes Selbstbewusstsein, der Makel seiner Hautfarbe und seine geringe gesellschaftliche Anerkennung? Der „Mohr" hatte seine Schuldigkeit getan, nachdem er die venezianische Flotte zum Sieg geführt hatte, aber eine Tochter aus einer angesehenen venezianischen Familie zu heiraten – noch dazu gegen den Willen ihres Vaters – war anmaßend. Sie konnte ihn doch nicht wirklich lieben, also war die Eifersucht berechtigt! Er hat dieser inneren Stimme mehr vertraut, als ihren Worten. Heute spricht man in der Psychologie vom „Othello-Fehler", wenn ein Mensch seine Wahrnehmungen nicht an der Wirklichkeit überprüft, bevor er handelt.

Neid und Eifersucht kennen sehr verschiedene Motive und unterschiedliche Ausgänge. Selbstzweifel sind nicht immer das zentrale Motiv von Eifersuchtsgefühlen und Mord nicht immer die Lösung. Schon Homer weiß in der „Odyssee" von Neid und Eifersucht zu berichten. Auch hier geht es um einen Mann mit einem Makel, der allen Grund hätte, an sich selbst und der Liebe seiner überaus schönen Frau zu zweifeln. Der klumpfüßige Hephaistos ist mit Aphrodite verheiratet, um die ihn alle Männer Trojas beneiden. Anfangs ist er gar nicht eifersüchtig, erst der Sonnengott Helios, der wie die Sonne alles sieht, berichtet dem Ahnungslosen vom Treiben seiner Frau. Sein Halbbruder Ares hat es auf die Schöne abgesehen und als Hephaistos auf eine Reise gehen will, verschwinden die beiden Liebenden sofort im Bett. Hephaistos aber, ein Künstler des Schmiedehandwerks, hat ein feines, unsichtbares Netz über das Bett gespannt und als sich die Ehebrecherin mit dem Liebhaber ihren Wonnen hingibt, werden sie gefangen und im Netz den Göttern zum Spott vorgeführt. Hephaistos hat seine Eifersucht zu einer künstlerischen Höchstleistung inspiriert, als er das feine Netz schmiedete. Aber er hat sich nicht mörderisch gezeigt, seine Rache war die Bloßstellung seiner Frau vor allen Göttern. Die Göttinnen sind deshalb auch gar nicht erst zu dem Schauspiel erschienen, weil sie die Schmach und Scham nicht ertragen konnten. Hephaistos beklagte, dass Aphrodite seinen Halbbruder nur wegen seiner geraden Beine liebe, aber dennoch endete seine Eifersucht nicht in mörderischer Raserei. Er stellte sie vor allen bloß und trieb sie damit in ihren sozialen Tod. Danach verlangte er nur noch sein Brautgeld zurück und Poseidon zahlte es, denn er fühlte sich als Gott des Meeres für die dem Meer entstammende Aphrodite verantwortlich.

Eifersucht kann ihre Wurzeln im Zweifel an der eigenen Attraktivität und Bedeutung haben, in der eigenen Hässlichkeit und der Schönheit der Partnerin, im Begehren der Rivalen, aber auch im Wahnsinn einer öffentlichen Moral, die einen Mord aus Eifersucht und Rache als gerecht bezeichnet. Am 21. Juni 1821 hat der einundvierzigjährige Frisör Woyzeck seine fünf Jahre ältere Geliebte Marie im Hauseingang ihrer Wohnung aus Eifersucht erstochen. Georg Büchner hat diese Geschichte mit wahrem Hintergrund in seinem „Woyzeck" aufgeschrieben. Woyzeck ist ein dumpfer Mann, gering an Geist und Tugend, misstrauisch und eifersüchtig. Und er hat allen Grund dazu, denn Marie hat eine Liebesaffäre mit dem Tambourmajor. Der Hauptmann, der Doktor und sogar sein Nebenbuhler machen sich über ihn lustig, er wird zum Gespött der Leute. Und als er Marie schließlich ersticht, empfinden es alle als überfällig und verständlich. Die öffentliche Moral hatte Marie gerichtet, bevor Woyzeck zu ihrem Instrument wurde.

Kann Eifersucht, zumal bei erwiesener Untreue, überhaupt anders als in Mord und Totschlag enden? Dies ist keine belanglose oder gar rhetorische Frage, denn es geht um den ernsten und folgenreichen Zusammenhang von Eifersucht und menschlicher Aggression. Boccaccio beschreibt in seinem Werk „Decamerone" eine Geschichte von Liebe und Treulosigkeit, Neid und Eifersucht, Rache – und Versöhnung. In Siena leben zwei Freunde mit ihren schönen jungen Frauen, bis einer der Männer eine Liebesaffäre mit der Frau seines Freundes beginnt. Die Rache ist eine komödiantische Inszenierung, bei der alle beteiligt sind und es letztlich keine Sieger und Verlierer gibt. Der Mann eröffnet seiner Frau, dass er von ihrer Liebesaffäre wisse und dass sie an seiner Vergeltung teilnehmen müsse. Sie solle wie immer den Liebhaber einlassen, dann würde er plötzlich kommen, so dass der Liebhaber sich in einer großen Truhe verstecken müsse. Dann werde die Frau des Liebhabers geholt und ihr eröffnet, dass ihr Mann eine Liebesaffäre mit seiner Frau habe. So geschieht es auch und als nächstes stellt er sie vor die Alternative einer blutigen Rache oder einem sofortigen Liebesspiel mit ihr gleich hier auf der breiten Truhe. Die verwirrte Frau willigt ein, weil sie die Blutrache verhindern will, und so treibt es der Mann mit der Frau des Freundes auf eben der Truhe, in der sein Freund liegt. Am Ende stehen sich alle schamhaft gegenüber und es fällt der Satz: „Wir sind quitt." Neid und Eifersucht enden in der Versöhnung aller Beteiligten, nicht in Mord und Totschlag. Am Ende sitzen alle vier an einem Tisch und essen, denn sie wollen

Freunde bleiben. Anscheinend gibt es auch einen souveränen Umgang mit Neid und Eifersucht, der diese Gefühle in ihren Folgen kontrolliert und durch andere, höhere Werte relativiert; aber dies scheint eher die Ausnahme zu sein.

Eifersucht kann nicht nur ein sehr zähes, sondern auch ein langlebiges Gefühl sein, das selbst nach dem Tod des untreuen Partners noch auftreten und sehr lebendig werden kann. Das klingt paradox, ist es auch, aber es zeigt an, wie sehr solche Gefühle unabhängig von Raum, Zeit und sogar anderen Menschen im Kopf entstehen und sich von dort aus verbreiten und ihr Unwesen treiben können. So erzählt Bernhard Schlink in seiner Geschichte „Der Andere" von einem Mann, der nach dem Tod seiner Frau ihren ehemaligen Liebhaber kennen lernt. Bis zu ihrem Krebstod hat er ihre Post nicht geöffnet, aber nun muss er es leider tun und was er liest, sind allzu vertraute Zeilen eines fremden Mannes an seine verstorbene Frau. Der andere redet sie im Brief mit „Meine Braune" an. „Er war zuerst nur verwundert, dann fühlte er sich betrogen und bestohlen; seine Frau hatte ihn um etwas betrogen, was ihm gehört hatte oder doch gebührt hätte, und der andere Mann hatte es ihm gestohlen. Er wurde eifersüchtig." (103)

Nach anfänglichem Zögern beschließt er, die Briefe anstelle seiner verstorbenen Frau zu beantworten, so beginnt eine lebhafte Korrespondenz mit dem ehemaligen Liebhaber seiner toten Frau. Wie in einem Sog treibt ihn seine Eifersucht immer mehr in die Nähe des anderen, er will ihn kennenlernen und damit zugleich etwas über seine Frau, seine abgelaufene Ehe, vielleicht sogar sich selbst erfahren, das er anscheinend bislang nicht wusste. Er lernt seinen Tagesablauf kennen, trifft ihn dann wie zufällig im Café. Erst spielen sie Schach, dann pumpt der andere ihn um Geld an. Da sie sich nun kennen, fährt er unangemeldet zu ihm nach Hause und wird zu einem gemeinsamen Essen eingeladen.

Während all dieser Kontakte fragt er sich, was seine Frau an diesem Mann wohl faszinierte, was sie bei ihm suchte und vielleicht auch fand, was dieser anscheinend hatte und er nicht. Je mehr er ihn jedoch kennenlernt, desto kränkender wird diese Begegnung für ihn. „Er war ein Versager, ein Blender, und wäre es Lisa damals nicht schlecht gegangen, hätte er bei ihr keine Chance gehabt. Um Eifersucht, Ärger zu wecken, war er zu mies." (138–139) Dennoch kränkt es ihn, dass seine Frau sich mit so einem zweitklassigen Mann eingelassen hatte. Am Ende konfrontiert er ihn: „Lisa, Ihre Braune, meine Frau. Sie ist im letzten Herbst gestorben. Sie haben nicht mit ihr korrespondiert, sondern mit mir." (139) Und dann erhält er dennoch, ganz unaufgefordert und unfreiwillig, die Antworten auf all seine Fragen. „Lisa ist bei Ihnen geblieben, weil sie Sie geliebt hat, noch in schlechten Tagen mehr als mich in guten. Fragen Sie mich nicht, warum. Weil ich ein Aufschneider bin, ein Schwadroneur, ein Versager. Weil ich nicht das Monster an Effizienz, Rechtschaffenheit und Griesgrämigkeit bin, das Sie sind. Weil ich die Welt schön mache. Sie sehen nur, was sich Ihnen darbietet, und nicht, was sich darunter verbirgt." (141) Anscheinend hat der andere sie verzaubert, ihre romantische Seite angeregt, die bei ihm, ihrem korrekten Ehemann, verdörrt war, nicht mehr lebendig sein konnte und unter all seiner Nützlichkeit, Sinnhaftigkeit, Effizienz und Effektivität begraben war.

Diese Antworten auf seine Fragen stimmen bitter, weil sie nicht mehr zu korrigieren sind. Hätte er diesen Mann früher kennen gelernt, hätte er nicht nur eine andere Seite seiner Frau, sondern auch seiner Paarbeziehung und seiner Selbst kennenlernen können. Er hätte sich ändern können, zumindest hätte er die Chance dazu gehabt. Nach diesem Gespräch fährt er nach Hause, vergräbt sich in seiner leeren Wohnung und streicht den Gartenzaun. Aber nach drei Tagen rafft er sich wieder auf, setzt sich wieder in den Zug und fährt zu einem großen Fest, das der andere von seinem Geld als Abschiedsfeier für Lisa veranstaltet. Ja, er feiert mit dem ehemaligen Liebhaber seiner Frau ein Abschiedsessen, eine Gedenkfeier für seine Frau, erst danach fährt er zurück in sein Haus. „Er dachte an den nächsten Morgen zu Hause. Er würde aufwachen, die Sonne sehen, die Vögel hören, den Wind spüren, und ihm würde alles wieder einfallen, und es würde in Ordnung sein." (149) Er hatte seine Eifersucht besiegt und mit seiner Frau und vor allem sich selbst Frieden geschlossen. Seine alte Souveränität war zurückgekehrt.

Kleinliche Gefühle

Neid und Eifersucht gelten in der modernen Psychologie ebenso wie in der Literatur und im Alltag als kleinliche Gefühle, die ein reifer und souveräner Mensch eigentlich nicht haben sollte. So haben eifersüchtige Menschen keinen guten Ruf und nach psychologischen Untersuchungen gelten sie als beziehungsabhängiger, neurotischer, dogmatischer, kontrollierter, unsicherer, unzufriedener, misstrauischer und traditioneller, als nicht-eifersüchtige Menschen (Hupka/Otto, 280). Daher fällt es schwer, sich diese Gefühle selbst einzugestehen, geschweige denn anderen. Sie müssen vor anderen und sich selbst verborgen werden.

Neid entsteht, wenn aus einem Vergleich zwischen dem, was wir haben, mit dem, was andere haben, für uns eine negative Bilanz entsteht. Dies kann sich auf materielle Dinge, Eigenschaften, Verhaltensweisen, Fähigkeiten, Bedeutungen oder auch Partnerschaften beziehen. Zu dem Gefühl, weniger als andere zu haben, kommt der Wunsch, es auch haben zu wollen bzw. der andere möge es nicht haben. Eifersucht besteht demgegenüber eher aus der Angst, etwas zu verlieren, was man hat. Manchmal wird der Besitz erst dadurch lieb und teuer, dass ihn ein anderer Mensch haben möchte.

Bei Neid ist ein Unterlegenheitsgefühl einem anderen Menschen gegenüber vorherrschend, weil dieser etwas hat oder ist, was man selbst gerne hätte oder wäre. Zu dem Ärger über dieses Missgeschick kommt der Ärger darüber, dass man Neid empfindet, weil es das Unterlegenheitsgefühl verstärkt. Eifersucht enthält auch Ärger auf den anderen Menschen, der unseren vermeintlichen Besitz bedroht, vorrangig ist aber die Angst vor dem Verlust und auch das nagende Misstrauen gegenüber dem eigenen Partner, wenn dieser sich auf die Beziehung zum anderen einlässt oder zumindest nicht eindeutig abgrenzt.

Der Neid der anderen hat aber auch Folgen für den Beneideten. Wer Essen hat, wird vom Hungernden beneidet; wer Ruhm hat, muss sich vor Intrige und Mobbing schützen; wer Geld hat, tut manchmal gut daran, dies nicht zu offensichtlich zu zeigen und wer einen begehrenswerten Partner hat, der zahlt mit seiner Eifersucht einen Preis für den Besitzerstolz. Neid ändert sich auch mit der Lebenszeit: in der Jugend neidet man anderen das Geld, im Alter neidet man ihm seine junge Frau. Neid ist immer auch abhängig von der Zufriedenheit mit der eigenen Lebenssituation oder dem Selbstwert; wer mit sich selbst und seinem Leben zufrieden ist, wird anderen Menschen weniger neiden. Neben den materiellen Gütern sind es vor allem Macht, Bedeutung, Einfluss, Ruhm oder Ansehen, die Neid auslösen. Zwar ist Neid immer die Folge eines negativen Vergleichs zwischen dem eigenen Leben und dem anderer, aber es ist immer auch eine subjektive Zuschreibung, denn Neid entsteht nur als Folge eines konstruierten, manchmal nur gefühlten Vergleichs. Wem das Haben oder Sein eines anderen Menschen nicht bedeutsam ist, der wird darauf nicht neidisch werden, insofern ist die erlebte eigene Mangelsituation die Basis für Neidgefühle. Und die erotischen Abenteuer eines Freundes machen vorzugsweise dann neidisch, wenn man mit der eigenen Erotik in der Partnerschaft nicht mehr zufrieden ist.

Neidgefühle können sogar Feindseligkeiten, Missgunst, Ungerechtigkeitsgefühle oder Rachegelüste auslösen, wenn der Vorteil des beneideten Menschen gegen die eigene Person gerichtet erlebt wird. Dann kann ein Schaden für den Beneideten die Schadenfreude auslösen und zu einem wahren Genuss des Pechs des anderen führen. Aber ebenso kann dies Anlass zu depressiven Gefühlen sein und die eigenen Wertlosigkeitsgefühle verstärken.

Eifersucht und Verlustangst

Bei jeder neuen Trennung, ja schon bei jedem drohenden Verlust, werden immer auch alle früheren Verluste und Trennungen und die dazugehörigen Ängste als Gefühle reaktiviert. Solche frühen Verlustängste stammen aus der Kindheit oder Jugend, sind begleitet von Gefühlen der Hilflosigkeit und Ohnmacht, und sind daher auch so schmerzlich. Es sind frühe Ängste, verlassen zu werden, allein auf der Welt zu sein, schutzlos ohne sichere Bindung an einen anderen Menschen leben zu müssen. Solche starken Ängste müssen abgewehrt werden, weil sie das Wohlbefinden und das seelische Gleichgewicht bedrohen. Mit der Eifersucht soll diesen Gefühlen entgegen gearbeitet werden, soll die Bindung wieder intensiviert werden, manchmal wohl wissend, dass genau das Gegenteil erreicht wird.

Eifersucht ist aber auch eine Reaktion auf eine drohende narzisstische Kränkung. Wer verlassen wird, ist persönlich gekränkt und zweifelt auch an seinem Selbstwert, seiner äußerlichen Attraktivität, der Schönheit seines Geistes, seiner persönlichen Bedeutung oder Liebenswürdigkeit. Ein Beispiel für einen gekränkten Narzissmus bilden die Aussagen einer jungen Klientin: „Immer, wenn ich mich nicht mehr mag, glaube ich, dass er mich auch mich nicht mehr mag, dass er mich auch blöd, hässlich und zickig findet, und

dann werde ich rasend schnell eifersüchtig, weil jede andere Frau besser sein muss, als ich! Ich will dann seine Liebe
wieder, weil nur die mir hilft, mich wieder zu mögen. Warum
kann man sich nicht selbst einfach genug lieben? Ich glaube, dann würde ich auch gar nicht mehr so eifersüchtig."
Je stärker die eigenen Gefühle der Ohnmacht, desto größer
die Phantasien über die vermeintliche Allmacht der anderen. Man ist immer nur so hilflos, wie die anderen mächtig
sind.

Eifersucht ist auch eine Vertrauenskrise und dies gleich
in dreifacher Hinsicht: Das Vertrauen in die Paarbeziehung
und den Partner geht ebenso verloren, wie das Selbstver-
trauen. Auch hier ist der normale Narzissmus vom patholo-
gischen zu unterscheiden. Wer kein ausreichendes narziss-
tisches Fundament in sich verspürt, wer nicht über ausreichend Selbstliebe verfügt, weil er sie in den frühen Beziehungen nicht erfahren hat, der handelt permanent aus einem
Defizitgefühl heraus, muss die fehlende Selbstliebe kompen-
sieren: durch Leistung, Bedeutung, Anerkennung u. a. Besonders eifersüchtige Menschen scheinen auch in ihrem Narzissmus gestört, sie suchen immer nach der Liebe anderer,
weil sie sich selbst so wenig lieben können oder so wenig liebenswert empfinden. „Der sehr eifersüchtige Mensch ist selten ein Mensch, der liebt, sondern er ist meist ein Mensch,
der vor allem geliebt werden muss, der von außen bestätigt
haben muss, dass er liebenswert ist und dass er wichtig und
bedeutsam ist." (Kast, 169)

Wieso kommt es in schweren Eifersuchtskrisen in Paarbeziehungen immer wieder zu Hass und Rache, bis hin
zu Mord und Tod? Wie kann aus einer ehemaligen und einmaligen Liebesbeziehung solch eine mörderische Angele-
genheit werden? Eine der wichtigsten Funktionen der Liebe
ist die Bindung der menschlichen Aggression. Je mehr ein
Mensch liebt, desto mehr kann er seine Aggressionen bewältigen. In partnerschaftlichen Krisen, in denen die Liebesbin-

dung nachlässt, steigt daher manchmal auf fast natürliche Weise die Aggressivität zwischen den Partnern. Nun ist die Eifersucht sicherlich auch deshalb eine besondere Krise, weil die Stärke der Liebe und des gegenseitigen Vertrauens infrage gestellt wird, und damit Liebe und Hass nebeneinander bestehen. Dann treffen Hass, Wut und Aggressivität diejenigen, die man vorher so geliebt hat, mit besonderer Stärke.

Eifersucht in Liebesbeziehungen ist immer ein Gefühl im menschlichen Dreieck. Aus der Sicht des eifersüchtigen Partners ist die Paarbeziehung durch drei Umstände bedroht: einen Rivalen von außen, einen zur Untreue bereiten Partner von innen und eine in die Krise geratene Paarbeziehung, der aufgrund der Krise der Immunschutz gegen ihre Exklusivität verloren gegangen ist. Dieser dritte Aspekt der Paardynamik wird häufig unterschätzt, aber es kann durchaus sein, dass die individuellen Entwicklungen paardynamisch nicht mehr aufgefangen werden können. Beide lieben sich noch, die Entwicklung der Paarbeziehung aber geht auseinander und verliert damit ihre Intimität und ihren Schutz.

Die sexuelle Eifersucht der Männer hat historisch gesehen ihre Ursache darin, dass sie sich ihrer Vaterschaft nie sicher sein konnten. Frauen sind eher auf die emotionale Beziehung ihres Partners zu einer anderen Frau eifersüchtig, weil sie Angst vor einem drohenden emotionalen Beziehungsverlust haben. Insofern reagieren Männer besonders eifersüchtig bei einer vermuteten oder erwiesenen sexuellen Untreue ihrer Partnerin, während Frauen eher eifersüchtig sind bei einer emotionalen Bindung ihres Partners an eine andere Frau. „Männer waren am meisten bestürzt, wenn der Rivale sich als ihr bester Freund herausstellte und am wenigsten erschüttert, wenn es sich um einen Fremden handelte. Frauen hingegen waren am wenigsten unangenehm berührt, wenn die Rivalin sich als ihre beste Freundin entpuppte und am stärksten betroffen, wenn die Rivalin einen gleichen oder geringeren Status innehatte." (Hupka / Otto, 279) Bei Männern scheint also die Rivalität größer, wenn man den Rivalen kennt oder sogar als Freund schätzt. Frauen scheinen sich persönlich infrage gestellt oder gar abgewertet zu fühlen, wenn ihr Mann eine emotionale Beziehung zu einer Frau mit geringerem Status hat.

Eifersucht als Strategie

Eifersucht kann auch eine Maske sein, wenn sie als Strategie bei nachlassender Liebe eingesetzt wird. Viele Menschen meinen, man könne versuchen, die Eifersucht des Partners gezielt zu provozieren, um auf diesem Wege die partnerschaftliche Liebe wieder zu beleben. Diese Logik besagt: Wenn mein Partner sieht, dass mich auch andere begehren und er mich verlieren könnte, wenn er sich nicht mehr um mich bemüht, dann wird er mich wieder mehr schätzen und lieben. Solch ein Mensch fühlt sich nicht mehr genügend geliebt und möchte seine persönliche Bedeutung durch inszenierte Eifersucht erhöhen. Zunächst stellt sich also die Frage, ob solch eine Zielsetzung nicht auch anders und vielleicht direkter erreichbar wäre, beispielsweise durch ein offenes Gespräch mit dem Partner. Außerdem birgt eine solche Strategie durchaus einige unkalkulierbare Risiken, denn der eifersüchtige Partner könnte als Antwort die gleiche Strategie einschlagen. Kann man die Liebe steigern, indem man sie infrage stellt? Kann man Druck auf einen Partner ausüben, um mehr geliebt zu werden? Oder verbirgt sich hinter einer solchen Argumentation vielleicht nur das Bedürfnis, einen anderen Partner kennen zu lernen, eine andere Partnerschaft einzugehen, mal wieder leidenschaftlichen Sex zu erleben oder mit einer Schuldzuschreibung an den Partner aus der Beziehung auszusteigen? Dann wäre die ganze Begründung einer Eifersuchtsstrategie nichts anderes als eine Rationalisierung der eigenen uneingestandenen Wünsche.

Anna besserte das gemeinsame Haushaltseinkommen durch einen Job in einer Bar auf. Dadurch hatten sie fortan zwar mehr Geld, aber weniger Zeit miteinander. Ihr Mann Heiner war immer gegen diese Arbeit in der Bar gewesen, aber da er sie selbst dort kennen gelernt hatte, konnte er nicht wirklich überzeugend behaupten, dort würden nur suspekte Männer mit eindeutigen Ambitionen verkehren. Anna hatte jeden Abend viele Verehrer, die mit ihr flirteten und mit steigendem Alkoholgenuss auch gerne mehr von ihr wollten, als nur ein Bier. Anna nannte dies die „Männerdepression"; je mehr die Männer an Alkohol an der Theke zu sich nahmen, desto weinerlicher, jammernder und elender wurden sie ihrer Meinung nach. Sie war der Meinung, dass Männer ihre Depressionen vor allem an der Theke bekämpfen, mit Alkohol.

Als ihre Beziehung zu Heiner mal wieder auf einem Tiefpunkt angelangt war, weil sie sich nicht mehr ausreichend geliebt fühlte, merkte sie noch am selben Abend, wie sehr sie Lust hatte, sich auf den Flirt eines gut aussehenden und bemühten Stammkunden einzulassen. Und am nächsten Tag berichtete sie ihrem Heiner ganz beiläufig von den Avancen des Verehrers am Vorabend. Der Stachel saß und schmerzte ihn. Noch am selben Abend ging er spät abends in die Bar, um seine Anna von der Arbeit abzuholen. Anna wusste, dass er nur kontrollierte, aber sie fand es schön, denn ohne ihre kleine Information von gestern wäre er heute nicht gekommen. Aber die kleinen Eifersüchte ihres Heiners hielten nur jeweils kurz an und hatten nicht den von ihr gewünschten Effekt. Er liebte sie weiterhin auf seine Art, die ihr nicht reichte, reagierte auf ihre Männerkontakte eher gekränkt und beklagte sich über die wenige Zeit, die sie füreinander hatten.

In den folgenden Monaten ließ sich Anna auf mehrere

Flirts ein. Sie hatte zwar die Theke zwischen sich und den Männern, aber von einem Mann ließ sie sich auch noch auf einem langen Spaziergang nach Hause bringen, Umarmungen und Küsse mit eingeschlossen, sie war ja nicht prüde. Schließlich kam es auch zu intensiveren Kontakten zwischen ihr und einem nächtlichen Verehrer, zwei weitere folgten. Sie berichtete von diesen Flirts detailliert in der Paartherapie, bestand aber darauf, dass es nicht zu sexuellen Kontakten gekommen war. Ich machte eine Bemerkung über Bill Clinton, dem wir ja ein neues Verständnis sexueller Kontakte verdanken und beide wussten, was gemeint war. Heiner erschien merkwürdig hilflos bei diesen Berichten seiner Frau. Natürlich mache es ihm etwas aus, wenn sie sich mit anderen Männern träfe, aber er wolle sie nun mal nicht verlieren. Anna wollte ihn eifersüchtig machen, um ihn wieder emotional in die Beziehung zurück zu holen. Sie wisse zwar, dass er sie liebe, aber diese Liebe sei für sie eintönig und fade geworden und vor allem zeige er ihr nicht mehr, dass er sie wirklich liebe. Er sage das zwar immer wieder, aber sie fühle es nicht und es reiche ihr so auch nicht mehr. Wir sprachen viel über ihre Liebe im Alltag, Liebessehnsüchte und Liebesbeweise und ich empfahl ihnen – wie so vielen meiner Paare – das Buch „Die Kunst des Liebens" von Erich Fromm. Wenn man geliebt werden wolle, wäre der beste Weg, selbst zu lieben, man könne Liebe nicht einfordern. Aber Anna war für solche Gedanken nicht zugänglich. Sie brauche nun mal ein gewisses Mindestmaß an Liebe, Punkt.

Und dennoch erkannte Anna zunehmend, dass es nicht Heiners mangelnde Liebesbeweise waren, die sie zu anderen Männern hinzogen, sondern ihre eigenen Gelüste, die sie sich nicht eingestehen konnte und sie in der Partnerschaft unbefriedigt ließen. Für sie sei die Beziehung gescheitert, ihre Inszenierungen der Eifersucht waren ein letzter Reanimationsversuch gewesen. Jetzt wolle sie sich eine eigene Wohnung nehmen, um freier zu sein. Heiner reagierte wieder hilflos und daran wurde ihr noch einmal deutlich, dass sie anscheinend für das Lebendige in der Partnerschaft zuständig gewesen war. Sie hatte der Beziehung frischen Wind zukommen lassen wollen und ihre Absicht war es nicht gewesen, sich wirklich in einen anderen Mann zu verlieben. Aber als Heiner so gar nicht wie gewünscht reagierte und sich auch bei ihr keine Liebesgefühle mehr einstellten, da hat sie sich „ganz zufällig" in einen anderen Mann verliebt, das nannte sie dann Schicksal.

Vielleicht war die provozierte Eifersucht ein Anzeichen für das Sterben der Beziehung gewesen. Ganz am Schluss, am Ende der letzten Sitzung kam sie noch einmal auf ihren unerfüllten Kinderwunsch zu sprechen. Heiner hatte bereits zwei Kinder aus einer vorherigen Ehe und wollte keine weiteren. Ihr Liebeswunsch war mit einem Kinderwunsch verknüpft gewesen und dafür bekam sie eine Absage von ihm, also ging sie.

Formen der Eifersucht

Heute unterscheidet man die antizipierte Eifersucht von der reaktiven, die man auch als *Fait-accompli*-Eifersucht bezeichnet (s. u.). Antizipierte Eifersucht entsteht bei dem bloßen Gedanken oder den geringsten Anzeichen, dass der Partner untreu sein könnte. Reaktive Eifersucht stellt sich dann ein, wenn nachweislich ein Ehebruch passiert ist bzw. dieser reumütig eingeräumt wird. Dann mischen sich solche Eifersuchtsgefühle jedoch teilweise schon mit stärkeren Gefühlen wie Wut, Enttäuschung oder Depression und werden von diesen überlagert. Solche Menschen wechseln dann in ihren Gefühlsempfindungen in kurzen zeitlichen Abständen von Tagen, Stunden oder gar Minuten. Manche Forscher plädieren sogar dafür, diese beiden Eifersuchtsformen – die antizipierte und die *Fait-accompli*-Eifersucht – als grundsätzlich andere Gefühle anzusehen. Bei der antizipierten Eifersucht spielt die Phantasie eine große Rolle, die wiederum genährt wird durch bisherige schlechte Erfahrungen. Bei der *Fait-accompli*-Eifersucht kann man ähnlich wie bei einem schweren Verlusterlebnis, wie dem Tod eines geliebten Menschen, Trauerphasen unterscheiden, bei denen sich Verleugnung, Trauer und Wut in schmerzlichen Phasen abwechseln, bis letztlich eine realistische Sicht die Integration des Erlebten ermöglicht. Insofern ist Eifersucht ein komplexes Mischgefühl, das sich aus mehreren anderen Gefühlen und Gedanken zusammensetzt. Befragt man Menschen nach ihren Gefühlen, wenn sie eifersüchtig sind, dann berichten sie von Wut, Angst und Trauer. Dabei kann sich die Wut auf den Rivalen beziehen, die Angst auf die Partnerin oder die Trauer auf den drohenden Verlust der Beziehung. Die Mischungen und Stärke der Gefühle variieren mit dem Anlass, ob antizipiert oder *Fait accompli*, Mann oder Frau, Bezug zum Objekt der Eifersucht, berechtigten oder unberechtigten Gefühlen oder auch situativen Bedingungen.

Das Verständnis und die Erklärungen der Eifersucht gehen in der Psychologie wieder einmal auf Sigmund Freud zurück. Für ihn war die Eifersucht zunächst ein normales Gefühl wie Trauer oder Ärger. Wer keinerlei Eifersucht empfinde, verdränge sie anscheinend so stark, dass er sie nicht mehr spüre, aber gerade darum sei sie umso stärker. „Wo sie im Charakter und Benehmen eines Menschen zu fehlen scheint, ist der Schluss gerechtfertigt, dass sie einer starken Verdrängung erlegen ist und darum im unbewussten Seelenleben eine umso größere Rolle spielt."(Freud [1922], 219). Nach Freud lassen sich neben einer normalen Eifersucht, die er konkurrierend (1) nennt, eine projizierte (2) und eine wahnhafte Eifersucht (3) unterscheiden.

Schon die normale Eifersucht ist ein komplexes Gefühl, das sich aus mehreren anderen Gefühlen zusammensetzt, wie Trauer, Kränkung, Wut und Schuldgefühlen. Diese Gefühle sind in unterschiedlicher Mischung bei einem eifersüchtigen Menschen vorhanden, mal überwiegt die Wut, mal die Trauer, mal die Kränkung und mal die eigenen Schuldgefühle. Der unbewusste Anteil dieser normalen Eifersucht ist dennoch sehr groß, denn bewusst ist die Eifersucht als drängende Verlustangst oder projizierte Lust zur Untreue kaum zu ertragen. Darüber hinaus sind nach Freud die aktuellen Aspekte weniger bedeutsam, als die vergangenen. Die Wurzeln der Eifersucht liegen nach Freud also nicht in aktuellen Anlässen, wie sie vom Partner oder der Partnerin gegeben werden, sondern im eigenen Seelenleben und dort eher in der Vergangenheit als in der Gegenwart. Seine Ursprünge hat auch diese normale Eifersucht in den frühen Dreieckserfahrungen mit den Eltern oder Geschwistern.

Dies ist der beziehungsdynamische Kern der Eifersucht: es ist ein Gefühlsgemisch als Folge von Triangulationen, d. h. eine Einbeziehung einer dritten Person in eine Zweierbeziehung. Diese Triangulierung kann sowohl real, als auch in der Phantasie entstehen. Manchmal bedarf es bei einer wahnhaften Eifersucht gar nicht einer konkreten dritten Person, weil der Verdacht, das Misstrauen, der Zweifel aus der eifersüchtigen Person selbst entstehen. Diese phantasierten Triangulierungen haben oftmals ihren Ursprung in früheren Erfahrungen des Kindes mit den Eltern im Sinne einer ödipalen Konstellation oder des Kindes mit einem Geschwisterkind und einem Elternteil, was man als Geschwisterrivalität bezeichnet. Diese frühen Erfahrungen und die damit verbundenen Konflikte sind bis heute nicht gelöst, weshalb sich das erwachsene Kind immer wieder aufs Neue in solche Triangulierungen – faktisch oder phantasiert – begibt, um sie endlich für sich lösen und damit auch die alten Ängste vor dem Verlassenwerden überwinden zu können.

Die projizierte Eifersucht unterstellt dem Partner oder der Partnerin die eigenen, unbewussten Wünsche und bekämpft diese Impulse im anderen. Projektionen machen das eigene Leben leichter, denn sie entlasten von drückenden

Liebessehnsüchten und sexuellen Begierden. Projektion ist entwicklungspsychologisch ein sehr früher Abwehrmechanismus, der eigene Anteile leugnet und diese umso mehr dem anderen unterstellt. Freuds Ausführungen zu Eifersucht sind stark kulturell geprägt. Es gibt kulturelle Normen, die sich geografisch, schichtspezifisch, geschlechtlich und zeitlich wandeln, und nach denen festgelegt scheint, welche Toleranzen man sich unter verheirateten Partner im Umgang mit anderen Menschen gestattet. Heute gilt ein Urlaubsflirt oder gar ein One-Night-Stand als vertretbar und nicht automatisch als Gefahr für die Partnerschaft. Wesentlich erscheint für viele Frauen eher der emotionale Gehalt der Untreue und für Männer der sexuelle. Diese kulturellen Spielräume in Bezug auf die gesellschaftlichen Beziehungen von Ehepartnern, was man heute etwas kompliziert die extradyadischen Kontakte nennt, gelten anscheinend für eifersüchtige Menschen nur sehr eingeschränkt. Zum einen sind die frühen Erfahrungen solch eifersüchtiger Menschen anscheinend so gewesen, dass sie elterliche oder geschwisterliche „Untreue" erlebt haben, zum anderen sind ihre eigenen Wünsche nach Untreue derart stark, dass sie nicht an diese gesellschaftliche Toleranz glauben können, weil sie sich selber kennen. Also haben sie aus ihrer Sicht alle Gründe, an die Stelle von Vertrauen das eigene Misstrauen und die Kontrolle zu setzen und sie misstrauen dem Partner umso mehr, als sie selbst Lust auf Flirt und Untreue verspüren. Sie bekämpfen projektiv im anderen, was sie bei sich selbst nicht mehr kontrollieren können.

Die dritte Variante der Eifersucht, die wahnhafte, ist dadurch gekennzeichnet, dass sie jeden Realitätskontakt verloren hat und sich nur noch aus einem inneren Szenario speist. Dies ist sicherlich bei dem so genannten Eifersuchtswahn als Folge von chronischem Alkoholismus der Fall oder auch bei paranoiden Psychosen. Bei der wahnhaften Eifersucht sind alle drei Formen in einer besonderen Mischung enthalten, also sowohl konkurrierende, projektive als auch wahnhafte Elemente.

Untrügliche Anzeichen

Was ist eingebildet, was ernst, was erwiesen? Wir wissen, dass Gefühle täuschen können, andererseits sind Gefühle psychisch eine Realität, wie immer sie entstanden sind: Beweis hin oder her. Die Wirklichkeit des Betruges liegt im Auge des Betrogenen. Aber wenn es keinen Betrogenen gibt, fragen die unschuldig Verdächtigten? Egal, sagt der Ehemann, mir sind die Zeichen eindeutig genug. Leo Tolstoi hat in einem fulminanten Werk beschrieben, wie ein Mann eindeutig den Betrug seiner Frau daran erkannt hat, dass diese mit dem Klavierlehrer so harmonisch und eindringlich gemeinsam die Kreutzersonate von Beethoven musizierte, dass dahinter nur die Liebe die Instrumente zum Erklingen bringen konnte. Und damit war die Untreue der Frau für ihren Ehemann erwiesen.

Während der nächtlichen Fahrt mit der Bahn erzählt ein Mann namens Posdnyschew einem Mitreisenden – dem Ich-Erzähler – die Geschichte, wie er aus Eifersucht seine Frau ermordete. „Wenn ich erzählen soll, muss ich alles von Anfang an erzählen. Ich muss erzählen, wie und warum ich geheiratet habe und wie ich vor der Heirat war … Ich bin Gutsbesitzer, habe die Universität absolviert und war Adelsmarschall. Bis zu meiner Heirat lebte ich, wie alle leben, das heißt liederlich, und wie alle Männer unserer Kreise war ich bei meinem liederlichen Leben davon überzeugt, dass ich lebe, wie sichs gehört." (27) Im jugendlichen Alter von 16 Jahren macht ein Freund nach einer Zecherei den Vorschlag, zu den Prostituierten zu gehen. „Ich erinnere mich, wie mir gleich hinterher, ehe ich das Zimmer noch verlassen hatte, traurig zumute wurde, so traurig, dass ich am liebsten geweint hätte, geweint über den Verlust meiner Unschuld, über mein für alle Ewigkeit zerstörtes Verhältnis zum Weib ... Ich war geworden, was man einen Hurer nennt." (32) Diese jugendliche Wandlung zum Hurer ist für ihn ein Meilenstein auf dem Weg zum Mörder. Als Hurer hat er nicht nur seine Unschuld verloren, sein ganzes Verhältnis zum weiblichen Geschlecht hat sich geändert. Er wurde zu einem männlichen Triebwesen, das fortan die Frau primär als Sexualobjekt ansieht. Und da dies alle Männer tun, weil alle in der gleichen gesellschaftlichen Moral oder Unmoral leben und groß werden, sind alle Frauen für alle Männer nur noch Sexualobjekte. Und daraus wiederum folgt, dass man sich seiner Frau nie sicher sei. Eifersucht ist damit alltäglich und notwendig. Und warum wehren sich die Frauen nicht gegen die sexuellen Begierden der Männer? Tolstoi antwortet ganz im Sinne einer modernen emanzipierten Frau: Weil sie keine Chance gegen die Macht und Vorherrschaft des Mannes hat, weil sie abhängig von ihm ist, weil sie sich unterordnen muss. Bei diesen Gedanken erkennt man den Schöpfer der „Anna Karenina".

Aber frühe Verderbnis schützt nicht vor Liebe. Jenseits des dreißigsten Lebensjahres lernt er eine Frau kennen, in die er sich verliebt, aber auch hier unterlag er einer Täuschung, „dass das Schöne auch das Gute sei." (35) Er erzählt dies alles, weil er die früh erfahrene sexuelle Zügellosigkeit, die männliche sexuelle Sicht auf das weibliche Geschlecht, als die spätere Ursache seines Mordes ansieht. Dieser Eifersuchtsmord war insofern nur die logische und letzte Konsequenz einer fragwürdigen Moral. Er war moralisch verdorben durch eine Gesellschaft, die eine Sexualisierung der Geschlechterbeziehungen nicht nur duldet, sondern unterstützt. In seinem Kopf, seinem Denken und Handeln, war das Weib die beständige sexuelle Versuchung des Mannes geworden und nur auf der Grundlage dieses Bildes der Frau, waren die Zeichen ihrer Untreue eindeutig und musste er schließlich handeln, wie er es tat. Ähnlich wie bei Büchners „Woyzeck", nur in einer intellektuellen und reflektierten Variante, kritisiert er die gesellschaftlichen Bedingungen der Geschlechterverhältnisse, die letztlich darauf hinauslaufen, verführen und verführt werden. Insofern ist er Täter und Opfer zugleich. Er erliegt ihren körperlichen Reizen, ihrer unzweifelhaften Schönheit, aber: „Wir hatten nichts, worüber wir hätten reden können." (47) Ihre eheliche Beziehung ist geprägt von tiefen Konflikten, auf hasserfüllten Streit folgen sexuelle Versöhnungen, ein „ekelhaftes Verhältnis." (55) Diese Form der Ehe war für ihn der Mord, nicht letztlich die Tat. „Vor Gericht fragte man mich, womit, wie ich sie getötet hätte? Die Narren! Sie meinen, ich hätte sie damals, am fünften Oktober, mit dem Messer getötet! Nicht damals habe ich sie gemordet, sondern viel früher! Genauso, wie sie alle jetzt morden, alle, alle ..." (60) Die sexuelle Begierde des Mannes, die niemals und unter keinen Umständen halt macht, ist der Mord der Männer an den Frauen, und die Frauen haben keine Wahl. Auch er hat seine Frau lediglich als Sexualobjekt behandelt, hat ihr Kinder gemacht, sie immer nur zu seiner sexuellen Befriedigung gebraucht. „So lebte auch ich wie ein Schwein." (64) Wenn seine Frau nicht gerade schwanger war, und er sich ihrer sozusagen sicher sein konnte, hatte er ständige Eifersuchtsanfälle. Sie war so schön, kokettierte so gern mit ihrer Attraktivität, dass er in der beständigen Angst lebte, sie zu verlieren. Nur wenn er eifersüchtig über sie wachte oder sie schwanger war, konnte er sich ihrer halbwegs sicher sein. Für ihn war es nur eine Frage der Zeit, bis ein anderer Mann ihre Schönheit entdeckte, sie umwarb, und sie diesem Werben erlag. „Während meines ganzen Ehelebens habe ich nie aufgehört, Eifersuchtsqualen zu leiden." (68) Seine Frau gebar fünf Kinder in acht Jahren der gemeinsamen Ehe.

Es kam, wie es kommen musste. Das ständige Hin und Her zwischen feindseligen Streitereien und sexuellen Ver-

söhnungen wurden immer grotesker. „Wir waren zwei Sträf-
linge, die an eine Kette geschmiedet sind, einander hassen,
sich gegenseitig das Leben vergiften und sich bemühen, das
nicht zu sehen. Ich wusste damals noch nicht, dass von hundert Ehepaaren neunundneunzig in der gleichen Hölle lebten wie ich und dass es nicht anders sein konnte." (81) Im
letzten Halbsatz steckt das ganze soziale Elend der Ehe und
der Geschlechterbeziehungen. Die Familie zieht in die Stadt,
die Bediensteten helfen im Haus, die Frau erscheint unaus-
gelastet und möchte gern wieder musizieren, wie sie es früher tat. Sie engagieren einen Geiger, um sie am Klavier zu
begleiten. „Er sah meine Frau an, wie unsittliche Männer
schöne Frauen ansehen, tat, als interessierte ihn nur der Gegenstand des Gesprächs, also das, was ihn in Wahrheit gar
nicht interessierte. Sie bemühte sich, gleichgültig zu scheinen, aber das ihr so wohlbekannte heuchlerische Lächeln des
Eifersüchtigen auf meinem Gesicht und sein geiler Blick er-
regten sie offensichtlich." (98) Er bittet diesen zweitklassigen
Musiker, mit seiner Frau zu musizieren, lädt ihn ein, um
sie zu werben, und treibt damit seine Qualen ins Unermessliche. Der Mord ist letztlich nur noch die Spannungsentla-
dung, das Finale einer perfiden Inszenierung, die lange vorher begonnen hat. „Vom ersten Augenblick an, als seine
Blicke und die meiner Frau sich trafen, sah ich, dass das
Tier, das in beiden saß, über alle gesellschaftlichen Konventionen hinweg fragte: ‚Darf ich?' Und die Antwort lautete:
‚Gewiß!'" (100) Er sieht, was er sehen will, er sieht die Geil-
heit des Mannes, die seine eigene ist, und er sieht die koket-
tierende Bereitschaft seiner Frau, die er ihr unterstellt. Alles
das ist ihm glasklar. „Wäre ich selbst rein gewesen, so hätte
ich das alles nicht verstanden, aber ich hatte vor meiner Heirat ebenso über die Frauen gedacht wie die Mehrheit, und
darum las ich in seiner Seele wie in einem aufgeschlagenen
Buch." (101) Er gesteht seiner Frau die unbändige Eifersucht,
aber sie lacht ihn nur aus und findet es absurd zu denken,

„dass sie für einen solchen Menschen Neigung empfinden könnte." (111) Aber dann muss er mit ansehen und anhören, wie beide bei einem kleinen Konzert zusammen die Kreutzersonate von Beethoven spielen, so innig, harmonisch, eindringlich, mit leuchtenden Augen, dass es keines weiteren Beweises ihrer Intimität bedarf. Zwei Tage später muss er auf eine Geschäftreise gehen, bricht diese allerdings mittendrin ab, reist auf schnellstem Wege wieder nach Hause, kommt dort nachts um ein Uhr an, findet beide beim gemeinsamen Essen vor, schlägt den Musiker in die Flucht und ersticht seine untreue Frau. Er hat sie aus Eifersucht ermordet, weil er in seiner Logik sein Liebesobjekt töten muss, wenn er sie nicht allein besitzen kann. Insofern waren der Anlass und konkrete Zeitpunkt unbedeutend, denn dass er sie niemals allein würde besitzen können, war ihm von Beginn an klar.

Eifersucht ist eben niemals nur Ausdruck eines individuellen Denkens und Empfindens, sondern stets eingebettet in eine herrschende Moral über Geschlechterbeziehungen, Männer und Frauen, Partnerschaften, Liebesbeziehungen, Ehe und Treue. Insofern wären Büchner und Tolstoi sich einig gewesen. Und durch alle Zeiten und Kulturen hindurch war Eifersucht immer ein starker Hinweis auf eine krisenhafte Entwicklung in einer Liebesbeziehung. Es gibt nur noch einen Indikator, der stärker ist: der Ekel.

Die Stärke des Sexualtriebes liebt es,
sich in der Überwindung
dieses Ekels zu betätigen.
Sigmund Freud

7. Das Ende der Intimität

Ekel als Maske sterbender Liebe

„Letzten Sonntag beim Frühstück hat mich dein Schmatzen total geekelt. Du lässt dich immer mehr gehen. Du lässt deine Unterhosen in unserem Schlafzimmer liegen und von deinen Spuren im Bad will ich hier gar nicht erst reden. Das finde ich alles nur noch ekelig." Während sie dies zu ihrem Mann sagt, sieht man ihr den empfundenen Ekel an, als hätte sie soeben verdorbene Lebensmittel gegessen. Ihr Mann wird zornig, er richtet sich auf und schluckt, sagt aber nichts, dann frage ich sie: „Hat sich Ihr Mann früher nicht so verhalten, ist das neu für Sie?" Sie wirkt verächtlich als sie antwortet: „Nein, ich fürchte er hat sich schon immer so verhalten, aber es ist mir noch nie so aufgefallen, wie in der letzten Zeit – und ich will es auch nicht mehr!"

Einige Monate später hat sich diese Frau von ihrem ekelhaften Mann getrennt – und seit dieser Sitzung hatte ich gewusst, dass sie sich trennen will. Ihre Ekelgefühle waren die untrüglichen Anzeichen für den Anfang vom Ende ihrer Partnerschaft. Vielleicht war es aber auch so, dass der Mann sich als Erster zurückgezogen hat und die Frau mit ihren Ekelgefühlen nur darauf reagierte. So haben die Psychologen John Gottman, Erica Woodin und Robert Levenson eine Form des Ekels beschrieben, den sie als „fed up disgust" bezeichnet haben. „Fed up" könnte man etwas frei mit „Schnauze voll" oder „Etwas satt haben" übersetzen. In ihren Untersuchungen haben sie festgestellt, dass diese Paare mit hoher

Wahrscheinlichkeit vor der Trennung stehen. Die Ekelgefühle der Frau lassen sich aber darauf zurückführen, dass ihr Mann sich emotional aus der Beziehung zurückgezogen hat und sich auf ihre Gefühle nicht mehr einlässt. Vielleicht gibt es auch noch eine dritte Variante, die darin besteht, dass die Frau den Mann provoziert, ihm ein letztes Warnsignal mitteilen will. Letztlich bringt die Frau mit ihrem Ekel etwas zum Ausdruck, was der Mann in der Sprache seiner Handlungen auch schon symbolisch zum Ausdruck gebracht hat: ich lasse meine Unterhosen liegen, weil ich innerlich eh schon allein lebe; ich schmatze, weil du für mich gar nicht mehr da bist; ich sage nichts, weil du kein Gesprächspartner mehr für mich bist.

Ob die Trennung nun vom Mann oder der Frau ausgeht, letztlich ist es ein Beziehungsthema, das sich zwischen beiden ereignet. Paardynamisch ist Ekel somit ein eindeutiges Zeichen, dass die Intimität eines Paares gestört ist. Manchmal empfindet man die Handlungen oder Unterlassungen des Partners als ekelig, die Person aber nicht, dann sollte man dies ansprechen. In einem therapeutischen Gespräch hat die Äußerung von Ekel allerdings schon den Charakter einer halboffiziellen Verlautbarung, obwohl es sich auch hier um einen intimen Raum handelt. Ekel ist ein Hinweis darauf, dass ein Partner sich gefühlsmäßig vom anderen entfernt. Die Intimität des Paares löst sich langsam auf, der andere wird stärker als fremd empfunden und der Ekel zeigt an, dass die körperliche, räumliche, emotionale und intime Nähe zum Partner nicht mehr gewollt wird. Ekel zeigt den Rückzug an und ist zugleich der Hinweis darauf, dass eine emotionale Distanzierung schon stattgefunden hat.

Ekel maskiert nachlassende Liebe

In der Paarpsychologie sprechen wir von dem Phänomen der „Identifikation mit dem Partner und der Paarbeziehung". Wir lieben den Partner, leiden mit ihm, wenn er Schmerzen hat oder krank ist, freuen uns mit ihm, fühlen uns selbst auch glücklicher, wenn er sich glücklich fühlt, schämen uns für ihn, wenn er etwas Falsches gesagt oder getan hat, empfinden auch Peinlichkeit für ihn. In allen Liebesbeziehungen wird der Partner zu einem Teil des eigenen Lebens, der eigenen Intimität und Identität. Er ist nicht nur auf unseren Urlaubsfotos mit auf dem Bild, auch in unseren inneren Bildern und Phantasien. Besonders schmerzlich wird diese Identifikation mit dem Partner in Trauerphasen, bei Trennungen oder gar dem Tod. Dann erst merken manche Menschen, wie sehr ihr Leben mit dem des anderen verknüpft war. Wir kennen nicht nur das Lachen des Partners, seine Lieblingsspeisen oder seinen musikalischen und literarischen Geschmack, wir erkennen auch seinen Geruch, können den Körper im Dunkeln ertasten und erkennen, sehen in den Augen seine Stimmung und im Tonfall seine Abneigungen. Solch eine Identifikation ist Ausdruck einer umfassenden Intimität. Sie hebt die persönlichen und individuellen Grenzen teilweise auf, schafft innerlich ein Gefühl der Einheit und überwindet damit das oft schmerzliche Gefühl des Getrenntseins, worauf insbesondere Erich Fromm oder John Bowlby auf unterschiedliche Weise hingewiesen haben. Während die Liebe auf Einheit, Symbiose, Verschmelzung ausgerichtet ist, setzt der Ekel demgegenüber Grenzen, schafft Unterschiede und Distanzen. Am Beginn jeder Liebesbeziehung überwindet die Liebe mit Leichtigkeit solche Ekelgefühle und mit dem Übergang von der verliebten zur gelebten Liebe scheint der Ekel beinah vollends zu verschwinden, aber wenn sich Ekelgefühle einstellen, wird es Zeit, sich über die Partnerschaft Gedanken zu machen.

Ekel kann man auch als eine soziale Emotion bezeichnen, weil er an der Kontaktstelle zwischen zwei Menschen entsteht. Grundsätzlich entscheidet die Art der Beziehung zum anderen Menschen darüber, ob wir etwas als ekelhaft empfinden und uns abwenden, ob wir Sorge oder Mitleid empfinden und uns dem Menschen zuwenden, oder ob wir sogar lustvoll eine Ekelschranke überwinden, wie in der Sexualität. „Das elementare Muster des Ekels ist die Erfahrung einer Nähe, die nicht gewollt wird ... Die Theorie des Ekels ist insofern ein Gegenstück zur Theorie der Liebe, des Begehrens und des Appetits als Formen des Umgangs mit einer Nähe, die gewollt wird." (Menninghaus, 7) Will man den Ekel in zwischenmenschlichen Beziehungen verstehen, dann gibt es dafür keine objektiven Kriterien, Ekel ist Ausdruck tiefster emotionaler Subjektivität. Wenn Ekel in Beziehungen ein besonders intensiver, auch körperlich empfundener Widerwille gegen eine zu große menschliche Nähe ist, dann stellt sich die Frage nach den Hintergründen für diese unerträgliche Nähe, die im Ekel ihren Ausdruck finden: Ekel maskiert nachlassende Liebe!

Innerhalb intimer Beziehungen – Eltern-Kind-Beziehungen, Partnerschaften, Freundschaften, Geschwisterbeziehungen – wird Ekel anders empfunden, meist geringer und seltener. Die Toleranzen sind größer, weil innerlich eine größere Nähe zum anderen empfunden wird. Dies betrifft zum einen die Eltern-Kind-Beziehung, dann aber auch Partnerschaften, wenn beispielsweise ein Partner krank oder pflegebedürftig wird, es betrifft Geschwisterbeziehungen, die sich meist von klein auf durch eine besondere Intimität auszeichnen und sogar Freundschaften lassen seltener Ekelgefühle aufkommen. Je mehr man einen Menschen mag, liebt, schätzt und als einen wichtigen Teil seines eigenen Lebens ansieht, je stärker die emotionale Bindung an diesen Menschen ist, desto weniger empfindet man Ekel vor dessen Handlungen, Körper oder Ansichten. Umgekehrt können Ekelgefühle ein Hinweis auf eine Distanzierung aus der Beziehung sein, vielleicht sind sie sogar ein besonderer Indikator für die langsame Auflösung der Intimität.

Eltern wechseln die Windeln ihres Kindes, machen es sauber, wenn es sich in die Hosen gemacht hat, wischen das Erbrochene auf, werden nach einem Bäuerchen mit unverdauter Nahrung vollgespuckt und ertappen ihr kleines Kind manchmal dabei, wie es mit dem eigenen Kot spielt, rümpfen die Nase, und machen dann alles wieder sauber. Auch pflegende Ehepartner sorgen in der gleichen Weise liebevoll für ihre Partner, manchmal sogar länger, als jemals für ihre Kinder. So entsteht eine besondere Form der Intimität, Vertrautheit, Nähe und Bindung, die unter normalen Lebensbedingungen kaum erreicht werden kann, bestenfalls noch in Extremsituationen. Beide Beteiligten müssen dabei nicht nur den Ekel überwinden, sondern auch ihre Schamgrenzen. Dies alles geht nur mit Liebe und verstärkt sie zugleich.

Sexualität besteht in der Überwindung der normalerweise als ekelhaft empfundenen Grenzen und dies manchmal sogar lustvoll. Beim Küssen steckt der eine seine Zunge in den Mund des anderen Partners oder beim oralen Sex wird mit der Zunge und dem Mund das Geschlecht des anderen Partners liebkost (Fellatio und Cunnilingus). Dies geht in der Regel nur bei einem Partner, den man liebt oder mit dem keine aus reinem Sex bestehende Prostitution betrieben wird, obwohl manche Menschen dies nur mit einem Partner erleben können, den sie nicht lieben. Es sind Akte des Sich-Einverleibens des anderen, die als lustvoll erlebt werden. Man stelle sich die gleichen Handlungen mit einem Menschen vor, den man abstoßend, hässlich oder grausam findet. Die normalen Ekelgrenzen können anscheinend nur in einer Liebesbeziehung überwunden werden und erscheinen dann manchmal sogar lustvoll. (Wann immer dies nicht der Fall ist, handelt es sich mit großer Wahrscheinlichkeit um Perversionen.)

Ekel hat auch eine soziale Ausgrenzungsfunktion, die immer problematisch ist und von daher Gegenstand politischer Kontroversen sein sollte. Ekel verordnet die soziale Ausgrenzung derjenigen Personen, die Ekelhaftes tun oder selbst als ekelhaft gelten. Für eine besondere Variante der Verwerfung und Ausgrenzung des Ekelhaften gibt es in der Literatur ein bekanntes, grandioses und unübertroffenes Beispiel. Es zeigt, wie der Ekel vor einem Familienmitglied die intimen Beziehungen radikal verändert.

Die soziale Ausgrenzung des Ekelhaften

„Als Gregor Samsa eines Morgens aus unruhigen Träumen erwachte, fand er sich in seinem Bett zu einem ungeheuren Ungeziefer verwandelt." (Kafka, 7) Mit diesem Satz beginnt der wohl berühmteste deutschsprachige Roman des 20. Jahrhunderts zum Thema Ekel: „Die Verwandlung" von Franz Kafka. Kafka selbst hat dies Werk als „grenzenlos ekelhaft" bezeichnet, obwohl es durchgängig in einem sachlichen, beschreibenden, beinah ruhigen Ton geschrieben ist. Aber eben weil dies so ist, der Roman gänzlich ohne überzogene dramaturgische Effekte auskommt, geht er dem Leser so nah.

Man identifiziert sich während der Lektüre mit dem Ich-Erzähler, der sich über Nacht in einen ekelhaften Mistkäfer verwandelt hat. Und je mehr die Identifikation gelingt, desto mehr empfindet man selbst beim Lesen *als* Mistkäfer. Er schafft es kaum aus dem Bett und seinem Zimmer heraus, geschweige denn zur Arbeit, der Prokurist seiner Firma erscheint noch am selben Morgen, um sein Fernbleiben zu kontrollieren und erschreckt fürchterlich, als anstelle von Gregor der Mistkäfer in der Stube erscheint, um sich für seine Verspätung zu entschuldigen. Mit einem „großen Sprung über mehrere Stufen" rennt der schreiende Prokurist aus dem Haus. Daraufhin greift der verwirrte Vater den Stock des Prokuristen, den dieser in der Eile seiner Flucht vergessen hat, „holte mit der Linken eine große Zeitung vom Tisch und machte sich unter Fußstampfen daran, Gregor durch Schwenken des Stockes und der Zeitung in sein Zimmer zurückzutreiben." (31–32) Es ist doch dein Sohn, will man dem Vater zurufen, wie kannst du ihn so behandeln? Aber für den Vater ist da kein Sohn mehr zu erkennen, nur noch ein Mistkäfer: „Unerbittlich drängte der Vater und stieß Zischlaute aus, wie ein Wilder." (32) Gregor wäre ja zur Arbeit gegangen, hätte gern weiterhin für die Familie gesorgt, so dass der Vater nicht arbeiten musste und die Schwester auf das Musikkonservatorium gehen konnte, allein ihm blieb keine Wahl.

Gregor bekommt Hunger, aber die Milch, die er sonst trinkt, ekelt ihn. Geschmack und Ekel erfahren eine neuen Beziehung, selbst das Glück wird – ganz Rozin vorausdenkend – neu definiert: „Besonders oben auf der Decke hing er gern; es war ganz anders, als das Liegen auf dem Fußboden; man atmete freier; ein leichtes Schwingen ging durch den Körper; und in der fast glücklichen Zerstreutheit, in der sich Gregor dort oben befand, konnte es geschehen, dass er zu seiner eigenen Überraschung sich losließ und auf den Boden klatschte." (52)

Aber dieser Übermut der existenziellen Metamorphose mag in manchen Momenten für Gregor noch glücklich gewesen sein, für seine Familie war diese Verwandlung ekelerregend. Gregor ist über Nacht vom geliebten Sohn und Familienernährer zum Mistkäfer mutiert, und dies ist nicht nur für ihn persönlich bedauerlich und die Mutter Anlass zum Mitleid, es stürzt die Familie in existenzielle Nöte. Jetzt muss der Vater wieder arbeiten gehen, die Mutter muss bis spät abends nähen, um dazuzuverdienen und die Tochter kann nicht mehr nur Klavier spielen, auch sie muss als Aushilfe arbeiten gehen. So trifft ihn die volle Wucht der Verwerfung und Gregor kann von Glück sagen, dass er noch sein

Zimmer hat, außerhalb wird er keinesfalls mehr geduldet. Währenddessen wartet die Familie auf das rückwärtige Wunder, denn vielleicht ist er ja morgen früh wieder unser alter, geliebter Gregor? Weniger Trauer als vielmehr Lähmung, Entsetzen und eine gehörige Portion Wut sind die Reaktionen der Familie auf diese Verwandlung wider Willen.

Warum erfährt Gregor kein Mitleid, keine Sorge, kein Mitgefühl, keine Hilfe? War er nun noch ein Familienmitglied oder hatte er sich diese Gunst verdorben? Und wenn ja, wodurch? Dass er nicht mehr arbeiten ging und das Geld für die Familie heim brachte, oder dass er mit seiner Hässlichkeit die Untermieter vertrieb, die man leider dulden musste, um fortan über die Runden zu kommen? Nein, die Duldung des Mistkäfers Gregor in seiner Familie ist nur ein kurzes Zögern, bevor ihn die ganze Wucht der Ausgrenzung trifft. Die Familie kann dieses Ungeziefer nicht mehr ertragen, sie wollen sich seiner entledigen. Gregor kann sein Zimmer nicht mehr verlassen und wenn er es tut, muss er um sein Leben fürchten. Die Tür zur Wohnstube der Familie wird manchmal einen Spalt breit geöffnet, dann kann er stumm am Familienleben teilhaben, während die Eltern und die Schwester sich flüsternd über ihr Schicksal unterhalten. Er vereinsamt mitten unter seinen Liebsten, sein Zimmer wird mittlerweile als Rumpelkammer genutzt, er bekommt immer weniger zu essen und stirbt letztlich an Einsamkeit und Unterernährung. Noch während des Sterbens denkt er liebevoll an seine Familie. Die Verwerfung des Ekelhaften war vollzogen, die soziale Ausgrenzung endete im Tod des Mistkäfers. Er war an Unterernährung gestorben, hatte sich nicht mehr geliebt gefühlt, sich unter das Kanapee zurückgezogen und letztlich begonnen, sich vor sich selbst zu ekeln.

Ekel als Selbstgefühl

Kein anderes Gefühl kennzeichnet derart trennscharf die Grenze zwischen uns selbst und allem anderen wie der Ekel. Dies betrifft sogar unsere eigenen Ausscheidungen. Stellen Sie sich vor, Sie haben Speichel im Mund und schlucken ihn herunter. Dies ist ein Vorgang, den jeder von uns täglich mehrmals automatisch vollzieht. Nun stellen Sie sich vor, Sie würden den Speichel in ein Gefäß spucken und dann trinken und schlucken sollen: Dabei können zumindest leichte Ekelgefühle aufkommen. Was wir einmal ausgesondert haben, gehört nicht mehr zu uns. Ekel ist insofern auch ein Gefühl, das an der Grenze zwischen unserem Selbst bzw. unserem Körper und der Außenwelt entsteht, es schafft insofern eine Körpergrenze und eine Ich-Grenze. Mit dem Gefühl des Ekels weisen wir alles von uns, was nicht zu uns gehören soll, obwohl es vielleicht vorher ein Teil von uns war (wie Kot, Urin, Schweiß, Eiter). Insofern kann auch kein Mensch frei von Ekel sein. „Körperlich gehen Ekelgefühle neben Übelkeit oder Brechreiz mit vermehrter Speichelbildung, verlangsamtem Herzschlag und einem erhöhten galvanischen Hautreflex (schwitzende Hände) einher." (Hell, 116) Ekel schützt uns auch vor Krankheiten oder Infektionen, weil wir uns auf diese Weise von ekelhaften Erregern fernhalten. Vielleicht ist dies der Grund, warum Frauen stärkere Ekelempfindungen haben als Männer. Die Tatsache, dass jüngere mehr Ekelempfindungen haben als ältere Menschen, ist dagegen wahrscheinlich auf Erfahrungen zurückzuführen. (Henning/Netter, 290)

Grundsätzlich kann man zwei Formen des Ekels unterscheiden: einen verbotenen (prohibitiven) Ekel und einen Ekel aus Überdruss. Dies kann sich jeweils auf Speisen (Ekelfleisch) und Getränke (Alkohol) beziehen oder auch auf sexuelle Handlungen. Ein ekelhafter Überdruss kann aber auch in einem erweiterten Sinne entstehen, wenn man sich durch zuviel Werbung, gefilterte Informationen, dümmliche Verallgemeinerungen oder taktische politische Lügen belästigt und geradezu angeekelt fühlt.

Im Nihilismus wird Ekel auch als existenzieller Ekel, als Ekel vor der eigenen Existenz angesehen. Sartre gilt als einer der Hauptvertreter dieser Philosophie des Ekels, in seinem 1938 erschienen Werk „Der Ekel" schreibt er: „Der Ekel ist keine Krankheit mehr, kein vorübergehender Anfall: ich bin es selbst." (Menninghaus, 503) Es ist die radikale Sicht einer Sinn- und Grundlosigkeit der menschlichen Existenz (Nihilismus), die ihn zu dieser Aussage veranlasst. Es gibt keinen Gott, kein übergeordnetes Prinzip, keinen existenziellen Sinn. Erst wer dies erkannt hat, kann in Freiheit leben, weil er sich nicht mehr falschen Sinngebungen unterordnet.

Selbstekel kann auch jenseits solch fundamentaler philosophischer oder transzendentaler Erschütterungen entstehen, ausgelöst durch tiefe existenzielle Erlebnisse und Krisen. Oder wenn man sich an Handlungen beteiligt hat, die im Nachhinein als ekelerregend bewertet werden. Häufig entwickeln Opfer von sexuellem Missbrauch, von Vergewaltigungen oder sexuellen Orgien solche Gefühle im Nachhinein, um sich damit von sich selbst zu distanzieren. Darin steckt nicht nur eine moralische Verurteilung des eigenen Handelns, es hat zugleich den Charakter einer moralischen Reinigung. Voraussetzung dafür ist allerdings, dass man die eigenen Handlungen als freiwillig einschätzt, was bei den meisten Opfern von Gewalttaten zwar objektiv nicht der Fall ist, die sich aber dennoch mit solchen selbstdestruktiven Gedanken quälen können. Solche Menschen betrachten sich meist aus der Perspektive der anderen und müssen lernen, sich wieder aus der eigenen Perspektive zu sehen, also im wahrsten Sinne des Wortes mehr Verständnis für sich selbst aufzubringen und sich damit vor sich selbst entschuldigen zu können.

Was ist Ekel?

Ekel gehört zu den so genannten Basisemotionen, die sich durch einen typischen, universellen Gesichtsausdruck unterscheiden lassen. Wie sieht das Verhalten bei Ekelempfinden aus? Der Kopf wird vom Objekt abgewandt, die Hand wird schützend vor Nase und Mund gehalten, die Lippen und Nasenlöcher werden zusammengepresst. Sind die Ekelempfindungen besonders intensiv kann es zum Erbrechen kommen.

Es gibt eine natürliche, universelle und wahrscheinlich auch zeitlose Form des Ekels. Dies betrifft alle Stoffe oder Substanzen, die uns gefährlich werden können, indem sie zu Krankheiten oder Vergiftungen führen, wie Tote oder Tierkadaver, Insekten, verdorbene Lebensmittel, alle menschlichen Körpersubstanzen und Nahrungsmittel.

Wir alle kennen das Mitgefühl, das sich einstellt, wenn ein geliebter Mensch leidet, wir empfinden seine Schmerzen mit, als ob wir sie selbst hätten. In empirischen Versuchen hat man festgestellt, dass die eigenen Schmerzrezeptoren ebenso aktiv sind, wenn wir selbst Schmerzen zugefügt bekommen, wie wenn wir ein Video sehen, auf dem unser Partner Schmerzen ertragen muss. Dieses Mitfühlen (TOM – Theory of Mind, nach Bauer) ist der physiologische Ausdruck einer Identifikation mit dem Partner und der Partnerschaft, die wir seit Entdeckung der Spiegelneurone immer besser erforschen können. Es sind Resonanzphänomene unserer Spiegelneurone, das physiologische Korrelat unserer Liebesgefühle. Der Partner ist Teil unseres Denkens, Fühlens und Handelns, wir empfinden mit ihm oder ihr, haben ebensolche Glückgefühle oder Schmerzen, leiden und lieben mit dem anderen. Und wenn der Partner mal krank ist, dann weichen wir nicht vor seinen Ausdünstungen zurück, kühlen den überhitzten Körper, säubern diesen auch, und empfinden dabei seltsamerweise kaum Ekelgefühle, wie wir uns vor unseren eigenen Körperausdünstungen und -ausscheidungen auch nicht ekeln. Sie sind eben natürlich, bei uns wie beim anderen.

Am einfachsten ist die Überwindung der Ekelschranke bei unseren Kindern. Unseren Babys wischen wir den Po sauber, wechseln nachts um drei Uhr Windeln, liebkosen das Kind dabei und empfinden alles andere als Ekelgefühle. Dies ändert sich sofort, wenn es nicht unser Kind, sondern ein fremdes Baby ist. Wir können das Baby zwar auch windeln, aber Ekelgefühle können dabei durchaus eintreten, und das ist auch normal so. „Der Ekel geht aber streng genommen nie so weit, dass er die eigenen Ausscheidungen träfe, er begnügt sich mit der Verwerfung dieser Produkte, wenn sie von anderen stammen." (Freud: Geleitwort. Zitiert nach Menninghaus, 319) Unser Baby wird emotional als ein Teil von uns angesehen und je größer die Kinder werden, desto schneller ändert sich das. Solange wir uns mit einem anderen Menschen identifizieren, ihn als einen Teil unserer Identität ansehen, desto weniger entstehen Ekelgefühle. Gleiches erwarten wir übrigens von unseren Partnern und vielleicht später auch von unseren Kindern: Dass sie die Ekelschranke überwinden, wenn es uns wirklich schlecht geht, wir krank oder pflegebedürftig sind. Dann haben sie vielleicht keine Ekelgefühle, wir aber dafür umso mehr Schamgefühle. Je näher sich zwei Menschen sind, desto geringer ist die Ekelschranke. Empfindet der eine Partner häufiger und intensiver einen Ekel vor dem anderen, dann ist dieser andere anscheinend kein Teil seiner persönlichen Intimität mehr.

Ekel ist nach Kant eine „starke Vitalempfindung", die den ganzen Menschen ergreift. Ekel ist das Gegenteil von Geschmack und Genuss, wie die Begriffe *degout* und *disgust* anzeigen. Damit zeigt der Ekel seine Abhängigkeit vom Geschmack, über den sich bekanntlich nach Kant nicht streiten lässt. Aber dieser ästhetische Geschmack ist nach Kant zugleich ein zentrales Element der menschlichen Gemeinschaft. Dies bedeutet keine Beliebigkeit, denn guter Geschmack setzt bei Kant Bildung voraus. Worauf in wütender und polemischer Weise besonders Nietzsche bestanden hat, der mangelnde Bildung und aufgeblasene Selbstherrlichkeit als wahrlich ekelerregend bezeichnet hat. Ekel ist der Kern eines Geschmacksurteils. Für Nietzsche ist der Ekel ein besonders kräftiges, unbedingtes Nein sagen, eine bedingungslose Ablehnung. Die äußerste Nähe von Ekel und Geschmack wird bei den oft radikalen Geschmacksurteilen der Jugendlichen besonders deutlich, bei denen ekelhaft auf der einen Seite und cool, in, angesagt oder hip auf der anderen Seite Extrempole der ästhetischen Bewertung darstellen, die für andere als die Mitglieder der jeweils engen Bezugsgruppe kaum nachvollziehbar sind. Die große Nähe des Ekels zum sogenannten guten Geschmack und zugleich die soziale Konstruktion des Ekels werden nirgendwo so deutlich, wie in den globalisierten Schönheitsvorstellungen. Extremste Variante des körperlichen Ekels war immer der verwesende menschliche Leichnam, der mit Feuerbestattungen vermieden werden soll. Dennoch geht von diesem Leichnam anscheinend eine gewisse Faszination des Ekels aus, wie der große Zulauf in Ausstellungen mit präparierten Leichen verdeutlicht. In der negativen, ekelerregenden Bewertung des menschlichen Körpers nehmen sicherlich auch die Genitalien einen besonderen Platz ein, insbesondere die männlichen.

Es gibt einen recht großen Zeitraum, in dem Ekel in der menschlichen Entwicklung zum ersten Mal entsteht. Man geht davon aus, dass dies zwischen dem vierten und achten Lebensjahr ist. So haben Untersuchungen an Kindern unter drei Jahren gezeigt, dass sie nur selten auf Geruchsreize ansprechen und erst Kinder ab fünf bis sechs Jahren zu 50 Prozent eindeutige Reaktionen von Abneigung zeigen. Wahrscheinlich spielen Lernprozesse eine besondere Bedeutung bei Ekelemotionen, insbesondere das Lernen am Modell der Eltern.

Unter Emotionspsychologen ist weiterhin umstritten, ob Verachtung eine eigenständige Emotion darstellt. Ärger und Ekel scheinen eine besonders enge Beziehung zur Verachtung zu haben. Die soziale Folge ist immer der soziale Rückzug von der betreffenden Person. Verachtung ist entwicklungspsychologisch eine späte bzw. reife Emotion. Sie entsteht viel später als der Ekel und setzt die Ausbildung von Scham und Schuld voraus. Verachtung und Abscheu stehen dem Ekel nahe, sind aber eher eine Reaktion auf moralisch verwerfliche Handlungen oder Haltungen anderer Menschen. Verachtung und Abscheu sind besonders ausgeprägt in schweren partnerschaftlichen Konflikten. So fanden Gottman et. al. heraus, dass Frauen sich überfordert, allein gelassen, und den Eheproblemen hilflos ausgeliefert fühlten, wenn ihre Ehemänner ihnen Verachtung entgegenbrachten; außerdem reagierten sie häufig mit Erkrankungen (vgl. Ekman, 251). Verachtung und Ekel scheinen einer Ehe nicht gut zu bekommen.

Ekel verhindert Ehe

Franz Kafka kannte den Ekel und den Selbstekel wahrscheinlich allzu gut. Für ihn waren die Familie, ihre gegenseitige Abhängigkeit und unerträgliche Nähe, und vor allem die eheliche Sexualität geradezu ekelerregend. Er war mit einigen Damen verlobt, mit seiner Freundin Felice gleich mehrfach, aber er war nie verheiratet. Bedingung für Ehe und Familie waren für ihn Kinderlosigkeit und ökonomische Unabhängigkeit der beiden Partner. Der eheliche Koitus erschien ihm nicht als der lustvolle Gipfel ehelicher Freuden, sondern der ekelhafte Preis, den man zahlen muss, wenn man eine Ehe oder Familie will. Nur bei sexueller Enthaltsamkeit schien ihm eine Ehe erträglich. Er hätte sich wahrscheinlich sehr gut mit Florence verstanden, deren gescheiterte Hochzeitsnacht der britische Schriftsteller Ewan McEwan in seinem Buch „Am Strand" beschreibt. Das Buch hätte auch heißen können: Ekel verhindert Ehe.

Der erste Satz ist eine Art Zusammenfassung des Inhalts, ohne allerdings schon das Wesentliche zu benennen: „Sie waren jung, gebildet und in ihrer Hochzeitsnacht beide noch unerfahren, auch lebten sie in einer Zeit, in der Gespräche über sexuelle Probleme schlicht unmöglich waren" (1). Aber selbst wenn sie über Sexualität hätten sprechen können, was sie am Ende immerhin versuchten, wären sie damit dem Geheimnis des grandiosen Scheiterns ihrer Partnerschaft schon in der Hochzeitsnacht nicht auf die Spur gekommen. Sie hätten ihre Gefühle verstehen können müssen, genauer: Sie hätte ihren Ekel verstehen können müssen und er auch. Sie haben sich am Ende getrennt, weil sie den Ekel nicht aushielt und er hätte diesen Ekel nicht missverstehen dürfen.

Es geht um Edward und Florence und es ist das Jahr 1962 in England jenseits der Beatles. Das Paar hat keine Sexualität vor der Ehe, sie sind romantisch und verklemmt, obwohl Edward kaum an sich halten kann. „Seit mehr als einem Jahr war Edward von dem Gedanken daran wie benommen, dass der empfindlichste Teil seiner selbst an einem bestimmten Tag im Juli für eine gewisse Zeit, und sei sie noch so kurz, in der natürlichen Höhlung dieser fröhlichen, liebenswerten und so außerordentlich intelligenten Frau weilen würde. Die Frage, wie dies ohne Enttäuschungen oder Peinlichkeiten zu bewerkstelligen war, ließ ihm keine Ruhe." (12) Er ist sexuell unerfahren und geht davon aus, dass er der Grund der nahenden Katastrophe in der Hochzeitsnacht sein wird. Aber da weiß er noch nichts von Florences Ekel und seinen Hintergründen, die undenkbar und unaussprechlich sind. Florence ekelt sich vor allem Sexuellen. Schon bei Küssen verabscheut sie seine Zunge in ihrem Mund. Sie hasst allein den Gedanken an Küssen und hat starke Ekelempfindungen dabei. Edward interpretiert die Reaktionen von Florence aus seiner Sicht und daher falsch. Als sie stöhnt, glaubt er an ihre Lust, weil er von seiner ausgeht, sie aber stöhnt aus Ekelgefühlen, die sie kaum noch beherrschen kann.

Dieses Ekelgefühl ist allerdings älter als ihre Beziehung zu Edward, und wenn man diesen Ekel verstehen will, muss man tief in ihre Familiengeschichte eintauchen. Florence beschreibt ihre Mutter als unkörperlich, von ihr kannte sie keine Umarmung, keinen Kuss, nicht einmal eine zärtliche Berührung. Dagegen hat ihr Vater sie immer auf seine Geschäftsreisen mitgenommen, so dass sie im selben Hotelzimmer übernachten. In der Hochzeitsnacht versucht sie vor allem Zeit zu gewinnen, obwohl ihr das Unausweichliche bevorsteht. Aber: „Sie war kein Lamm, das sich klaglos abschlachten – oder penetrieren – ließ." (103) Aus der offensichtlichen Notlage wählt sie die Vorwärtsstrategie und bekennt ihre Angst, aber sie äußert Angst, nicht Scham, schon gar nicht Ekel. Auch er bekennt seine Angst und schon sind sie sich wieder näher, wie Florence empfindet, bedrohlich näher. Sie bleibt vorerst tapfer: „Seine Hand war dort, weil er ihr Mann war; und sie ließ sie dort, weil sie seine Frau war." (110)

Sie sind am Meer, am Strand. „Und dann drängte sich die Vergangenheit, die so undeutlich erinnerte Vergangenheit, doch noch zu ihr vor. Es war der Meergeruch, der alles heraufbeschwor. Sie war zwölf Jahre alt, lag reglos wie jetzt, wartete nackt und zitternd in einer schmalen Koje aus lackiertem Mahagoni. Ihr Kopf war leer; sie fühlte, dass sie Schande über sich brachte ... Es war spät am Abend, und ihr Vater zog sich im Zwielicht der engen Kabine aus, genau wie Edward es gerade tat ..." (126–127) Als Kind hat sie es als ihre Schande erlebt, was sie dann durchmachen musste, und noch heute wurde sie von Scham und Ekel überwältigt. Sie hofft, dass ihre Liebe, ihr eigenes sexuelles Verlangen diese Gefühle abtöten oder zumindest überwinden werden. „Florence musste ihn nah bei sich spüren, sonst ließ sich die dämonische Angst nicht unterdrücken, die sie zu überwältigen drohte. Sie musste wissen, dass er bei ihr war, an ihrer Seite, dass er sie nicht missbrauchte ..." (130) Hier wird der Missbrauch zum einzigen Mal angesprochen, ansonsten ist er gefangen im Nebel der unklaren Erinnerungsfetzen, der Scham, der Schuld und des Ekels.

Warum können sie nicht darüber sprechen? Reicht die Liebe nicht aus? Sie will und kann nicht. „Er brauchte nie davon zu erfahren, jedenfalls nicht, bis sie es ihm wie eine lustige Geschichte aus der Geborgenheit ihres neuen Vertrauens heraus erzählte – von jener Zeit damals, als sie noch ein unwissendes Mädchen war und grausig unter ihren dummen Ängsten litt." (129) Sie rennt in Panik aus dem Hotel und „selbst als sie endlich den Strand erreichte, hörte sie nicht auf zu rennen." (136) Florence steckt in einem fürchterlichen Dilemma, denn „um sie selbst sein zu können, musste sie ständig nein sagen, und dann war sie nicht mehr sie selbst." Sie schämt sich nicht nur, sie ekelt sich auch vor sich selbst, weil sie sich den liebevollen, sorgenden Vater zum Preis der eigenen Selbstzerstörung erhalten will, auch wenn es ihre Ehe kostet. Dann schafft sie es doch: „Vielleicht sollte ich in psychologische Behandlung gehen. Vielleicht sollte ich auch lieber gleich meine Mutter umbringen und meinen Vater heiraten." (191) Sie hat es als Scherz sagen wollen, nun ist es raus, aber Edward reagiert nicht, versteht überhaupt nicht, was sie sagen will, ist viel zu verletzt und gekränkt, um auch nur im Ansatz zu verstehen, was sie ihm da gerade gesagt hat. Dann lässt sie ihn am Strand stehen und reist ab. Sie haben sich nie mehr wiedergesehen.

Als Mädchen vom Vater missbraucht, hat Florence gehofft, mit ihren Liebesgefühlen zu Edward ihren Ekel vor allem körperlich-sexuellen überwinden zu können. Sie will bei Edward bleiben, ihn spüren, die Gegenwart leben und nicht mehr an die Vergangenheit denken, aber die Meeresluft ist der Auslöser, dass all ihre alten Erinnerungen wieder hochkommen. Sie hat sich einen Mann ausgesucht, der in sexueller Hinsicht vollkommen unerfahren und beinahe unschuldig ist, bei ihm glaubt sie sich in Sicherheit. Aber der alte Ekel, der vor vielen Jahren entstand und der auch einen Ekel vor sich selbst bedeutet, wird wieder lebendig.

Liebe – Ekel – Selbstekel

Liebe ist ein Gegenpol zur Aggression: Je mehr jemand liebt, desto mehr werden seine Aggressionen in der Liebe und durch sie gebunden. So ähnlich verhält es sich auch mit dem Ekel: Je mehr jemand einen anderen Menschen liebt, desto mehr überwindet die Liebe beinahe jede Form von Ekel, weil der andere zu einem Teil des Selbst wird. Wenn aber die Liebe schwindet, findet eine innere Distanzierung vom Partner statt und der Ekel kehrt als natürliche Grenze zum anderen zurück. Und wenn dann keine Distanzierung stattfindet und der Ekel empfunden wird, aber die Person keine Möglichkeit hat, sich zurückzuziehen, dann bleibt sie in der ekelhaften Situation, in der Falle des Ekels, und beginnt langsam, sich vor sich selbst zu ekeln. Ekel kann also, wenn er nicht wahrgenommen wird oder keine Möglichkeit besteht, sich aus der Beziehung zu entfernen, zu einem Selbstekel werden und sich damit gegen die eigene Person wenden.

Günther Grass hat in seinem Werk „Die Blechtrommel" dafür ein fulminantes Beispiel geliefert. Oskar Matzerath hat eine schöne Mama, die nicht nur mit Herrn Matzerath in einer Ehe zusammen lebt, sondern auch noch den Liebhaber Jan Bronski hat. Matzerath ist Nazi-Deutscher, Bronski ist Pole und alle leben in Danzig. Die Frau fühlt sich wohl in der Dreiecksbeziehung und zu Dritt spielen sie gern Skat. Herr Matzerath kann gut kochen und Herr Bronski gut lieben, beides genießt Oskars Mama sehr. Aber die Frau hält den chronischen Ehebruch, dieses Leben zu Dritt anscheinend nicht aus. Und so wie Ottilie in Goethes Wahlverwandtschaften beschließt, nichts mehr zu essen und wegen dieser Liebe zu sterben, so beschließt Oskars Mama, sich zu Tode zu fressen. Aber es ist nicht nur eine Art Fressanfall, es ist der Ekel, der sich in Selbstekel gewandelt hat. Denn so, wie sie niemals Fisch ausstehen konnte, allein den Geruch nicht ertragen hatte, schlingt sie nun allen Fisch in sich hinein. In dem Kapitel „Karfreitagskost" sieht sie einen Pferdekopf, aus dem die Aale kriechen. Die phallische Symbolik ist überdeutlich. Und dann beginnt sie aus tiefem Selbstekel heraus, allen Fisch, ob frisch oder faul, in sich hinein zu schlingen, bis sie daran stirbt. Sie hat begonnen, sich vor ihrem Leben mit der oralen und sexuellen Gier und schließlich sich selbst zu ekeln. Wer den Ekel als Warnzeichen leugnet, bei dem entsteht Selbstekel und wer dann immer noch nichts in seinen Beziehungen ändert, den kann der Selbstekel zerstören.

Ekel als Maske der Distanzierung und Abgrenzung zum Partner ist ein rotes Warnsignal für ein baldiges Ende der Liebesbeziehung. Wenn es aufleuchtet, ist es manchmal schon zu spät. Aber wer dieses letzte Warnsignal auch noch übersieht, nicht ernst nimmt und daraus nicht die notwendigen Konsequenzen zieht, der wird erleben, wie schnell aus der Distanzierung eine Trennung werden kann. Was ist zu tun? Wenn Ekelgefühle den Abschied aus der partnerschaftlichen Intimität signalisieren, dann gilt es möglichst umgehend und energisch diese Intimität wieder herzustellen oder zu stärken. Und dies beginnt meist mit einer ganz einfachen

Frage an den anderen: Wie geht es dir in unserer Partnerschaft? Was immer die Antwort sein mag, sie wird nicht positiv sein, und sie sollten ruhig und angemessen darauf reagieren. Humorvolle Reaktionen wären zwar auch nicht schlecht, sind aber aufgrund der Antwort auf Ihre Frage unwahrscheinlich. Solch eine Größe kann man in diesen Stunden der Wahrheit nicht mehr aufbringen, das wäre nahezu unmenschlich. Denn der Partner wird Ihnen sagen, dass es so nicht weiter geht, dass kaum noch Hoffnung da ist und radikale Änderungen erforderlich sind, wenn die Beziehung noch gerettet werden soll. Prüfen Sie sich dann selbst: Wenn sie Ihren Partner noch lieben und ihre Beziehung erhalten wollen, dann sollten sie sich aktiv und innovativ an diesen Veränderungen beteiligen. Und vergessen Sie dabei Ihre eigenen Veränderungswünsche nicht, sonst könnte es Ihnen bald so ergehen, wie zuvor Ihrem Partner.

Eros, der große Heilende
Platon
Symposion

Thou art not what thou seems'st.
Du bist nicht, was du scheinst.
Shakespeare
König Heinrich IV, I. Aufzug

8. Maskenball

Zum Umgang mit Gefühlen in Liebesbeziehungen

Am Anfang der Liebe ist immer die Täuschung! Aber wenn
dies so bleibt, dann bedeutet dies auch das schnelle Ende
der Liebe. Die Täuschung ist sowohl eine systematische
Täuschung des Partners, als auch eine Selbsttäuschung.
Und dabei scheint es, als hätten die Menschen gar keine andere Wahl. Jeder Mensch will als der ideale Partner erscheinen und gewählt werden, der Schein des ersten Eindrucks
zählt nun mal. Solche systematischen Täuschungen lassen
sich die Menschen viel kosten: Heute wird für Modeartikel
und Kosmetika weltweit mehr Geld ausgegeben, als für
Nahrungsmittel. Die Täuschung ist nicht böswillig, sondern
aus der Sicht der potentiellen Partner notwendig. Denn die
Ansprüche sind so sehr gestiegen, dass man ihnen mit Ehrlichkeit nicht mehr entsprechen zu können glaubt. Und hat
man die erste, noch rein äußerliche Täuschung erfolgreich
überstanden, ist der Kontakt erst einmal hergestellt und die
Verzauberung eingetreten, dann werden die Täuschungen
nicht etwa umgehend eingestellt, so dass die Partner sich
ganz entspannt als Menschen begegnen können. Dann werden aus den Ansprüchen an einen idealen Partner ebensolche überzogenen Erwartungen an eine einmalige, glückliche, harmonische und dauerhafte Liebesbeziehung. Es muss

anscheinend die große, einzige, wahre Liebe des Lebens sein.

Der Druck ist immens und die Konkurrenz gnadenlos. Wer sich mit weniger als dem Absoluten zufrieden gibt, hat scheinbar schon verloren. Und daher entscheiden sich viele Menschen, lieber allein zu bleiben, als sich mit weniger als dem Idealen abzugeben. Moderne Ansprüche machen eben einsam, das scheint nun mal der Preis zu sein. Und kaum einer merkt die ganze Unmenschlichkeit dieser Logik: Beurteilt wird die durchgestylte Äußerlichkeit und vor lauter Make-up, Mode und Maske kommt eine innere, menschliche Begegnung kaum zustande. Dies ist nicht nur eine fatale Überbetonung des äußerlichen Scheins, es ist auch eine Missachtung des menschlichen Seins. Besonders drastisch tritt diese Haltung bei den kommerzialisierten Kuppeleien auf, wie beispielsweise dem Speed-Dating. Der äußere Eindruck zählt, die Floskel, die Maske der sinnentleerten Kommunikation – und nach fünf Minuten dreht sich das Karussell weiter. Die Menschen hatten noch nie soviel Zeit im Leben, wir sind noch nie in der Geschichte durchschnittlich so alt geworden wie heute und wir haben noch nie so hohe Ansprüche an eine romantische Liebe gehabt – und dann erfinden wir das Speed-Dating, ein brutales Geschäft mit der Liebessehnsucht der Menschen.

Der ideale Partner einer Frau muss heute durchsetzungsfähig, verlässlich, erfolgreich, verantwortungsbewusst, intelligent und unabhängig sein – gut aussehend, humorvoll und ungebunden versteht sich von selbst. Welcher normale Mann kann diesen immensen Ansprüchen wirklich gerecht werden? Aber statt das unmenschliche Ideal zu hinterfragen, verkriechen sich viele Menschen eher in Selbstzweifeln und Rückzug. Das weibliche Ideal der Männer fällt meist etwas bescheidener aus, wobei äußerliche Attraktivität stärker betont wird. Das typgerechte Styling – die Masken der attraktiven Frau oder des erfolgreichen Mannes – sollte zumindest so wirkungsvoll sein, dass ein erstes Verlieben möglich ist. Wenn sich das Verlieben eingestellt hat, sieht man weiter. Der oder die andere sollte die Möglichkeit eröffnen, die eigenen Liebessehnsüchte wirkungsvoll in ihn oder sie hinein projizieren zu können, d. h. der Schein sollte vielversprechend und die Täuschung möglichst perfekt sein. In dieser ersten Phase ist ein Erkennen des anderen noch nicht möglich. Man kennt sich noch nicht, will diese Fremdheit möglichst schnell und umfassend durch dauernde körperliche, geistige und emotionale Nähe überwinden und hat zugleich Angst davor. Es ist ein wenig auch die Angst, dass die Täuschung, die Mogelpackung entdeckt wird, dass der Mensch hinter der Maske erkannt wird.

So sehr man die Täuschung am Anfang braucht, um sich zu verlieben, um idealisiert und in der Liebessehnsucht beantwortet zu werden, so sehr müssen die Paare bereit sein, im Verlauf ihrer Beziehung einige allzu unpersönliche Masken abzulegen, um so mehr emotionale Nähe und Intimität in der Partnerschaft zu erreichen. Dies ist kein abstraktes Ziel, denn jeder will so geliebt werden, wie er ist. Mit der Zeit hat jeder der beiden Partner ein hohes Eigeninteresse daran, nicht mehr als Ideal auf ein Podest gestellt zu werden. So gut es auch tut, idealisiert zu werden, auf einem Podest ist es einsam und das zugeschriebene Bild des idealen Menschen passt meistens nicht zum Selbstbild. Wir alle wissen es einfach besser: Wir sind längst nicht so ideal, wie der Partner uns sieht und hoffen alle, dass er oder sie uns dennoch weiterhin lieben wird, wenn wir uns als Menschen zeigen.

Es gilt, den Übergang von der verliebten zur gelebten Liebe zu gestalten. Dazu brauchen wir neue, andere und persönlichere Masken, um eine Intimität leben zu können. Während in der ersten Phase die Masken zum allgemeinen Ideal passend sein sollten, müssen und können in der folgenden Phase persönlichere Masken verwandt werden. Sie geben schon mehr Auskunft über die Person, die sie trägt, so wie das Kleid, der Pullover, die Hose oder die Jacke auch zur Person gehören. Die Person wird auch in den Kleidern immer vertrauter und bekannter und so, wie Menschen durch ihre Kleidung auch Stimmungen, Haltungen oder individuelle Neigungen mitteilen, so ist es auch mit ihren Masken der Seele.

In Liebesbeziehungen können wir auf den Schutz der Masken nie ganz verzichten. Kein Mensch kann ohne Masken leben, denn sie bieten nicht nur einen Schutz vor seelischen Verletzungen. Masken geben uns auch die Möglichkeit, neue Rollen einzuüben, um den wechselnden Herausforderungen an unsere Identität und Handlungskompetenz gerecht zu werden. Wer z. B. niemals Vater war und ein schlechtes Vorbild hatte, der muss dies üben, indem er erst mal so tut, als wisse und könne er es. Und wer den Vater gelernt hat, weiß noch nicht, wie er Stiefvater oder Großvater sein kann. Das bringt Enttäuschungen und neue Täuschungen mit sich. Es ist ein niemals endendes Maskenspiel, dessen Kunst im Erkennen und Beantworten der Masken des anderen besteht. Vertrautheit ist insofern auch das Wiedererkennen der Masken.

Die Momente ohne Maske sind selten und besonders. Jedes Paar kennt diese Momente, die sich durch eine ganz besondere emotionale Nähe auszeichnen. Es ist der klare Blick in die Augen des anderen, es sind die offenen Worte, es ist die körperliche Harmonie oder auch die spirituelle Nähe. Manchmal ist nur der eine Partner ohne Maske, mal sind es gar beide. Diese intensive, authentische Offenheit ist ohne jegliche Verschleierung, ohne Schutz, ohne doppelten Boden, sie ist menschlich. In solchen Momenten sind wir offen wie Kinder und sollten entsprechend liebevoll behandelt werden. Vielleicht ist es ein Kennzeichen einer partnerschaftlichen Intimität, dass sie diese unmaskierten Begegnungen leichter macht. Man ist sich vertrauter, begegnet sich mit weniger Ängsten, kann den anderen verstehen und so sein, wie man sein möchte oder wirklich ist, ohne Angst haben zu müssen, verlassen oder nicht mehr geliebt zu werden. Dennoch kann man solche Momente ohne Maske nicht gezielt herstellen oder beliebig wiederholen. Man muss einige partnerschaftliche Konflikte durchstehen, in denen sich das Bild des anderen, aber auch das der ganzen Partnerschaft wandelt.

Täuschung und Selbsttäuschung

Schon Goethe hat sich als Bekenner der Liebe sein ganzes Leben lang mit diesen Problemen von Täuschung und Wahrheit geplagt. In seinem Werk „Torquato Tasso" schildert er das Schicksal des Dichters, dessen Ideale an den Klippen einer unaufrichtigen Wirklichkeit zerschellen. Sein Dilemma schien ihm nicht lösbar: Wenn man das Spiel der gesellschaftlichen Konventionen mitspielt, täuscht man selbst und verhält sich letztlich nicht echt. Ist man dagegen offen, ehrlich und gefühlsorientiert, bekennt sich zu seinen Gefühlen, so erscheint man nicht nur naiv, dann ist die erotische Zurückweisung wahrscheinlich bis unvermeidbar. Warum kann der verliebte Mensch nicht einfach offen seine Gefühle zeigen, wieso muss er sich verstellen?

Goethe hat es unwidersprochen zugelassen, dass sein Tasso als „gesteigerter Werther" bezeichnet wurde. Tasso ist ein Dichter am Hofe des Herzogs Alfons von Ferrara. Er liebt Leonore, die Schwester des Herzogs und glaubt, dass seine Liebe erwidert wird, denn ihre Zuneigung ist aus seiner Sicht eindeutig. Als er sich ihr dann eröffnet, seine Liebe gesteht und sie umarmt, weist sie ihn brüsk zurück, als sei dies alles ein Missverständnis. Er versteht die Welt nicht mehr und verfällt in eine Art Wahn. Nur indem er sich auf seine Dichtkunst besinnt, kann er dem Wahnsinn entkommen: Schreibend reinigt er sich wieder. Nur bei seinem stärksten Widersacher am Hofe, dem nüchternen, realistischen und erfahrenen Staatsmann Antonio findet er noch Trost und Verständnis. Ist er am Ende gescheitert wie ein Schiff in stürmischer See an den Felsen, weil seine Liebe nicht für die raue Wirklichkeit tauglich war? Weil romantische Liebe, die herzlich empfunden wird, nicht offen eingestanden werden darf? Das Ende bleibt offen.

Die Täuschung ist der Versuch, sich selbst als ideal und begehrenswert darzustellen, nur selten wird gezielt, absichtlich und perfide getäuscht, wie bei den großen Verführern der Weltliteratur, allen voran Casanova. Der größte Stratege in Sachen Liebeseroberungen allerdings ist und bleibt der Vicomte de Valmont in dem Buch „Gefährliche Liebschaften" von Choderlos de Laclos, das 1782 erschien, als Casanova noch nicht einmal damit begonnen hatte, seine Memoiren zu schreiben. Sein Abkommen mit seinem weiblichen Pendant, der Marquise de Merteuil, die angesehene, fromme, treue und moralisch einwandfreie Madame de Tourvel zu erobern, ähnelt einer militärisch geplanten, psychologischen Eroberung. Aber nicht die Frau ist das eigentliche Ziel seiner amourösen Ambitionen, sondern der Sieg über den Feind, ihren Ehemann. Dieser Verführer und Täuscher zieht seinen narzisstischen Gewinn aus der Niederlage des betrogenen Ehemannes, die Frau ist nur Mittel zum Zweck. Natürlich sind solche Täuschungen nie ohne Selbsttäuschung möglich. Valmont ist durch seine zahllosen Eroberungen ja nie wirklich befriedigt, bleibt stets ein Getriebener, und jeder Sieg ist für ihn psychologisch gesehen eine Niederlage. Denn er lernt nicht, ein reifer Mann zu werden, indem er die Frauen erobert und ihre Männer besiegt, sondern nur durch die Identifikation mit einem reifen Mann – und das blieb ihm verwehrt.

Wenn die Erfindung der Liebe die Täuschung eines anderen Menschen ist mit dem Ziel, diesen zu erobern, dann ist die Selbsttäuschung der Versuch, sich eine Liebe zu erfinden, die nicht existiert. Eine der schönsten Selbsttäuschungen der letzten Jahre enthält die Novelle „Die Frau im Mond" von Milena Agus. Wo kein Mann sich findet und die Liebe sich in der Wirklichkeit nicht einstellt, da wird sie eben erfunden. Es ist ein Buch über die Macht der Phantasie und Poesie. Die Geschichte wird erzählt von der Enkeltochter, die über das Leben der Großmutter schreibt. Diese Großmutter schreibt feurige Liebesbriefe an ihre möglichen Liebhaber, so dass sich diese schnell wieder zurückziehen. Schließlich findet sich doch noch ein Witwer, der sie bereitwillig heiratet und mit ihr eine Vernunftehe jenseits der großen Liebe eingeht. Die fehlende Liebe kompensiert diese wunderbare Frau durch eine erfundene Liebe zu einem Kriegsheimkehrer, dem Reduce. Und sie schreibt diese einmalige Liebesgeschichte in Briefen auf. Als der Reduce die Briefe gelesen hat, antwortet er: „Die Liebe, die Sie zwischen uns erfunden haben, hat mich zutiefst berührt, und während ich die Szenen las, habe ich fast bedauert – entschuldigen Sie bitte meine Anzüglichkeit –, dass es jene Liebe nicht in Wirklichkeit gegeben hat." (135) Wo Liebe und Gefühle fehlen, werden sie erfunden, manchmal schöner als in der profanen Wirklichkeit.

Das Zentrum einer Liebesbeziehung sind die Gefühle, denn dort sind die Menschen sich am nächsten, aber auch am verletzlichsten. Gefühle brauchen den Schutz der Masken, Verkleidungen und Hüllen sehr lange, um sich zu öffnen. Aber die Gefühle sind nicht nur ein Erkennungsmerkmal oder ein Wesenszug des Menschen, mit Gefühlen nehmen wir nicht nur andere Menschen und Beziehungen wahr, Gefühle beeinflussen nicht nur unser Denken und Handeln, mit Gefühlen kann man andere Menschen auch am meisten lieben – und verletzen. Und wenn die ersten Verletzungen in der Liebesbeziehung eintreten, dann fühlen sich die Menschen nicht nur getäuscht und zu wenig geliebt, dann verkriechen sie sich auch wieder hinter ihren Masken, um sich vor weiteren Verletzungen und Enttäuschungen zu schützen.

Die erste große Enttäuschung erleben die Liebenden, obwohl sie dies gar nicht wollen und alles tun, um sie zu vermeiden. In der Verliebtheit erschien der Partner wie die Inkarnation aller Sehnsüchte, aber mit dem Schwinden der Verliebtheit kommt scheinbar das wahre Wesen des anderen hervor. So sehr das Verlieben eine Projektion der eigenen Sehnsüchte in einen anderen Menschen darstellt, so wenig kann dieser andere Mensch etwas dafür, so idealisiert und glorifiziert zu werden. Wenn die Projektionen in ihrer Wirkung nachlassen und die realen Bilder des Partners deutlich werden, scheint die Enttäuschung groß zu sein. Eigentlich müsste ein reflektierender Mensch sagen: Ich habe meine Liebessehnsüchte und Liebesideale in dich hinein projiziert, damit ich sie aus dir wieder herauslieben kann und jetzt bin ich enttäuscht darüber, dass du doch anders bist, als ich es mir in meinen kindlichen Phantasien gewünscht habe. Du bist doch ein Mensch und kein göttliches Wesen, wie ich es gedacht und ersehnt hatte. Aber ich erkenne an, dass es meine Projektionen waren, hinter denen ich dich nicht gesehen habe, das tut mir leid, insofern war es keine Enttäuschung durch dich, sondern eher eine Selbsttäuschung. Aber sie hat dir ja auch gut getan, also beschwere dich nicht, ich werde dich in Zukunft etwas weniger idealisieren. Zu solchen Reflexionen sind die Menschen aber selten in der Lage. Sie wollen lieber ihr Idealbild von der Partnerschaft und vom Partner aufrechterhalten, als diese kalte Realität zu akzeptieren. Und deshalb bleiben sie meistens dabei, dass es keine Selbsttäuschung war, sondern eine Täuschung durch den anderen.

Vom Fels in der Brandung zum Eisblock

„Du hast mich getäuscht und mir den coolen Typen, den selbstsicheren Mann nur vorgespielt. Du hast dich als einen tollen Mann dargestellt, der alles im Griff hat, ein richtiger Fels in der Brandung. Ja, genau so einer, wie ich ihn immer gesucht hatte. Und dann habe ich festgestellt, dass du ein Eisblock bist, unfähig zu wirklichen Gefühlen. Mir ist in den letzten Jahren kalt geworden neben dir." – „Danke, gleichfalls, mir geht es nicht anders. Ich dachte eine weiche, gefühlvolle Frau gefunden zu haben. Und dann bist du immer mehr verhärtet …" – „Warte, ich bin noch nicht fertig. Am Anfang warst du souverän, aber im Laufe unserer Beziehung wurdest du immer unsicherer, und als die ersten Krisen kamen, hast du dich in die Arbeit und den Alkohol geflüchtet. Wenn wir da nicht schon zwei Kinder gehabt hätten, dann hätte ich mich damals schon vor acht Jahren von dir getrennt. Heute habe ich manchmal das Gefühl, drei Kinder zu haben und alleinerziehend zu sein. Dann kann ich mich auch trennen, dann habe ich ein Kind weniger und kann mich um die Kinder besser kümmern. Es war einfach alles nur eine Täuschung." – „Du bist nicht wirklich enttäuscht von mir, sondern nur von deinem Bild von mir. Du hast in mir einen Mann sehen wollen, der ich nie war. Du hast dich nicht in mich verliebt, sondern in dein Bild von mir. Aber dieses Traumbild bin ich nicht, sorry. Du wolltest den Fels in der Brandung und hast ihn deshalb in mir gesehen. Ich habe dich nicht getäuscht, du wolltest mich so sehen. Eigentlich hast du mich nie wirklich angesehen. Du hast immer nur nach deinem Traummann gesucht und als du gemerkt hast, dass ich anders bin, hast du angefangen, mich zu bekämpfen. Deine Täuschung ist doch eine Selbsttäuschung und die Verantwortung dafür trägst du allein. Wenn du mir gesagt hättest, dass du den Fels in der Brandung suchst, dann hätte ich dir gleich sagen können, dass ich für diese Rolle nicht der Richtige bin. Dafür bin ich ehrlich gesagt viel zu sensibel, so ein Felsen ist gar nicht mein Ding." – „Dann sag ich es anders: Ich habe eine Schulter gesucht, an die ich mich auch mal anlehnen kann. Es ist anstrengend, immer die starke Frau zu sein. Ich habe den starken Mann gesucht und geglaubt, ihn bei dir gefunden zu haben. Du wusstest das, tu' nicht so, ich habe es dir immer wieder gezeigt. Erinnerst du dich noch, als wir in der Bretagne waren und ich dir den Felsen gezeigt habe und mich dann an dich angelehnt habe? Das willst du alles nicht gemerkt haben? Das beweist doch nur, dass ich recht habe. Du warst nie der starke Mann, du hast ihn nur gespielt, um mir zu gefallen. Du bist eine einzige Mogelpackung." – „Wenn du eine wirklich starke Frau wärst, dann hättest du den Fels in der Brandung nicht gebraucht, aber deine Stärke ist ja nur gespielt. Das ist die wahre Täuschung. Fass dir an die eigene Nase und sei nicht so überheblich und anklagend, diese Jammertour kann ich nicht mehr hören."

Manchmal lasse ich die Paare ihren Streit vortragen, um ein Gefühl für ihre Sackgasse, ihre gegenseitigen Vorwürfe und individuellen Verzweiflungen zu bekommen. Meistens kann man beide Seiten subjektiv verstehen. Sie beklagen sich beide darüber, vom anderen nicht das bekommen zu haben, was sie gebraucht hätten, sie reichen sich gegenseitig als eine Reklamation ein und beklagen, getäuscht worden zu sein. Wir wissen, dass Verlieben im psychologischen Sinne nichts anderes ist als die Idealisierung des Sexualpartners. Das ist es, was am Verlieben so wunderbar ist: Man fühlt sich idealisiert und dies steigert den sexuellen Rausch narzisstisch in ungeahnte Höhen. Beide projizieren ihre Wünsche und Sehnsüchte in den anderen in der Hoffnung nach Erfüllung. Ist das eine Täuschung? Ja! Kann man sich insofern darüber beklagen, wenn die eigenen projizierten Sehnsüchte durch den Partner nicht erfüllt werden? Nein! Ist die Enttäuschung dennoch verständlich? Ja! Wie kommen die beiden aus der Sackgasse gegenseitiger Vorwürfe und Reklamationen heraus? Indem sie ihre Wunschbilder hinterfragen: Woher kommen sie, wieso sind sie so stark, mit welchen vorherigen Erfahrungen sind diese Wunschbilder und Sehnsüchte verknüpft, wie kann ich mich von ihnen verabschieden und eine realistischere Perspektive einnehmen und wie kann ich danach den anderen immer noch lieben? Das ist die ganze harte Arbeit einer Paartherapie. Es gibt keinen Königsweg, keine Abkürzungen und keine Täuschungen mehr. Es gilt, den ganzen steinigen Weg von der gegenseitigen idealisierenden Täuschung bis zur heutigen Krise durchzuarbeiten, um zur Intimität einer reifen Liebe zu gelangen. Die erste Enttäuschung ist also die Selbsttäuschung, die meist als Täuschung durch den anderen erlebt wird.

Das Internet als Maske

Eine sehr moderne, verführerische und auch gefährliche Variante der Annäherung im Schutze einer Maske ist das Internet; es ist eine virtuelle Annäherung, bei der sich die wirkliche Person hinter der Maske des Internet versteckt – und erst dadurch eine sehr große mentale Nähe zulassen kann. Die Anonymität schützt beide Partner im Internet so gut, dass sie sich gegenseitig öffnen, ja sogar intim werden können, ohne die geringste Angst vor Verlust, Versagen oder einfacher Blamage. Sie können sich in Rollen ausprobieren und dabei Wünsche, Sehnsüchte, Phantasien, Hoffnungen, Ängste oder auch Probleme mitteilen und damit einen Grad an Intimität erreichen, der für sie in der Realität nur nach Jahren, Umwegen, Mühen und Enttäuschungen erreichbar scheint. Kann man sich im Internet wirklich begegnen? Sich gegenseitig wahrhaftig selbst eröffnen, also Intimität herstellen? Kann man sich verlieben? Sicher, das kann man. Aber entspricht meine Selbsteröffnung nicht eher meinem geschönten Selbstbild? Und ist das Bild, das der andere im Internet von sich selbst entwirft nicht ebenso ein geschöntes Selbstbild? Und in wen oder was verliebt man sich dann? Ist es mehr das Bild des anderen Menschen, wie er oder sie es von sich schreibt? Verlieben sich dann im Internet zwei Menschen in das geschönte Selbstbild des anderen, das sich auf wundersame Weise mit den eigenen Wunschträumen mischt? Und wenn das Internet eine virtuelle gegenseitige Täuschung und Selbsttäuschung ist, wie viel bleibt dann übrig in der nicht virtuellen Wirklichkeit? Oder sind die gegenseitigen Täuschungen in der so genannten Wirklichkeit nur umfassender, komplizierter und anspruchsvoller?

Internetbegegnungen sind eine Form des Träumens mit modernen Mitteln. Wenn die emotionale Nähe schon nicht oder nicht mehr in der Wirklichkeit möglich erscheint, dann soll sie zumindest als Traum existieren. Diese tiefe Sehnsucht nach dem Traumpartner und einer emotionalen Nähe nutzen Internet-Partnerschaftsbörsen gezielt kommerziell aus; es ist ein Geschäft mit der Liebessehnsucht der Menschen. Man bezahlt dafür, einen virtuellen Traum träumen zu dürfen und die realen Begegnungen sind dementsprechend ernüchternd. Ich kenne viele Paare, bei denen sich die Frauen im Internet in einen anderen Mann, einen Traummann, verliebt haben, weil ihre Liebessehnsucht im partnerschaftlichen und ehelichen Alltag nicht mehr befriedigt wurde. Manchmal haben sie ihn kennen gelernt, meistens war die reale Begegnung einmalig und fast immer waren die Folgen problematisch. Wenn sie es anschließend schafften, mit ihren Ehemännern darüber zu reden, ihre Sehnsüchte offen zu legen und der andere nicht gekränkt reagierte, dann entstand damit durchaus eine Chance zu einer neuen gemeinsamen Entwicklung. Wenn sie die Erfahrung nicht in die Beziehung einbrachte, dann verstärkte dies nicht nur ihre Unzufriedenheit mit der bestehenden Partnerschaft, sondern auch ihre ungestillten Liebessehnsüchte. Solchen

Frauen geht es wie Madame Bovary, sie träumen sich immer mehr aus der Realität, bis sie vollends den Kontakt zu ihr verlieren und nur noch in ihren Wunschwelten leben.

Es gibt einen neueren deutschen Roman, der es verdient, an dieser Stelle als hervorragendes Beispiel kurz erzählt zu werden: „Gut gegen Nordwind" von Daniel Glattauer. Selten sind die vermeintlichen Chancen des Internet, die menschlichen Risiken und ungeahnten Folgen so eindringlich, witzig und charmant beschrieben worden. Der Roman erinnert an die alten Briefromane, wie sie noch bis zu Goethes Zeiten geschrieben wurden. Es war eine Tradition, die Goethe selbst durch „Die Leiden des jungen Werthers" unterstützte und mit „Die Wahlverwandtschaften" revolutionierte und fürs Erste abschaffte. Es ist ein Email-Roman, der mit einem Missverständnis beginnt: eine gewisse Emmi Rothner möchte gern ihr Zeitschriftenabonnement abbestellen. Sie schreibt nicht der Zeitschrift, sondern an eine falsche Emailadresse. Der Adressat Leo Leike hat nichts mit der Zeitschrift zu tun und schreibt ihr zurück. Daraus entwickelt sich ein Emailkontakt mit fatalen Folgen, denn der Kontakt entwickelt eine eigene Dynamik, der sich beide nicht mehr entziehen können. Er schreibt ihr: „Ich bin in unserem Dialog nämlich an einem heiklen Punkt angelangt. Sie, die gewisse Emmi mit Schuhgröße 37, beginnt mich schön langsam mehr zu interessieren, als es dem Rahmen, in dem ich mich mit ihr unterhalte, entspricht. Und wenn sie, die gewisse Emmi mit Schuhgröße 37, von vornherein feststellt: „Wahrscheinlich werden wir uns niemals sehen", dann hat sie natürlich völlig Recht und ich teile ihre Ansicht. Ich halte das für sehr, sehr klug, dass wir davon ausgehen, dass es zu keiner Begegnung zwischen uns kommen wird. Ich will nämlich nicht, dass die Art unseres Gesprächs hier auf das Niveau eines Kontaktanzeigen- und Chatroom-Geplänkels absinkt." (17) Aber die Dynamik ist entfaltet, das Interesse für den jeweils anderen ist angestachelt, die Sehnsucht nach dem unbekannten anderen ist entfacht. Leo lebt in einer unglücklichen Auf- und-Ab-Beziehung und Emmi bezeichnet sich als glücklich verheiratet. Er erinnert sie an den virtuellen Charakter ihrer Email-Beziehung: „Wir erzeugen virtuelle Fantasiegestalten, fertigen illusionistische Phantombilder voneinander an." (19) Aber sie antwortet: „Ich bin süchtig nach Emails von Leo!" (20) Es ist diese Sucht, diese Sehnsucht, diese Liebessehn- sucht, die sie immer weiter virtuell miteinander verstrickt. Sie schreiben sich täglich im Minutenabstand, teilen sich in- time Details ihres Lebens mit, schaffen damit eine unglaub- liche emotionale Nähe. Sie halten die physische Distanz da- bei nicht mehr aus, verabreden sich als Kompromiss in ei- nem Café, aber nicht direkt, sondern nur zur gleichen Zeit, schreiben sich danach wieder und geben ihrer Phantasie, ihrer Liebessehnsucht und ihrem mittlerweile gestiegenen Begehren immer mehr Nahrung. Und sie tauschen intensiv ihre Gefühle aus, so dass Emmi schreibt: „Ich habe schon lange mit niemandem so heftig Gefühle ausgetauscht wie mit Ihnen … Ich kann in meinen Emails an Sie so sehr die echte Emmi sein wie sonst nie." (98) Sie fühlt sich verstan- den wie sonst nie im wirklichen Leben. Und dann schreibt sie den Satz, auf den es ankommt: „Sie nehmen mich so wie ich bin." (98) Sie berichtet, sie habe schlecht geschlafen, weil es Nordwind gebe und er empfiehlt ihr, sich um 180 Grad im Bett zu drehen, mit den Füssen zum Fenster zu schlafen und sie antwortet: „Leo, ich hab Sie sehr, sehr gern. Sie sind fantastisch gut gegen Nordwind." (142) Sie wollen telefonie- ren, nur mal die Stimme des anderen hören, mehr nicht und als Kompromiss sprechen sie sich gegenseitig auf die Anrufbeantworter.

Ihre gemeinsame Zeit im Emailkontakt nimmt immer mehr zu, bis sich Emmis Ehemann schließlich bei Leo mel- det, um ihn zu bitten, endlich seine Frau zu treffen, ja sogar mit ihr Sex zu haben, nur damit der Spuk ein Ende hat.

Seine Ehe sei in ernster Gefahr, er habe gegen den virtuellen Leo keine reale Chance mehr. Er schreibt: „Und hier nun meine Bitte: Herr Leike, treffen Sie sich mit meiner Frau! Bitte tun Sie es, damit der Spuk sein Ende hat! … Ich leide unter meiner Unterlegenheit und Schwäche … Stundenlang sitzt sie in ihrem Zimmer und starrt in ihren Computer, in den Kosmos ihrer Wunschträume. Sie lebt in ihrer Außenwelt, sie lebt mit Ihnen … Ja, treffen Sie sich mit ihr, verbringen Sie eine Nacht mit ihr, haben Sie Sex mit ihr! Ich weiß, dass Sie es werden haben wollen. Ich erlaube es Ihnen … Ich spüre, Emma sucht nicht nur die geistige, sondern auch die körperliche Nähe zu Ihnen, sie will es wissen, glaubt es zu brauchen, ihr verlangt danach." (180–184) Und Leo antwortet dem Ehemann, er solle sich an seine Ehefrau wenden, er sei der falsche Adressat. Und dann bekommt er eine Stelle in den USA, in Boston, und deshalb möchte er den Kontakt beenden. Sie will ihn nur einmal treffen, bevor er geht, will zu ihm kommen, hält spontanen Sex für nicht ausgeschlossen, will gleich zu ihm kommen, also bis gleich. Sie verabschiedet sich von ihrem Mann und dieser wünscht ihr einen schönen Abend, er sagt: „Amüsiere dich gut, Emmi!" (222) Er hat sie nie Emmi genannt, immer nur Emma, deshalb weiß sie plötzlich, dass er alles weiß – und kann nicht mehr zu Leo gehen. Am nächsten Tag ist er fort und sie schreibt ihm vergebens: „Ich glaube, ich liebe dich." (223) Aber sie erhält nur noch eine elektronische Antwort.

Zwei Menschen haben sich im Internet verliebt und man spürt diese Verliebtheit in jeder Zeile ihrer Emails. Aber wenn Emmi am Schluss schreibt: „Ich liebe dich!" – wen meint sie dann damit? Sie hat Leo nie gesehen, keine Stunde mit ihm verbracht, keinen Tag, schon gar keinen Alltag erlebt. Beide haben sich in ein Bild vom anderen verliebt. Im Schutz der Maske des Internet haben sie eine emotionale Nähe hergestellt und gehalten, die unglaublich intensiv war, aber sie blieb virtuell.

Es ist ein Buch über die Macht des Internet, die Virtualität der Verliebtheit, die gegenseitigen Projektionen von Liebessehnsüchten, eine Intimität durch gegenseitige schonungslose Selbsteröffnung – und am Ende bricht der Kontakt einfach ab. Und die Leser spekulieren, wie das Märchen wohl weiter gegangen wäre, wenn sie sich gesehen hätten, wenn sie sich füreinander entschieden hätten. Es ist wie auf dem Flugplatz beim Abschied von Ingrid Bergmann und Humphrey Bogart in dem Film „Casablanca", wo sie sich für Victor Lazlo entscheidet und gegen Ricky und sein Café. Es endet halt wie alle großen Märchen: in den eigenen Phantasien und Liebessehnsüchten.

Liebessehnsüchte

Alle Menschen haben die tiefe Sehnsucht, so geliebt zu werden, wie sie wirklich sind, mit all ihren individuellen Besonderheiten, persönlichen Eigenarten, komplizierten und liebenswerten Seiten. Wenn sie Glück hatten, dann war diese unbedingte und grenzenlose Liebe die Begrüßungsmusik bei ihrer Geburt. Zwei Eltern haben sich über ihr Kind gefreut, haben Tränen der Freude geweint und haben alles am Kind geliebt: die Hände, die Augen, das Lächeln, das Brabbeln und sogar die Füße. Sie haben nach Ähnlichkeiten bei sich selbst und im näheren Familienkreis gesucht, haben sie meist in beiden Eltern und sogar den Großeltern gefunden und haben mit ihrem verklärten, verliebten Denken dafür gesorgt, dass beinahe alles an dem Baby wunderbar, süß und einmalig schön war. Diese Liebe der Eltern hat ihr Baby umhüllt, genährt, gewärmt und geschützt und deshalb hat das Baby noch keine Schutzhüllen gebraucht. Aber je älter es wurde, desto mehr musste es lernen, das eigene Selbst im Umgang mit anderen Menschen zu schützen, nicht nur vor anderen, auch vor sich selbst. Insbesondere für den Umgang mit Gefühlen, mit Angst, Wut, Trauer, Schuld oder Scham, brauchte es Masken. Und manchmal waren die Gefühle selbst so schwer auszuhalten, dass es sich hinter einem Gefühl versteckte, um nicht ein anderes empfinden zu müssen. Masken sind notwendig für den Umgang mit Gefühlen, insbesondere in Liebesbeziehungen.

Es hat den Anschein, als ob die Menschen nie wieder im Leben so grenzenlos und unbedingt geliebt werden, wie als Kleinkind durch die Eltern. Nur in der Verliebtheit kommt man diesem Rausch der Idealisierung wieder recht nahe. Dann ist da wieder ein anderes Wesen, das beinahe alles liebenswert, süß, einmalig, besonders und total wunderbar findet. Vielleicht nennen sich die Menschen deshalb auch Baby oder geben sich andere Koseworte, wie man sie für das Baby damals erfunden hat. Und weil dies so schön war und immer wieder sein kann, möchten alle Menschen diese Augenblicke der Verliebtheit zur Ewigkeit verlängern. Es ist die existentielle Spiegelung, das Urvertrauen, die narzisstische Bestätigung und die bedingungslose Liebe in einem, man möchte sie konservieren, die Zeit anhalten und nur noch genießen. Vielleicht haben die Menschen den Wunsch, dass ein anderer Mensch noch einmal ein einmaliges Menschenwesen in ihnen sieht, so unschuldig und unbedingt liebenswert wie ein Neugeborenes.

Anscheinend hat diese bedingungslose Liebe der Eltern für ihr Baby einen Verstärkereffekt auf die Liebe, denn geliebte Wesen lieben zurück. Ich selbst habe mich so manches Mal beim Anblick meiner kleinen Kinder gefragt, womit ich dieses strahlende Lächeln verdient hatte, wenn ich in den Kinderwagen schaute. Lieben und geliebt werden scheinen zusammenzugehören und sich gegenseitig zu verstärken. Und wer so bedingungslos geliebt wird, braucht keinen Schutz, keine Hülle, keine Verkleidung oder Maske. Ein solcher Mensch kann er selbst sein und wird deshalb geliebt.

Der Scheinriese

Wenn man liebt und keine Angst hat, dann kann man sich den Menschen nähern und dann haben auch die anderen keine Angst mehr vor der Nähe und der Liebe. Michael Ende hat mit seinen Büchern wunderbare Figuren geschaffen und eine der schönsten ist Herr Tur Tur in „Lukas und der Lokomotivführer". Herr Tur Tur ist ein Scheinriese, der nur aus der Entfernung riesig erscheint, je näher man ihm aber kommt, umso kleiner wird er. Und als Lukas vor ihm steht, weil er sich ihm ohne Ängste genähert hat, da weint der kleine Scheinriese vor Freude, weil es endlich einmal jemand geschafft hat, ihm nahe zu kommen, denn er ist sehr einsam.

Vielleicht sind alle Menschen nur aus Angst so wie Herr Tur Tur: Sie sind allein sehr einsam, wünschen sich die Nähe und Liebe eines anderen Menschen, haben aber zugleich Angst davor. Und sie glauben, nie wieder so viel Liebe zu erfahren wie als kleine Kinder bei ihren Eltern. Jede neue Liebesbeziehung bietet die Möglichkeit, eine solche Liebe zu erfahren, aber bevor wir dieses Gefühl noch einmal genießen können, müssen wir uns in der Beziehung annähern, uns gegenseitig öffnen, in all unserer Verletzlichkeit und Einzigartigkeit zeigen. Liebe und Intimität sind die Fol-ge gegenseitiger Selbsteröffnung. Eine solche Öffnung unseres Selbst, unserer Körper, unserer Seelen, unserer Gefühle und Sehnsüchte muss behutsam, vorsichtig und geschützt verlaufen, denn sonst können wir verletzt werden. Auch dazu brauchen wir Masken. Erst in ihrem Schutz können wir Intimität herstellen und ohne Intimität hat die Liebe keine Chance, von der verliebten zur gelebten Liebe zu werden. Es ist wie auf einem Maskenball: Durch die eigene Maske fühlt man sich geschützt, seine wahre ist Identität verborgen und zugleich entsteht der Reiz und Wunsch, sich selbst zu zeigen und auch den anderen Menschen hinter seiner Maske zu erkennen. Die Masken gaukeln eine Fröh-

lichkeit vor, hinter der sich die Traurigkeit gut tarnt, sie um-
hüllen mit dem Duft betörender Parfums, hinter denen der
Körper begehrenswert wird, sie verweisen auf eine moralische Integrität und persönliche Ethik, die scheinbar jede
Triebhaftigkeit im Griff hat, und sie signalisieren eine geistige und spirituelle Haltung, hinter der sich doch mehr Fragen als Antworten befinden.

Wir alle sind Scheinriesen wie Herr Tur Tur, aber hinter
der Maske des Riesen steckt der kleine einsame und bedürf-
tige Mensch, der Angst hat, sich in seiner wahren Größe zu
zeigen. Und diese Angst ist auch durchaus berechtigt, denn
wir sind als Menschen verletzlich, zerbrechlich und unvoll-
ständig. Insbesondere, wenn es um unsere Gefühle und Liebesbeziehungen geht. Um einen anderen Menschen kennenzulernen, sich ihm nähern zu können, eventuell eine Liebesbeziehung mit ihm einzugehen, darf man die Maske des
anderen nicht herunterreißen. Man muss lernen, sie zu lesen, zu verstehen, zu ergründen und damit zu bewahren und
zu respektieren. Denn wir selbst wollen auch nicht schutzlos
sein.

Masken sind selten sichtbar, meist sind sie unsichtbar.
Und sie sind weniger bewusst, als vielmehr unbewusst. Daher merken die meisten Menschen selbst nicht, dass sie
eine Maske tragen, in der sie eine Rolle spielen oder hinter
der sich andere Gefühle verbergen. In Partnerschaften kann
man in den Konflikten – insbesondere den wiederkehren-
den – viel über die eigenen Masken und die des Partners lernen.

Maskenball

Männer sagen niemals, dass sie ihre Frauen lieben, es sei
denn sie sind frisch verliebt, betrunken oder wollen Sex. Und
Männer verfallen in tiefes Schweigen, wenn es darum geht,
über Gefühle zu sprechen, besonders die eigenen. Paul hat

in der dritten Stunde unserer Paartherapie den Beweis an-
getreten, dass diese Meinungen nur billige Klischees und
böswillige Vorurteile sind. Er hat eine kleine Rede über Gefühle gehalten und dabei noch mit einer Liebeserklärung
angefangen.

„Du weißt, ich liebe dich, besonders deine Lebendig-
keit. Aber deine Gefühlsschwankungen machen mir echt
Probleme. Dann wechseln deine Stimmungen von einem
Moment auf den anderen und ich weiß nicht, was mit dir
passiert. In dem einen Moment bist du fröhlich, ausgelassen,
fast wie ein kleines Mädchen beim Spielen und dann kannst
du plötzlich wütend werden, wegen irgendeiner Kleinigkeit
regst du dich dann auf und kommst nicht mehr runter. Und
danach bist du vollkommen zurückgezogen, fast apathisch.
Wenn ich dann frage, was los ist, kann es passieren, dass
du wieder wütend wirst oder aber mich ganz unterkühlt
be-handelst. Ich weiß dann nicht, was mir lieber wäre: dass
du dich wieder aufregst oder zurückziehst und schmollst.
Und dann kommt irgendwann auch noch der Satz: Ich weiß
nicht, ob wir wirklich zueinander passen! Das gibt mir dann
den Rest."

Er sieht mich stolz an, weil ich ihn schon mehrfach er-
mutigt hatte, seine Gefühle offener zu äußern, hat aber ein
unsicheres Flackern in seinem Blick, weil er auf die Reaktion
seiner Freundin Lucy wartet. Er kennt sie anscheinend gut
und es kommt auch die Reaktion, die er am meisten befürchtet hat: „Du verstehst mal wieder gar nichts. Für dich
sind das alles Gefühlsschwankungen hysterischer Weiber.
Denk doch mal an den letzten Donnerstag. Der Tag hatte so
gut angefangen, die Sonne schien schon beim Frühstück,
wahrscheinlich ist mir deshalb der Sommerurlaub eingefal-
len. Wir haben verabredet, gemeinsam nach Korsika zu fahren. Wir haben bis auf zwei kurze Trips noch keinen Urlaub
zusammen gemacht. Und dann erzählst du mir von deiner
Männertour in die Alpen. Da bin ich ausgerastet." An dieser

Stelle frage ich sie, ob sie darüber eher wütend oder traurig war. „Ich bin explodiert, war total sauer, die Traurigkeit kam erst später. Ich werde immer erst wütend, aber darunter bin ich oft traurig. Ich war einfach unheimlich traurig, dass es wieder nichts mit einem gemeinsamen Urlaub wird und wenn wir nicht mal einen Urlaub schaffen, wie wollen wir dann ein Kind haben. Und dann denke ich, ob die ganze Beziehung überhaupt noch Sinn macht und wenn er mich dann anspricht, dann kann es eben sein, dass ich explodiere oder gleich losheule."

Paul richtet sich im Sessel auf. „Und warum sagst du mir das nicht? Das kann ich doch nicht ahnen, dass du solche Katastrophengedanken hast, für mich sind Urlaub und Kinder zwei vollkommen verschiedene Sachen." Ich frage ihn, ob er denn jetzt Lucys Gefühle besser verstehen könne. „Ja, irgendwie schon, wenn sie so denkt. Wir haben über Urlaub gesprochen und irgendwann auch schon mal über Kinder, aber eher allgemein, das steht doch gar nicht an." Lucy widerspricht sofort. „Doch, für mich schon ..." Sie stockt und ich wende mich an sie. „Das Kinderthema ist Ihnen anscheinend wichtiger, als Sie bislang dachten. Vielleicht haben Sie es erst jetzt gemerkt?" Sie nickt: „Ja, so klar war mir das selbst auch noch nicht. Aber als er mir von der Männertour in die Berge erzählte, sah ich meinen Kinderwunsch wegschwimmen." – „Sie haben Ihre Wut gespürt, als er den gemeinsamen Urlaub in Frage stellte, dann sind Sie traurig geworden, weil sie plötzlich merkten, dass Sie einen Kinderwunsch haben, der vielleicht in weite Ferne rückt und dann haben Sie Angst gespürt, dass dann Ihre Partnerschaft keine Zukunft hat. Und wenn Sie an dem Punkt angekommen sind, was fühlen Sie dann?" Sie weint. „Gar nichts mehr, dann denke ich, dass wir am besten gleich Schluss machen sollten ... Aber auf der anderen Seite liebe ich ihn." Paul tröstet sie und legt seine Hand auf ihren Arm. „Ich habe mich einfach nur angemacht gefühlt von dir, ich wusste gar nicht, was du willst. Vielleicht müssen wir erst mal über ein Kind sprechen, dann über Urlaub und dann gibt's da noch die ungeklärte Wohnungsfrage und die Finanzen." Lucy lacht. „Nein, nur die Kinderfrage, den Rest können wir alleine klären." Beide Partner sind 34 Jahre alt, für ihn hat die Kinderfrage noch Zeit, für sie nicht mehr. Wie sehr sie die Kinderfrage beschäftigt, hat sie erst an ihren heftigen Gefühlen gemerkt. Und Paul wollte das Thema erst in ein paar Jahren angehen, merkte aber schnell, dass er dabei nur von sich ausging und Lucys biologische Uhr vergaß. Wir haben eine Liste von Pro und Contra gemeinsames Kind gemacht. Dabei sind wir in ihre eigenen Kindheiten gekommen, haben über ihre „unmöglichen Eltern" gesprochen und dabei schnell gemerkt, wie kompliziert die Kinderfrage doch ist und warum solche heftigen Gefühle damit verbunden sind.

Lucy hat an ihren eigenen Reaktionen gemerkt, dass sie einen Kinderwunsch hat. Wie bei allen Menschen ist solch ein Kinderwunsch ambivalent. So haben beide Partner Ambivalenzen in sich und zwischen sich und beide gehen damit unterschiedlich um. Paul hatte bislang geglaubt, er wolle erst in ein paar Jahren ein Kind, bis er später merkte, dass dies noch lange vor sich herschieben wollte, weil damit sein Vater wieder auftauchte, und an den hatte er gar keine guten Erinnerungen. Er war froh, dass er dieses Kapitel abgeschlossen hatte, wie er sagte. Aber Vater zu werden geht nicht ohne die inneren Auseinandersetzungen mit dem eigenen Vater, jeder Mann muss durch dieses Nadelöhr hindurch. Und wenn es versperrt ist mit vielen alten, heftigen Gefühlen, wie Wut, Trauer oder gar Rache, dann kehren manche lieber um, wollen gar kein Kind mehr, lieber nicht Vater werden, als sich noch einmal mit diesen Erfahrungen mit dem eigenen Vater auseinanderzusetzen.

Das Gleiche galt für Lucy, bei ihr war es die Mutter gewesen. Für sie war nur eins klar: So wie ihre Mutter wollte sie auf keinen Fall werden. Aber sie wollte dennoch ein Kind.

Diese Ambivalenz war natürlich auch gefühlsmäßig besetzt und so schwankte sie zwischen Wut auf Paul, in der auch Wut über ihre Mutter enthalten war, und Trauer über das Unverstandensein, in dem auch eine alte Trauer des unverstandenes Kindes enthalten war. Für beide waren die Gespräche über ihre eigene Kindheit und ihre eher negativen Erlebnisse mit ihren Eltern, hier insbesondere ihre alte Wut auf die Eltern, noch sehr präsent und sie mussten lernen, die alten Gefühle von den neuen zu trennen, die Kindheitsgefühle von den Elterngefühlen und die Kindeswunschgefühle von den Beziehungsgefühlen.

Solche Gespräche sind manchmal verwirrend für die Paare. Nichts ist, wie es scheint. Hinter dem einen Problem verbirgt sich ein anderes, hinter dem vordergründigen Gefühl ein tiefgründigeres. Die Probleme sind mit Gefühlen verbunden und die Gefühle und Probleme wiederum mit der Paarbeziehung. Man sollte also nicht den Fehler machen, das offene Problem für das eigentliche zu halten, das Gefühl für sich allein zu betrachten, die Probleme nur für die Gefühle oder die Gefühle allein für die Probleme verantwortlich zu machen.

Wir Menschen sind komplexe Wesen und wir alle haben Ängste. Liebesbeziehungen können diese Ängste kleiner werden lassen, aber auch steigern, und manchmal beides zugleich. Es ist wie auf einem Maskenball: Hinter jeder Maske verbirgt sich ein anderer Mensch, aber um diesen Menschen kennenzulernen, müssen wir bei der Maske anfangen. Welche Rolle wird gespielt, welches Gefühl verbindet sich damit, welche Probleme können mit diesem maskierten Menschen entstehen, welche Möglichkeiten bietet die Maske, wie ist der Mensch dahinter, welche Gefühle werden maskiert? Und bei all dem haben wir keine Wahl: Wir müssen mit unseren Ängsten leben, wir haben Gefühle und das immer, wir wollen geliebt werden, wir brauchen Partner und Paarbeziehungen, um unsere menschlichen Bedürfnisse zu befriedigen und uns persönlich weiterzuentwickeln. Und wenn wir die Masken eines Menschen kennen und lieben gelernt haben, dann wird er uns Einblicke in seine Seele ermöglichen. Damit wird er wieder verletzlich, braucht neue Masken, muss seine Gefühle verbergen und will sich in den Masken in neuen Rollen üben. Alte Masken werden abgelegt, neue erfunden und geübt. Das Maskenspiel hat nie ein Ende.

Und was ist dann die wahre Liebe jenseits von Illusionen und Projektionen? Sie hat zunächst die eigenen Liebessehnsüchte ebenso wie diejenigen des Partners realistisch betrachtet, sie hat sie vom Himmel auf die Erde geholt. Sie sieht den anderen Menschen nicht mehr als Ideal in blinder Bewunderung, aber sie liebt und idealisiert ihn aus realer Prüfung, aus dem Wissen, der gemeinsamen Erfahrung, den überstandenen Konflikten und den Potenzialen der Paarbeziehung heraus. Die verliebte Liebe idealisiert und hofft, die wahre Liebe sieht ihn real und weiß. Um dorthin zu kommen, bedarf es vieler Masken, vieler Erfahrungen, vieler enttäuschter Illusionen und manchmal stellt ein solcher Mensch mit einer gewissen Scham erst am Ende des Lebens, vielleicht sogar erst nach dem Tod des Partners fest, wie tief diese Liebe war. Meist ist diese Erkenntnis kein einzelner Moment, wie bei Shakespeares Othello, sondern eine nachdenkliche Haltung, wie André Gorz sie in seinem „Brief an D." festgehalten hat. „Ich hatte das Alter erreicht, in dem man sich fragt, was man aus seinem Leben gemacht hat, was man aus ihm hätte machen wollen. Ich hatte den Eindruck, mein Leben nicht gelebt zu haben, es immer aus der Entfernung beobachtet zu haben, nur eine Seite meiner Selbst entwickelt zu haben und als Person sehr arm zu sein. Du bist und warst immer sehr viel reicher als ich. Du hast dich in all deinen Dimensionen entfaltet. Du standest mitten im Leben; während ich es immer eilig hatte, mich an die nächste Aufgabe zu machen, als ob unser Leben erst später wirklich begänne … Soeben bist du zweiundachtzig geworden.

Und immer noch bist du schön, anmutig und begehrenswert. Seit achtundfünfzig Jahren leben wir nun zusammen, und ich liebe dich mehr denn je. Kürzlich habe ich mich von neuem in dich verliebt ... Oft haben wir uns gesagt, dass wir, sollten wir wundersamerweise ein zweites Leben haben, es zusammen verbringen möchten."(Gorz, 79–84) Das ist Liebe ohne Maske.

Literatur

Agus, Milena (2007): Die Frau im Mond. Hamburg (Hoffmann & Campe)

Ahrendt, Hanna (2006): Eichmann in Jerusalem. Ein Bericht von der Banalität des Bösen. Zürich (Piper)

Bauer, Joachim (2006): Warum ich fühle, was du fühlst. Intuitive Kommunikation und das Geheimnis der Spiegelneurone. Hamburg (Hoffmann & Campe)

Boccaccio (1980): Das Dekameron. Frankfurt a. M. (Insel)

Böll, Heinrich (1997): Ansichten eines Clowns. München (dtv)

Bradshaw, John (2006): Wenn Scham krank macht. Verstehen und Überwinden von Schamgefühlen. München (Knaur)

Bredow, Rafaela von: Friedhof in den Schlafzimmern. Der Paartherapeut Wolfgang Hantel-Quitmann über die Sehnsucht nach Liebesaffären und das Phantaom der großen Liebe. In: Der Spiegel (27, 2005) Hamburg (SPIEGEL-Verlag), 130

Büchner, Georg (1980): Werke und Briefe. München (dtv)

Capote, Truman (2007): Frühstück bei Tiffany. Reinbek bei Hamburg (rororo)

Damasio, Antonio (2006): Der Spinoza-Effekt. Wie Gefühle unser Leben bestimmen. Berlin (Ullstein)

Dante (1974): Die Göttliche Komödie. Frankfurt a. M. (Insel)

Dostojewskij, Fjodor (2008): Verbrechen und Strafe. Frankfurt a. M. (Fischer)

Dornes, Martin (2002): Die emotionale Welt des Kindes. Frankfurt a. M. (Fischer)

Dürrenmatt, Friedrich (1980): Die Physiker. Zürich (Diogenes)

Enquist, Anna (2004): Die Eisträger. München (btb)

Euripides (2005): Medea. Stuttgart (Reclam)

Flaubert, Gustave (2003): Madame Bovary. Stuttgart (Reclam)

Ekman, Paul (2007): Gefühle lesen. Wie Sie Emotionen erkennen und richtig interpretieren. München (Spektrum)

Freud, Anna (2006): Das Ich und die Abwehrmechanismen. Frankfurt a. M. (Fischer)

Freud, Sigmund (1915): Trauer und Melancholie. In: Mitscherlich, Alexander et al. (Hg.) (1975): Sigmund Freud Studienausgabe, Bd. 3 Psychologie des Unbewussten. Frankfurt a. M. (Fischer), 193–212

Freud, Sigmund (1915–17): Die Angst. In: Mitscherlich, Alexander et al. (Hg.) (2000): Studienausgabe, Bd. 1 Vorlesungen zur Einführung in die Psychoanalyse (Neue Folge). Frankfurt a. M. (Fischer), S. 380–397

Freud, Sigmund (1922): Über einige Mechanismen der Eifersucht, Paranoia und Homosexualität. In: Mitscherlich, Alexander et al. (Hg.) (2000): Sigmund Freud Studienausgabe, Bd. 7 Zwang, Paranoia und Perversion. Frankfurt a. M. (Fischer), 217–228

Frisch, Max (1975): Mein Name sei Gantenbein. Frankfurt a. M. (Suhrkamp)

Frisch, Max (1977): Homo Faber. Ein Bericht. Frankfurt a. M. (Suhrkamp)

Fromm, Erich (2001): Die Kunst des Liebens. München (Heyne)

Glattauer, Daniel (2006): Gut gegen Nordwind. Wien (Zsolnay)

Goethe, Johann Wolfgang von (1989): Torquato Tasso. München (dtv)

Goethe, Johann Wolfgang von (2003): Die Wahlverwandtschaften. München (dtv)

Goldbrunner, Hans (1994): Masken der Partnerschaft. Wie Paare ihre Wirklichkeit konstruieren. Mainz (Matthias-Grünewald)

Gorz, André (2007): Brief an D. Geschichte einer Liebe. Freiburg (Rotpunktverlag)

Hantel-Quitmann, Wolfgang (1996–1999): Beziehungsweise Familie. Arbeits- und Lesebuch Familienpsychologie und Familientherapie. Band 1–4. Freiburg (Lambertus)

Hantel-Quitmann, Wolfgang und Kastner, Peter (Hg.) (2002): Die Globalisierung der Intimität. Die Zukunft intimer Beziehungen im Zeitalter der Globalisierung. Gießen (Psychosozial-Verlag)

Hantel-Quitmann, Wolfgang und Kastner, Peter (Hg.) (2004): Der globalisierte Mensch. Gießen (Psychosozial-Verlag)

Hantel-Quitmann, Wolfgang (2005): Liebesaffären. Zur Psychologie leidenschaftlicher Beziehungen. Gießen (Psychosozial-Verlag)

Hantel-Quitmann, Wolfgang (2006): Die Liebe, der Alltag und ich. Partnerschaft zwischen Wunsch und Wirklichkeit. Freiburg (Herder)

Hantel-Quitmann, Wolfgang (2007): Der Geheimplan der Liebe. Zur Psychologie der Partnerwahl. Freiburg (Herder)

Hastedt, Heiner (2005): Gefühle. Philosophische Bemerkungen. Stuttgart (Reclam)

Haubl, Rolf (2003): Neidisch sind immer die anderen. Über die Unfähigkeit, zufrieden zu sein. München (Beck)

Hell, Daniel (2003): Seelenhunger. Vom Sinn der Gefühle. Freiburg (Herder)

Hennig, Jürgen und Netter, Petra (2000): Ekel und Verachtung. In: Otto, Jürgen et al. (2000): Emotionspsychologie. Ein Handbuch. Weinheim (Psychologie Verlags Union), 284–296

Hodapp, Volker (2000): Ärger. In: Otto, Jürgen et al. (2000): Emotionspsychologie. Ein Handbuch. Weinheim (Psychologie Verlags Union), 199–208

Holodynski, Manfred (2006): Emotionen – Entwicklung und Regulation. Heidelberg (Springer)

Homer (1979): Ilias – Odyssee. München (dtv)

Hupka, Ralph und Otto, Jürgen (2000): Neid und Eifersucht. In: Otto, Jürgen et al. (2000): Emotionspsychologie. Ein Handbuch. Weinheim (Psychologie Verlags Union), 272–283

Illouz, Eva (2006): Gefühle in Zeiten des Kapitalismus. Frankfurt a. M. (Suhrkamp)

Kafka, Franz (2007): Die Verwandlung. München (dtv)

Kast, Verena (2006): Neid und Eifersucht. Die Herausforderung durch unangenehme Gefühle. München (dtv)

Kernberg, Otto (1999): Liebesbeziehungen. Normalität und Pathologie. Stuttgart (Klett-Cotta).

Khadra, Yasmina (2006): Die Attentäterin. München (Nagel & Klimche)

Krauss, Nicole (2006): Die Geschichte der Liebe. Reinbek bei Hamburg (rororo)

Laclos, Choderlos de (1985): Gefährliche Liebschaften. Zürich (Diogenes)

Ledoux, Joseph (2006): Das Netz der Gefühle. Wie Emotionen entstehen. München (dtv)

Lelord, Francois und André, Christophe (2006): Die Macht der Emotionen und wie sie unseren Alltag bestimmen. München (Piper)

McEwan, Ian (2007): Am Strand. Zürich (Diogenes)

Marquez, Gabriel Garcia (2004): Die Liebe in den Zeiten der Cholera. Frankfurt a. M. (Fischer)

Matt, Peter von (1994): Liebesverrat. Die Treulosen in der Literatur. München (dtv)

Matt, Peter von (2006): Die Intrige. Theorie und Praxis der Hinterlist. München (Hanser)

Menninghaus, Winfried (2002): Ekel. Theorie und Geschichte einer starken Empfindung. Frankfurt a. M. (Suhrkamp)

Mentzos, Stavros (1986): Neurotische Konfliktverarbeitung. Frankfurt a. M. (Fischer)

Merten, Jörg (2003): Einführung in die Emotionspsychologie. Stuttgart (Kohlhammer)

Moeller, Michael Lukas (1986): Die Liebe ist das Kind der Freiheit. Reinbek bei Hamburg (rororo)

Moeller, Michael Lukas (2004): Gelegenheit macht Liebe. Glücksbedingungen in der Partnerschaft. Reinbek bei Hamburg (rororo)

Morrison, Toni (2004): Liebe. Reinbek bei Hamburg (rororo).

Nemeth, Laszlo (1970): Maske der Trauer. Stuttgart (Goverts)

Nurowska, Maria (2005): Briefe der Liebe. Frankfurt a. M. (Fischer)

Ortheil, Hanns-Josef (2003): Die große Liebe. München (Luchterhand)

Otto, Jürgen et al. (2000): Emotionspsychologie. Ein Handbuch. Weinheim (Psychologie Verlags Union)

Ovid (1990): Metamorphosen. Frankfurt a. M. (Insel)

Parkes, Colin und Weiss, Robert (1983). Recovery from bereavement. New York (Basic Books)

Roos, Jeannette (2000): Peinlichkeit, Scham und Schuld. In: Otto, Jürgen et al. (2000): Emotionspsychologie. Ein Handbuch. Weinheim (Psychologie Verlags Union), 264–271

Roth, Philip (2000): Der menschliche Makel. München (Hanser)

Schlink, Bernhard (1997): Der Vorleser. Zürich (Diogenes)

Schlink, Bernhard (2000): Der Andere. In: ders.: Liebesfluchten. Zürich (Diogenes), 97–150

Schmitt, Annette und Mees, Ulrich (2000). Trauer. In: Otto, Jürgen et al. (2000): Emotionspsychologie. Ein Handbuch. Weinheim (Psychologie Verlags Union), 209–220

Schnarch, David (2006): Die Psychologie sexueller Leidenschaft. Stuttgart (Klett-Cotta)

Schnitzler, Arthus (2005): Traumnovelle. Köln (Anaconda)

Shalev, Zeruya (2004): Liebesleben. Berlin (bvt)

Shalev, Zeruya (2005): Späte Familie. Berlin (Berlin Verlag)

Shakespeare, William (1971): Othello. Stuttgart (Reclam)

Stamm, Peter (2006): An einem Tag wie diesem. Frankfurt a. M. (Fischer)

Stöber, Joachim und Schwarzer, Ralf (2000): Angst. In: Otto, Jürgen et al. (2000): Emotionspsychologie. Ein Handbuch. Weinheim (Psychologie Verlags Union), 189–198

Updike, John (2004): Wie war's wirklich. Reinbek bei Hamburg (rororo)

Willi, Jürg (2002): Psychologie der Liebe. Persönliche Entwicklung durch Partnerbeziehungen. Stuttgart (Klett-Cotta)

Wirsching, Michael und Scheib, Peter (Hg.) (2002): Paar- und Familientherapie. Heidelberg (Springer)

Wurmser, Leon (2007): Die Maske der Scham. Die Psychoanalyse von Schameffekten und Schamkonflikten. Frankfurt a. M. (Klotz)